Ulrich Ladurner

Eine Nacht in Kabul

Ulrich Ladurner

Eine Nacht in Kabul

Unterwegs in eine fremde Vergangenheit

Mit einem Vorwort
von Helmut Schmidt

Residenz Verlag

Für alle, die den Krieg nicht hinnehmen

Bibliografische Information der Deutschen Bibliothek

Die Deutsche Bibliothek verzeichnet diese Publikation in der Deutschen Nationalbibliografie; detaillierte bibliografische Daten sind im Internet über http://dnb.ddb.de abrufbar.

www.residenzverlag.at

Umschlaggestaltung: www.boutiquebrutal.com
Umschlagbild und Fotos: Ulrich Ladurner
Grafische Gestaltung/Satz: Gabi Adébisi-Schuster
Gesetzt aus der Miller
Lektorat: Dr. Carmen Sippl
Gesamtherstellung: CPI Moravia

ISBN 978-3-7017-3205-0

Inhalt

Vorwort

Vor neun Jahren begann die Intervention der NATO in Afghanistan. Der Einsatz dauert damit länger als der Zweite Weltkrieg, länger als der Vietnamkrieg, länger als der Koreakrieg. Noch immer ist kein Ende abzusehen. Niemand kann heute sagen, wann die NATO sich aus Afghanistan zurückziehen wird. Ganz egal, ob man für den Rückzug ist oder für den weiteren Verbleib der NATO, Afghanistan wird uns weiterhin als eine der zentralen außenpolitischen Herausforderungen begleiten. Wir müssen uns mit diesem Land auseinandersetzen, allein schon deshalb, weil deutsche Soldaten dort täglich ihr Leben aufs Spiel setzen. Das vorliegende Buch leistet dazu einen hilfreichen Beitrag.

Ulrich Ladurner hat in den vergangenen neun Jahren im Auftrag der ZEIT das Land immer wieder bereist. Dabei hat er sich nicht auf die Hauptstadt Kabul beschränkt, sondern ist auch in den Süden gefahren, wo es eine starke Präsenz der Taliban gibt. Er hat sich ebenso nach Kundus und Mazar-e-Sharif aufgemacht, wo die deutsche Bundeswehr Verantwortung trägt. Er ist in entlegene Dörfer gereist und kann über die harten Lebensbedingungen der dort lebenden Menschen berichten.

Gleichzeitig unternimmt er eine Expedition in die komplexe, aufregende Geschichte dieses Landes, das mehrfach im Zentrum geopolitischer Interessen verschiedener Großmächte stand. Aus dieser Geschichte fördert er erstaunliche und erhellende Episoden hervor, die einen wichtigen Beitrag zum Verständnis der gegenwärtigen Lage leisten. Ladurner weiß dabei spannend zu erzählen und das Gegenwärtige mit dem Vergangenen auf eine höchst wirksame

Weise zu verbinden. Ladurners Buch ist kein kühl analysierendes Sachbuch, wohl aber getragen von einem glasklaren analytischen Blick. Es handelt sich auch nicht um die Reportagensammlung eines vorzüglichen Journalisten, sondern um ein geschlossenes erzählerisches Werk, das uns wesentliche politische Einsichten in die Gegenwart vermittelt.

Afghanistan ist ein bitterarmes Land. Es ist seit dreißig Jahren zerrissen von Krieg, Bürgerkrieg und ausländischer militärischer Intervention. Wir wissen nicht, ob dieses Land eine bessere Zukunft haben kann. Jedoch wissen wir, dass es in der Geschichte immer wieder als Schachbrett diente, auf dem mächtige Spieler ihre Kräfte messen. Im 19. Jahrhundert waren es das britische Empire und das zaristische Russland, im 20. Jahrhundert die USA und die Sowjetunion. Heute ist eine ganze Reihe von konkurrierenden und auch feindlichen Staaten in Afghanistan präsent. Die USA, China, Indien, Pakistan, Iran, Europa – sie alle treffen in diesem Land aufeinander. Darum ist Afghanistan ein Spiegel für die internationale Politik des 21. Jahrhunderts. Wer wie der Autor des vorliegenden Buches dieses Land eingehend studiert, der lernt nicht nur viel über Afghanistan, sondern auch über die Welt, in der wir heute leben. Ich kann durchaus empfehlen, dieses Buch zu lesen.

Helmut Schmidt
Hamburg, im Juli 2010

1

Es ist kurz vor Mitternacht, als das Licht in meinem Zimmer erlischt. Ich bleibe am Schreibtisch sitzen und warte, den Stift in der Hand, über die Karte von Afghanistan gebeugt, die ich mir gekauft habe, als ich zum ersten Mal in dieses Land kam. Sie ist übersät mit Kreisen und Strichen, die ich im Laufe der Jahre gemacht habe, um Städte, Dörfer und Weiler hervorzuheben: Tarin Kowt, Musa Qala, Spin Boldak, Shindand, Salang, Sang-e-Talkh, Kundus, Kandahar, Herat, Ghazni, Khost. An manchen dieser Orte bin ich mehrmals gewesen, an anderen nur einmal, an den meisten aber nie, weil es zu gefährlich war oder weil mir der Mut fehlte, sie zu besuchen. Wenn das Licht wieder zurückkommt, denke ich, werde ich die Orte, an denen ich nie war, mit einem roten Stift markieren, dann werde ich sehen können, wie vieles in Afghanistan mir noch unbekannt ist, was mir alles noch fehlt, um behaupten zu können, ich kennte das Land. Die roten Stellen markieren ein Scheitern.

Im Dunkeln betaste ich die Karte. Das Papier ist inzwischen an verschiedenen Stellen eingerissen, an anderen ist es knittrig und abgenutzt. Es fühlt sich an wie ein matschiges Stück feuchten Kartons, der sich jeden Augenblick auflösen kann. Alles in allem ein unbrauchbarer Gegenstand. Trotzdem habe ich diese Karte nicht gegen eine neue eingetauscht, sondern immer bei mir getragen, eng an meinem Körper, in einer Seitentasche meiner Jacke, oder in meiner Tragetasche, sicher verstaut und doch so, dass ich schnell auf sie zugreifen konnte wie auf eine lebensrettende Medizin. Manchmal, wenn ich gerade wieder einmal nicht recht wusste, wo ich war und wohin ich wollte, nahm ich sie mit den leise gesprochenen Worten hervor:

»Schauen wir mal, was du sagst!«, so vertraut war sie mir, so selbstverständlich war mir ihre Anwesenheit, dass ich sie behandelte wie einen Menschen, der sprechen und denken kann. Und tatsächlich, wenn ich mich auf sie einließ, wenn ich sie betrachtete wie jemanden, der trotz seiner Stummheit etwas zu sagen hat, sprach sie zu mir: Shindand, Shindand, Shindand. Sie wiederholte ihre Worte so lange, bis ich einen Klang vernahm, der mich auf etwas verwies, das hinter diesem Wort liegt, ein Afghanistan, das weniger ein fest umrissenes Gebiet war, sondern ein unbekannter Raum, der erst Ende des 19. Jahrhunderts den Namen »Afghanistan« bekam – und selbst danach blieb umstritten, wo denn die Grenzen dieses Gebildes lagen und was das denn für Menschen waren, die darin lebten.

In der Dunkelheit meines Zimmers lasse ich mich treiben von der Karte und den auf ihrer rissigen Haut aufgedruckten Namen. Shindand, Shindand, Shindand, murmele ich vor mich hin. Die Worte spannen sich wie das Fell einer Trommel und antworten auf jeden Schlag meiner Zunge mit einem dunklen Dröhnen, das mich immer weiter hinein lockt in diesen namenlosen Raum, in dem ich hoffe, Afghanistan zu finden, denn das ist es ja, was auf der Karte steht: Afghanistan.

Schließlich, gefangen in einem Wachtraum, sehe ich eine Karawane über den Fluss Indus setzen. Sie zieht sich über fast drei Kilometer dahin und schiebt sich langsam und beharrlich auf Peshawar zu, die Sommerresidenz des afghanischen Königs Shah Shuja. Sie besteht aus einem Dutzend Offizieren, Hunderten Fußsoldaten, mehr als hundert Kavalleristen, dreizehn Elefanten und zweihundert Kamelen. Es ist der 13. Oktober 1808, Herbst, doch die Erde ist noch trocken vom heißen Sommer. Staub umhüllt die Karawane und verwischt ihre Konturen. Wer sie von Weitem sieht, kann den Eindruck bekommen, dass sich hier ein riesiger Wurm durch die fruchtbare Ebene Punjabs frisst. Tatsächlich ist es der Zweck dieser Karawane, alles in sich aufzusaugen, was man nur aufsaugen kann über dieses Reich jenseits des Indus, das Reich Durrani des Shah Shuja. Sie bildet die erste offizielle diplomatische Mission, die die Briten in das Land der Afghanen entsenden. Angeführt wird sie von Mountstuart Elphinstone, neunundzwanzig Jahre alt, Spross eines schottischen Adelshauses, weltgewandt, gebildet, von großem Fleiß und unbändiger Neugier, alles in allem ein prächtiger Sohn des machtvollen britischen Empires. Er hat sich in Indien bereits eine Reihe von Meriten erworben, und nun steht er vor einem weiteren Karrieresprung. Elphinstone kommt im Auftrag der Ostindischen Kompanie, die sich in den vergangenen Jahrzehnten den indischen Subkontinent nach und nach unterworfen hat und nun ihre Fühler ausstreckt, um die Gegend jenseits des Indus zu erfassen. Fast zeitgleich mit dem Aufstieg der Kompanie war das Reich der Durrani in Hader und Streit versunken. Nichts mehr erinnert an die furchterregende Kraft, die noch ihr Gründer, Ahmed Shah Abdali, ausgestrahlt hatte. Der Leibwächter des persischen Herrschers Nadir Shah war nach dem gewaltsamen Tod seines Herrn 1747 in seine Heimat Kandahar zurückgekehrt. Dort riefen ihn Tausende Männer in aller Öffentlichkeit zum ersten König der Afghanen aus, woraufhin Shah Abdali daran ging, sich Stücke aus dem riesigen Körper des Subkontinents zu reißen und sein eigenes Reich zu gründen, das Reich der Durrani. Die Moguln – die Herrscher Indiens – konnten dem wenig entgegensetzen. Sie waren zu schwach geworden. Abdali konnte in Nordindien einfallen, ungestraft Delhi ausrauben und Tributzahlungen verlangen. Sein Reich nährte sich von Plünderungen. Als Abdali starb, kam es zu einem Streit unter seinen Söhnen, der das Königreich lähmte und zerriss. Nach seinem Tod öffnete sich jenseits des Indus buchstäblich eine Lücke. Die Briten wussten nichts Genaueres darüber, was dort, in dieser Leere, vor sich ging. Die Ostindische Kompanie war besorgt. Ihre Männer waren darin geschult, in großen Zusammenhängen zu denken und ihr Handeln in einen geostrategischen Kontext zu stellen. Indien wurde gerade zur Perle des britischen Empires. Sie galt es zu bewahren und zu schützen. Die Männer der Kompanie studierten die Landkarten und fragten sich: Woher droht uns Gefahr?

Im Norden des Subkontinents steht der unüberwindliche Himalaya, im Osten befindet sich die undurchdringliche grüne Mauer des südostasiatischen Dschungels, das Meer, das Indien auf drei Seiten umspült und über das Eroberer jederzeit kommen könnten, ängstigt die Männer der Kompanie nicht. Denn auf den Meeren herrscht unumstritten die Flotte Seiner Majestät. Gefahr kann demnach nur aus dem Westen kommen, aus der Landmasse, die man Afghanistan zu nennen begonnen hat. Sind nicht all die Eroberer, von Alexander dem Großen über die Timuriden bis zu Shah Abdali, über den Khyberpass gekommen und in Indien eingefallen?

Je weniger die Kompanie über Afghanistan wusste, desto größer war ihre Sorge. Sie galt allerdings nicht so sehr den Afghanen, sondern konkurrierenden europäischen Mächten, die Afghanistan nutzen könnten, um dem britischen Empire zu schaden. Als Elphinstone 1808 zu seiner Erkundungsreise aufbrach, befand sich England im tödlichen Kampf mit dem französischen Kaiser Napoleon. Es erschien den Briten daher nur natürlich zu glauben, dass Frankreich versuchte, in Afghanistan Einfluss zu gewinnen. Die Tatsache, dass der Arm des napoleonischen Frankreichs gar nicht nach Kabul oder Peshawar reichen konnte, weil er nicht stark genug war, änderte nichts an der Gefahrenanalyse. Das Vakuum Afghanistan empfanden die Briten per se als Bedrohung. Es könnte, wenn man nicht wachsam war, immer von Feinden genutzt werden, um von dort aus einen Schlag zu führen. Afghanistan wurde zur Obsession der Briten. Jedes Gerücht, dass in Herat, in Kabul oder gar in Peshawar Franzosen gesichtet worden seien, löste im Tausende Kilometer entfernten Verwaltungsgebäude der Kompanie größte Unruhe aus. In Kalkutta notierten die Beamten des Empires die Nachrichten aus dem Westen, trugen sie weiter, von Büro zu Büro, wo sie zusammengefasst und ausgewertet wurden, bis sie schließlich auf dem Tisch des Gouverneurs landeten, der sie mit größter Aufmerksamkeit las. Nichts sollte ihm entgehen. So empfindlich und ängstlich war das Imperium. Es war wie ein riesiges, mächtiges Tier, das sich vor dem Dunklen fürchtete und nicht mehr unterscheiden konnte zwischen einer echten Gefahr und den Gespenstern, die nichts weiter waren als das Produkt der eigenen Furcht. Aus diesem Dunkel heraus blickten die entstellten Gesichter all jener, die das Imperium im Zug der Eroberung unterworfen, gedemütigt, ums Leben gebracht hatte. Jenseits des Indus hatten sie Asyl gefunden. Sie streckten die Zungen heraus, fletschten die Zähne, rollten die Augen, schimpften, spuckten und höhnten, sodass es den Männern der Ostindischen Kompanie kalte Schauer über den Rücken jagte. Afghanistan war wir eine Leinwand, auf der die Ängste der britischen Herrscherseele sich abbildeten und lebendig wurden.

Im fernen Westen trieben auch Deserteure der Kompanie ihr Unwesen. Sie waren nicht auf Rache aus oder Wiedergutmachung, sie suchten nach Gelegenheiten, Geld zu verdienen. Je erfolgreicher die Kompanie war, je mehr Schlachten sie auf dem militärischen Feld gewann, desto mehr wuchs unter den von den Briten noch unabhängigen Herrschern des Subkontinents der Bedarf nach militärischen Kenntnissen der Europäer. Ranjit Singh, König der Sikh, suchte gezielt nach Offizieren, die seinen Soldaten beibringen konnten, wie man moderne Kriege führte. Europäische Söldner kamen zahlreich in seine Hauptstadt Lahore und halfen ihm, eine schlagkräftige Armee aufzubauen. Ranjit Singh erwarb sich den Titel »Löwe von Punjab«. Er entriss den Afghanen Punjab, nahm 1818 Peshawar ein und eroberte Kaschmir. Die Briten fürchteten Ranjit Singh. Sie schlossen mit ihm Abkommen und versuchten seine Expansionsenergie Richtung Westen zu dirigieren, nach Afghanistan, was ihnen lange Zeit gelang. Singh lag mit den Afghanen im Dauerkrieg. Den Engländern gefiel das, doch nie verließ sie der Argwohn gegenüber dem mächtigen Löwen von Punjab.

Die Kompanie tat, was sie konnte, um den Transfer von militärischem Wissen zu stoppen, doch in den Griff bekam sie das Problem nicht; keine noch so schlimme Strafe hielt Deserteure davon ab, den Verlockungen des Geldes zu widerstehen. Die Kunde, dass hier auf dem Subkontinent reich werden konnte, wer vom Kriegshandwerk etwas verstand, sprach sich schnell bis nach Europa herum. Als Napoleon 1815 endgültig besiegt wurde und damit ein fast zwei Jahrzehnte dauernder ständiger Krieg auf dem europäischen Festland zu Ende ging, wurde ein ganzes Heer von Offizieren arbeitslos. Da sie in vielen Fällen nichts anderes konnten, als Krieg zu führen, suchten sie Beschäftigung in diesem Metier und fanden sie auf dem Subkontinent, wo es an Kriegen nicht mangelte.

Aus der Sicht der Briten musste etwas geschehen. Mountstuart Elphinstone sollte mit einer Fackel das Dunkel jenseits des Indus ausleuchten und die Gespenster verjagen. Seine Mission war die eines Exorzisten – eine Teufelsaustreibung.

Als Elphinstone über den Indus setzt und die Ebene von Peshawar erreicht, überwältigt ihn der Blick der Berge des Hindukusch: *»Wir sahen sie schon auf einer Entfernung von hundert Meilen (...).*

Die unglaubliche Höhe dieser Berge (…), die fürchterliche und völlige Einsamkeit, die inmitten dieses ewigen Schnees regiert, füllen den Geist mit Bewunderung und Staunen, das keine Sprache der Welt beschreiben kann.«[1] Elphinstone nähert sich seinem Studienobjekt Afghanistan mit Respekt und spürbarer Ehrfurcht. Ihm wird bald klar, dass die ihm gestellte Aufgabe, nämlich die Afghanen und ihr Land zu erfassen und für das Empire lesbar zu machen, kaum lösbar ist, denn er hat es mit einem äußerst heterogenen Volk zu tun. *»Ich finde, dass es sehr schwer ist, die Kennzeichen herauszuarbeiten, die allen gemeinsam sind und die den Afghanen einen klaren nationalen Charakter geben könnten.«* Er versucht, die Afghanen von verschiedenen Blickwinkeln aus zu betrachten, um ihre Konturen schärfer fassen zu können, doch auch um klarzumachen, dass der Gegenstand der Beobachtung sich verändert, je nachdem, von welchem Blickwinkel aus man beobachtet. Elphinstone weiß offensichtlich darum, dass die Wahrheit sich in unterschiedlichen Formen zeigt, je nachdem, von welcher Seite man sich ihr nähert. *»Wenn ein Reisender aus England hierherkäme, würde er sofort das Fehlen jeden Gerichts und jeder Form eines organisierten Polizeiwesens bemerken. Er würde sich wundern über die Fluktuation und Instabilität der zivilen Einrichtungen. Es würde ihm schwerfallen zu verstehen, wie eine Nation in solcher Unordnung überleben kann; und er würde jeden bemitleiden, der dazu gezwungen wird, seine Tage in solcher Umgebung zu verbringen.«* Nachdem er auf diese Weise versucht hat, das Verwirrende Afghanistans in den Augen eines Engländers aus England zu beschreiben, geht er dazu über, den Standpunkt eines Engländers aus Indien einzunehmen: *»In Indien hat dieser Reisende ein Land zurückgelassen, in dem jede Bewegung ihren Ursprung in der Regierung oder ihren Beamten hat und wo die Leute selbst kaum Initiative haben; er würde sich* (in Afghanistan – U. L.) *in einem Land wiederfinden, in dem die Kontrolle der Regierung kaum spürbar ist und wo jeder Mann scheinbar seinen eigenen Neigungen nachgehen kann, ohne Anleitung und ohne Hindernisse*!«

Bei der Lektüre dieser Zeilen möchte man gerne wissen, ob Elphinstone die Freiheit, die eine gewisse Unordnung mit sich bringt, höher schätzte oder ob er einen starken Staat vorzog, der seinen Bürgern Sicherheit gibt, sie aber auch mit Einschränkungen belegt.

Doch verbietet es ihm sein Forschergeist offensichtlich, eindeutige Antworten zu geben. Er stellt die Möglichkeit dar, wie man eine Sache betrachten kann, im ehrlichen Bemühen zu begreifen. Elphinstone war ein Kind der Aufklärung, für ihn war das Sammeln von Informationen ein Wert an sich. Seine Porträtisten zeichnen ihn mit großen Augen, einer langen aristokratischen Nase, schmalem Gesicht, einer hohen Stirn und leicht gewelltem Haar. Die Darstellung entspricht dem Selbstbild eines englischen Adligen jener Zeit: empfindsam, mit einem leichten Hang zu romantischer Übertreibung, fest auf dem Boden der europäischen Zivilisation verankert, bewandert in der griechischen und lateinischen Klassik, ausgestattet mit einem Sinn für das Schöne, getrieben vom Willen, die Welt zu verstehen. Bei der Betrachtung seines Porträts vergisst man leicht, dass Elphinstone ein Gesandter des Empires war, der Wissen sammeln wollte, um Englands Macht zu mehren.

Als er am Hofe von Shah Shuja ankommt, trifft er auf einen in etwa Gleichaltrigen, von dessen angenehmer Erscheinung er offensichtlich überrascht und beeindruckt ist. *»Er war ein Mann von etwa dreißig Jahren mit olivenfarbener Haut und einem dicken schwarzen Bart. Seine Zurückhaltung war würdevoll und angenehm, seine Stimme klar und seine Rede einem König gemäß. Er trug, so schien es uns zunächst, eine Panzerung aus Juwelen. Doch als wir näher kamen, da sahen wir, dass seine Kleidung aus mit Blumenmustern besticktem Stoff bestand, in den wertvolle Steine eingenäht waren. Darüber trug er eine eiserne, mit Diamanten besetzte Platte. Oberhalb des Ellenbogens trug er Smaragdringe, und viele andere Juwelen an verschiedenen Stellen des Körpers. In einem seiner Armreifen befand sich der Koh-e-Noor, der größte Diamant der Welt.«*

Sosehr Elphinstone auch erstaunt ist, so wenig lässt er sich blenden. Er weiß, dass das Reich der Durrani seit dem Tode seines Gründers Shah Abdali von inneren Kämpfen zerrissen wird und dass auch Shah Shuja mit einer Revolte konfrontiert ist, die von seinem Bruder Mahmud angeführt wird. Elphinstone notiert: *»Obwohl ich von manchen Dingen überrascht wurde, besonders von der Erscheinung des Königs, hatte ich insgesamt den Eindruck, dass es sich hier nicht um eine blühenden Staat handelte, sondern um eine Monarchie im Niedergang.«* Er schließt zwar ein Freundschaftsabkommen mit Shah Shuja, in dem England Beistand zusichert für den Fall, dass die Franzosen und Perser *»auf Kabul zumarschieren sollten«*, doch wird dieses Abkommen schnell hinfällig. Shah Shuja stürzt 1810, zwei Jahre nach Elphinstons Mission. Die Briten gewähren dem afghanischen König Exil im nordindischen Ludhiana. Sie halten ihn in Reserve. Der Tag, an dem sie ihn brauchen, wird kommen.

Elphinstone und seine Männer bleiben sechs Monate in Peshawar. Sie notieren alles ausführlich und detailreich. Die Beschaffenheit der Landschaft, Flora, Fauna, die Menschen – nichts entgeht dem enzyklopädischen Eifer dieses schottischen Adligen. Die Aufzeichnungen von Elphinstones Mission werden am Ende insgesamt neun Bände umfassen. 1815 veröffentlichte er für ein breiteres Publikum ein zweibändiges Werk: *»An Account of the Kingdom of Caubul, and Its Dependencies in Persia, Tartary, and India: Comprising a View of the Afghaun Nation, and a History of the Dooraunee Monarchy.«* Dieses Buch war seinerzeit sehr erfolgreich. Es sollte das Bild Afghanistans im Westen grundlegend formen, bis heute.

Bei allem um Objektivität bemühten Forschergeist ist Elphinstone doch auch ein Gefangener seiner Vorstellungen. Als er sieht, dass die afghanische Gesellschaft nach Stämmen und Clans organisiert ist, vergleicht er sie mit dem, was er bestens kennt: den Highländern seiner schottischen Heimat. *»Die Situation Afghanistans scheint mir sehr ähnlich mit dem Schottland alter Zeiten zu sein«*, notiert er und fährt fort, den Charakter der Menschen zu beschreiben: *»Freiheitsliebend, treu zu Freunden, freundlich zu ihren Schutzbefohlenen, gastfreundlich, tapfer, arbeitsam, vorsichtig; im Gegensatz zu den benachbarten Nationen haben sie eine geringere Neigung zur Intrige und Verrat.«* [2]

Das klingt, als wäre es die Beschreibung des schottischen Nationalcharakters durch einen schottischen Patrioten. Elphinstone sucht nach Analogien, um zu begreifen, und er findet sie zuhauf. Der paschtunische Krieger und Poet Kushal Khan Khattak, der im 17. Jahrhundert gegen die indischen Moguln Widerstand leistete, wird unter der Feder Elphinstones zum schottischen Helden William Wallace, der im 13. Jahrhundert gegen die Engländer gekämpft hat. Es ist zu sehen, wie dieser gebildete Mann krampfhaft das Unbegriffene mittels Vergleichen zu verstehen sucht. Elphinstone will für ein größeres Publikum schreiben. Dabei nutzt er die romantische Sehnsucht nach dem »edlen Wilden« Rousseauscher Prägung, die damals noch eine gewisse Unschuld besitzt, weil sie noch nicht als Grundlage kolonialer Eroberungszüge missbraucht worden ist. Das wird erst in den folgenden Jahrzehnten des 19. Jahrhunderts geschehen, als der Kolonialismus seinem Höhepunkt entgegenstrebt. Elphinstone führt in seinem Reisegepäck die *Germania* des Tacitus mit. Der römische Schriftsteller hatte die Germanen in mancher Hinsicht als äußerst edel und sittsam dargestellt. Er wollte mit dem Bild des edlen Barbaren die Zustände in seinem heimatlichen Rom kritisieren, die er als dekadent empfand. Elphinstone liest während seines Aufenthaltes in Peshawar immer wieder in der *Germania*. An freien Abenden greift er zu Tacitus' Werk, um nach Inspiration zu suchen, nach Möglichkeiten, wie man ein fremdes Volk begreifen und beschreiben könnte, nach Wegen der Erkenntnis, die viele hundert Jahre vor ihm Tacitus gegangen ist. Manchmal glaubt er, fündig geworden zu sein.

»Also leben sie in wohl behüteter Keuschheit und sind von keinen Verlockungen des Schauspiels oder der Festmähler verdorben. Geheime Liebesbriefe sind dem Mann wie der Frau ganz unbekannt. Trotz der großen Zahl des Volkes kommt Ehebruch nur selten vor, der dann augenblicklich vom Ehemann bestraft wird. Nachdem er ihr die Haare abgeschnitten hat, treibt der Mann die entblößte Frau vor den Augen der Verwandten aus dem Haus und schlägt sie durch alle Dörfer mit der Rute; preisgegebene Schande bringt nämlich nie wieder Vergebung: weder durch ihr Aussehen, noch durch ihr Alter, noch durch gute Werke wird man ihr verzeihen. Denn hier lacht niemand über das Laster und der Zeitgeist verlangt nicht nach Verführung. So nehmen sie einen Ehemann, wie sie auch nur einen Körper und ein Leben haben, damit nicht die Überlegung über die Ehe hinausgeht, damit die Begierde nicht weiterreicht, damit sie nicht so sehr den Mann als vielmehr die Ehe lieben. Die Zahl der Kinder zu begrenzen oder einen nachgeborenen Sohn zu töten, bringt Schande, und hier sind gute Sitten mehr wert als anderswo die guten Gesetze.«[3]

In den Straßen Peshawars und am Hofe des Königs kann Elphinstone eine Keuschheit, wie sie Tacitus beschrieben hat, beobachten. Den Afghanen attestiert er Talent zur Liebe: *»Ich bin mir nicht sicher, ob es im Osten irgendein Volk gibt, bei dem ich nur eine Spur von*

Liebe gesehen habe, so wie sie unseren Ideen darüber entspricht. Bei den Afghanen ist dieses Gefühl aber von überragender Bedeutung.« Und doch geht es wie bei Tacitus' Germanen äußerst gesittet zu, auch in Peshawar bemerkt Elphinstone, dass keiner *»lacht über das Laster und der Zeitgeist nicht nach Verführung verlangt«*. Elphinstone freilich nutzt diese gesitteten Verhältnisse eines fremden Volkes nicht, um die Zustände in London oder Kalkutta zu kritisieren, dazu hat er keinen Anlass. Das britische Imperium vibriert vor Energie und platzt vor Selbstbewusstsein. Es geht entschlossen daran, die Geschicke der damals bekannten Welt in die Hände zu nehmen. Elphinstone ist ein Teil dieser imperialen Macht. In ihrem Apparat strebt er eine Karriere an und wird sie auch machen. Nein, er hat keinen Grund, den edlen, wilden Afghanen als Schablone zu nehmen, um der eigenen Gesellschaft einen Spiegel vorzuhalten. Er ist eins mit sich und den Seinen.

Seine Mission hat allem absichtslosen Forscherdrang zum Trotz auch den Zweck, Informationen in Herrschaftswissen umzuformen. Wie könnte das, was er da kennenlernt, beherrscht werden? Wie könnte man es für England nutzen? Elphinstones Erkenntnisse dienen der britischen Afghanistanpolitik als Grundlage. Jeder Fehler in der Analyse hat daher weitreichende Konsequenzen. Elphinstone macht Fehler. Er vergleicht die afghanischen Stammesgesellschaften mit der schottischen Clanstruktur älterer Zeiten. Zwischen den beiden gibt es jedoch fundamentale Unterschiede. Die Schotten kannten eine zentrale Machtstruktur und sie verfügten über eine relativ einheitliche politische Kultur, die Afghanen haben beides nicht. Vor allem aber war die Macht der schottischen Clans an ihre Fähigkeit gebunden, das Land zu kontrollieren und zu vererben, die Bindung an ein Territorium war entscheidend.

Elphinstones Kartenzeichner, Leutnant Macartney, fertigte eine Karte an, in der den verschiedenen Stämmen verschiedene Territorien »zugesprochen« wurden – doch nicht das Territorium war für die afghanischen Stämme die erste Machtquelle, sondern der Verwandtschaftsgrad und die Fähigkeit, seine eigenen Leute zu schützen und ihnen so weit wie möglich ein Leben in Wohlstand und Sicherheit zu garantieren. Macartney aber fixierte die Stämme auf seiner Karte, als wären sie ein Teil der Landschaft, wie ein Berg, der in alle

Ewigkeit an seinem Ort stehen, oder ein Fluss, der auch noch in Hunderten Jahren durch dasselbe Tal fließen würde. Dabei übersah er, dass die afghanischen Stämme eben nicht nur an die Erde gebunden waren, sondern viel mehr an ihre Verwandtschaft – dass sie einen flüssigen, netzartigen Charakter hatten. Das entging den Kundschaftern des Imperiums, dessen Logik auf hierarchische Kontrolle des Territoriums aufgebaut war.

Als die Karawane nach sechs Monaten Peshawar verließ, führte sie einen detaillierten Wissensschatz über Afghanistan im Gepäck mit sich. Als Entscheidungsgrundlage für die Ostindische Kompanie war er allerdings nur beschränkt von Nutzen. Doch das sollte sich erst mehr als dreißig Jahre später herausstellen, als die Briten Krieg gegen Afghanistan führten und verloren.

Die Karawane Elphinstones war nie über Peshawar hinausgekommen. Die gesammelten Informationen stammten nicht aus erster Hand oder eigener Anschauung. Elphinstone verließ sich auf Informanten, zumeist Afghanen, und diese hatten ein sehr feines Gespür für die Bedürfnisse des Mannes, der ihre Dienste in Anspruch nahm. Es war ihnen ein Leichtes, dem Engländer das zu erzählen, was er gerne hören wollte, und wenn es nicht unbedingt der Wirklichkeit entsprach, so war es doch passgenau für den Blick ihres Auftraggebers. Auch wenn er mit einer Karte nach Hause kam, für die er viel Lob erhielt, war er doch ein Verlorener in diesem Land geblieben, denn sie verbarg mehr, als sie zeigte.

So sehe ich diesen Gesandten vor mir, und ich spüre, wie mir ein leiser Schrecken durch die Glieder fährt, ein Zittern, wie wenn man von einem hohen Sprungturm ins Wasser tauchen muss und es sich nicht traut, obwohl man doch weiß, dass die Schande, es nicht zu tun, viel schlimmer wäre als das Schlimme, was einem durch den Sprung auch widerfahren könnte. Ich sehe Elphinstone nach Kalkutta zurückkehren, schwer und satt von allem, was er gesehen hat, begierig darauf, seine Informationen weiterzugeben, zu erzählen, zu schreiben, das Unbekannte in eine Form zu gießen, die es möglich machte, Afghanistan mit anderen zu teilen. Ich halte mich an der Kante meines Schreibtisches fest, weil ich nicht springen will in diesen unermesslichen Raum namens Afghanistan. Dabei füge ich meiner Karte versehentlich eine Verletzung zu, denn sie ragt über den

Tisch hinaus, und nun zeichnet sich die Kante auf ihrem papierenen Rücken ab, klar und tief wie der Schnitt eines Rasiermessers. Ich kann sie nicht erkennen, weil es immer noch dunkel ist, doch sehe ich eine gerade Linie vor mir, die nun Berge, Flüsse, Hügel entzweischneidet und ihre Namen in unlesbare Stücke teilt. Vielleicht, denke ich für einen kurzen Augenblick, gibt sie ihr Geheimnis auf diese Weise preis, unter Schmerzen gewissermaßen beginnt sie, ihre wahre Geschichte zu erzählen, als könnte man ihr unter der Folter ein Geständnis abringen. Doch fehlen mir Entschlossenheit und Glaube, denn die Karte, das weiß ich, wird ihr Geheimnis niemals preisgeben. Sie öffnet die Tür nur einen Spalt breit, sodass mir der Hauch einer anderen Welt über die Wangen streicht.

Ich hebe meine Hand von der Tischkante und taste mit den Fingern nach der frischen Falte in der Karte. Sie ist nicht so tief, wie ich dachte. Mit wenigen Strichen meiner flachen Hand kann ich sie ausmerzen, wie man einen bösen Traum mit einer einzigen, schnellen Geste verjagen kann. Gäbe ich diese Karte weg, wäre es so, als würde ich mich von einer zwar etwas zerzausten, doch treuen und lieben Freundin trennen. Dieses Schicksal hat sie nicht verdient. Darum versuchte ich, wenn sie auf Reisen wieder einen Schaden in Form eines Risses oder eines allzu starken Knickes davontrug, sie notdürftig zusammenzuflicken. Je öfter das nötig war, desto wertvoller erschien mir die Karte. Mit jeder erlittenen Verletzung wurden wir uns vertrauter. Jetzt, da ich im Dunkeln über sie gebeugt sitze, ist mir, als seien wir zusammengewachsen. Ich rettete sie vor dem sicheren Untergang, sie wies mir den Weg durch ein Land, das vom Tod gezeichnet ist, und deutet tausend Geheimnisse an, ohne sie zu verraten. Wir sind ein seltsamer siamesischer Zwilling aus Fleisch und Papier geworden. Den einen gäbe es nicht ohne den anderen, nicht hier in Afghanistan.

2

Irgendwo in der Stadt ertönt das Brummen eines Generators, dann folgt ein zweiter, ein dritter, ein vierter; erst als der Lärm der Motoren sich über die Dächer ausgebreitet hat, heult auch in unserem Innenhof der Generator auf. Die Fensterscheiben in meinem Zimmer klirren. Das Licht kommt zurück. Die Karte taucht mit einem Schlag aus dem Dunkel auf. Wie oft habe ich mir überlegt, mit welchem Gegenstand man die Konturen Afghanistans vergleichen könnte. Bei manchen Ländern ist diese Übung einfach: Italien ist ein Stiefel, Sri Lanka eine Träne, Frankreich ein Hexagon, Österreich ein Schnitzel. Andere Länder entziehen sich jeden Vergleiches, die USA zum Beispiel oder Kanada. Afghanistan ist irgendetwas dazwischen, vergleichbar mit einem Ding und doch wieder nicht. Manchmal dachte ich, es sei eine Keule mit einem kurzen, schmalen Griff, doch erschien er mir wieder zu zerbrechlich; andere Male dachte ich, es sei ein Trümmerstück einer versunkenen Welt; meistens aber glaubte ich bei der Betrachtung Afghanistans den Teil eines Puzzlespiels vor mir zu haben, das verloren gegangen ist. Nicht einmal Gott, der es erfunden haben muss, kann es wieder zusammensetzen. Das erscheint mir am überzeugendsten, denke ich, und schicke mich an, die Karte zusammenzufalten.

Da huscht draußen, vor meinem Fenster, ein Schatten vorbei, läuft über meine Karte wie ein dunkler, alles verwischender Pinsel. Es ist wahrscheinlich der Techniker des Hauses, der nach dem Rechten sieht, vielleicht ist es auch Herr Wu, der auf dem Balkon eine Zigarette geraucht hat und nun, da der Strom wieder da ist, in sein Zimmer zurückkehrt, um fernzusehen. Herr Wu ist mein Nachbar, ein freundlicher Chinese, der eine altmodische Hornbrille trägt, die ihm immer wieder von der Nase rutscht. Sobald er am Abend sein Zimmer betritt, schaltet er den Fernseher ein. Dann höre ich bis tief in die Nacht Schüsse, Schläge und Schreie. Herr Wu liebt Actionfilme, und er ist etwas schwerhörig. Die Sender, die hier empfangen werden können, bieten genügend Stoff für Herrn Wus Leidenschaft.

Als ich das letzte Mal in diesem Hotel war, hatte ich Karen zur Nachbarin, eine holländische Journalistin. Sie war sehr jung, rothaarig und morgens hörte ich sie lange und ausgiebig duschen. Sie hatte sich für ihre Zeitung, bevor sie nach Afghanistan geschickt wurde, vor allem mit sogenannten Problemvierteln in ihrer Heimatstadt Rotterdam beschäftigt. Ihre Erfahrungen dort, sagte sie mir, seien ihr hier nützlich, immerhin gehe es auch in Rotterdam um Gewalt und Konflikte zwischen den Religionen. Immerhin habe ihre Heimat Männer wie den Politiker Pim Fortuyn hervorgebracht, der mit seinem Populismus gegen muslimische Einwanderer wie eine Rakete in den politischen Himmel Hollands aufstieg und dort verglühte beziehungsweise von einem offensichtlich verwirrten Tierschützer ermordet wurde. Fortuyn war ein bekennender Schwuler, der, wie Karen mir erzählte, in einer Fernsehsendung gesagt habe: »Ich habe nichts gegen Muslime. Ich gehe mit ihnen sogar ins Bett!« Und dann, berichtete sie weiter, haben wir ja auch unseren Regisseur Theo van Gogh verloren, auf der Straße erstochen von einem niederländischen Muslim marokkanischer Abstammung, er hat ihn abgestochen wie ein Tier. Das alles wollte sie nicht als Qualifikationsausweis für ihre Aufgaben in Afghanistan verstanden wissen, dafür war sie zu bescheiden, doch glaubte sie in den Niederlanden an den Ausläufern eines Erdbebens gestanden zu haben, dessen Epizentrum in Afghanistan liegt. Sie war vom Rande in das Zentrum vorgedrungen. Ich konnte dem nichts entgegensetzen, doch schien mir das Bild nicht zu stimmen. Wo war außen? Und wo war innen? Wo sprudelte die schwarze Quelle der Gefahr? Gab es sie denn überhaupt? Oder waren es nicht vielmehr zahlreiche unterirdische Quellen, die, ohne dass wir es merkten, den Boden unterspülten, auf dem wir sicher zu stehen glaubten? Lag die Gefahr vielleicht in uns selbst? Wie war es mit unserer Angst bestellt? Unsere Angst vor dem Dunkel, das uns aus Afghanistan entgegenleuchtete?

Die Briten des 19. Jahrhunderts, die über Jahrzehnte gebannt in die afghanische »Leere« starrten, waren nicht etwa von einer Krankheit gezeichnet. Sie folgten der Logik des Imperiums, das immerzu damit beschäftigt ist, seine Grenze zu bewachen, zu sichern, zu verteidigen, und darüber ganz vergisst, dass Grenzen nicht nur eine Angelegenheit der Geographie sind. Die Briten fürchteten sich nicht vor den Afghanen, sondern davor, dass ihre europäischen Gegner Afghanistan als Sprungbrett nutzen könnten – die Annahme war völlig unrealistisch, und doch formte sie ihre Politik. Sie sicherten ihre Grenze nach außen aber vor allem deshalb, weil sie sich in ihrem Inneren vor den unterworfenen Indern fürchteten, denen gegenüber sie glaubten, sich keine Blöße geben zu können, ansonsten würde ihre Macht zusammenbrechen, die sich ja ganz wesentlich auf den Glauben der Unterworfenen stützte, dass es aussichtslos sei, aufzubegehren. Die Macht der Briten war geliehen, und sie wollten diesen Umstand verbergen, indem sie bewiesen, dass sie Afghanistan kontrollieren konnten. Was müssen Europäer und Amerikaner in Afghanistan beweisen? Wo liegen die Grenzen dieses Afghanistans, wenn Karen glaubte, sie sei gut vorbereitet, weil sie aus einem Land kam, in dem der Konflikt mit den Muslimen mitunter hässliche Züge annahm? Wer jagte uns Furcht ein? Die Afghanen oder der tödliche Schlag, der mitten aus unseren Gesellschaften kam und uns unserer Sicherheiten beraubte?

Im Gegensatz zu Herrn Wu schaute Karen nicht fern, dafür hatte sie keine Zeit, denn sie musste jeden Abend für ihre Zeitung einen Blog schreiben.

»Was die Leute alles wissen wollen?!«, sagte sie eines Abends mit einem Ausdruck des Erstaunens in der Stimme zu mir. Es war ein angenehmer, warmer Abend, wir saßen im Garten und tranken Tee. Die Hitze des Tages hatte sich verflüchtigt. Viele Gäste des Hauses genossen diese Stunden, saßen auf Plastikstühlen, plauderten oder schwiegen und atmeten tief durch wie Menschen, die gerade etwas überstanden hatten.

»Was wollen die Leser denn alles wissen?«

»Zum Beispiel, was ich einpacke, wenn ich nach Afghanistan fahre. Ob ich Lippenstift mitnehme und wenn ja, wozu.« Sie lachte auf. »Lippenstift! Ausgerechnet!«

»Und was wollen sie noch alles wissen?«

Ihr Gesicht wurde ernster. »Ob ich Angst habe«, antwortete sie, »das fragen viele: Ob ich Angst habe.«

»Und?«

»Ja, natürlich habe ich Angst. Das ist doch normal. Die Leute freilich fragen mich dann, warum ich das eigentlich alles mache, wenn ich doch Angst hätte?«

»Was antwortest du ihnen?«

»Ach«, sagte sie nur, zuckte mit den Schultern und nahm einen Schluck Tee. Wir schwiegen, schauten in den klaren Sternenhimmel und versuchten uns einzureden, dass Afghanistan schön sei und wir uns trotz allem glücklich schätzen konnten, hier zu sein. Es gibt Menschen, die von sich sagen, sie seien von der »maladie afghane« befallen, der afghanischen Krankheit: Man konnte kaum erwarten, wegzukommen, und wenn man weg war, sehnte man sich danach, wieder zurückzukommen, ganz gleich, wie unerträglich man es auch finden mochte, während man hier war. Wir redeten uns an diesem Abend ein, unter dieser »maladie afghane« zu leiden. Wir blieben noch lange sitzen, sprachen über Afghanistan und über unser Zuhause. Mir wurde erst später klar, dass wir versuchten, Kraft zu schöpfen, indem wir uns gegenseitig berichteten. Wir warfen die Worte aus wie Anglerhaken in den See dieser sich eindunkelnden Nacht und hofften, etwas an Land zu ziehen, das uns stärken konnte. Doch nichts dergleichen geschah. Mit unseren Haken zogen wir nur Tang an, schweigenden, dumpfen, übel riechenden Tang. Alles war still. Der Verkehrslärm, der am Tag über die Mauer unseres Hotels brandete und im Garten verebbte, war längst verstummt. Im Geviert hallten Schritte wider. Eine schrille Stimme stieß schnell hintereinander Sätze aus. Sie knallten gegen die Mauern des Hotels. Die Lichter der Zimmer starrten mit trüben Augen in den Innenhof. Als wir auseinandergingen, waren wir kraftloser als vorher.

Mit Herrn Wu habe ich solche Gespräche nie geführt. Ich spreche kein Chinesisch und er kaum Englisch. Doch sind wir uns durchaus zugeneigt. Wenn wir uns begegnen, lächeln wir ausgiebig. Ich bin mir sicher, dass auch er vom Heimweh geplagt wird, vor allem an Tagen wie dem heutigen, da es regnet, ein kalter Wind von den Bergen durch Kabul fegt und die Straßen im Schlamm versinken. An solchen Tagen könnte man glauben, dass Kabul am Grund eines Moores liegt, schwarz, dunkel und nass, wie es ist. Es ist dann nicht mehr vorstellbar, dass die Sonne hier je wieder strahlen wird, dass Kabul überhaupt noch erfüllt werden könnte vom Licht dieser Welt. Es ist an solchen Tagen ein dunkler Ort ohne Ausgang. Die Berge rücken der Stadt auf den Leib, pressen sie zusammen, bis sie ein konturloser Ziegelhaufen ist, aus dem unaufhörlich brauner Schlick fließt wie Blut aus einem geschundenen Körper. Der Himmel senkt sich bleiern herab und erstickt jeden Hilfeschrei, der dieses Gebilde durchdringen könnte.

Herr Wu, das habe ich beobachtet, wehrt sich gegen den Druck solcher Tage, indem er mehr raucht als gewöhnlich und zum Frühstück Kuchenstücke isst, die so groß und farbenprächtig gestaltet sind wie ein aufgeschlagenes Zirkuszelt. Mir fallen schon beim Anblick dieser Meisterwerke afghanischer Konditorenkunst die Zähne aus, doch Herr Wu beißt mit Freude hinein, als handle es sich um einen vitaminreichen Apfel. Seine Essgewohnheiten bleiben mir ein Rätsel. Ich würde gerne damit aufhören, mir darüber Gedanken zu machen, doch kann ich kaum anders, denn im Restaurant des Hotels bin ich fast ausschließlich von Chinesen umgeben, die mit großem Genuss die afghanischen Zuckerbomben verzehren, die ein livrierter Kellner schon ab sechs Uhr morgens auf den Büffettischen niedersinken lässt. Zwischen all den Chinesen habe ich bisher nur drei Männer aus dem Westen ausgemacht. Ich nenne sie zum Spaß meine Verbündeten, weil ich – ohne einen Beweis dafür zu haben – davon ausgehe, dass uns etwas Gemeinsames verbindet. Ein englischer Geologe namens Malcolm ist darunter. Jedes Mal, wenn ich in das Restaurant komme, begrüßt er mich mit seiner Donnerstimme.

»Na, wie war dein Tag?«

Eine Antwort wartet er gar nicht ab. Er gibt sie sich selbst: »Schlecht, da bin ich mir sicher, schlecht! So wie meiner. Ein Tag in Kabul kann nur schlecht sein. Ich kann es gar nicht erwarten, hier wegzukommen!«

»Was isst du denn heute?«, frage ich, um ihn von seiner schlechten Laune abzulenken, was mir in schöner Regelmäßigkeit misslingt.

»Essen? Nennst du das Essen, Buddy?«

»Nein, eigentlich ... Ja, du hast recht.«

Dann hebt er die Arme zum Himmel und ruft: »Wer hat mir nur eingeredet, hierherzukommen? Ich bin ja schon in Rente! Wer bloß?«

Er verfällt in depressives Schweigen, das den ganzen Abend lang anhält. Vielleicht, denke ich manchmal, ist in dem defätistischen Verhalten dieses Geologen ein dumpfer Nachhall der Niederlage zu spüren, die seine Vorfahren in Kabul erlitten haben.

1839, einunddreißig Jahre nach Elphinstones Mission, marschiert eine englische Expeditionsarmee über den Bolanpass in Afghanistan ein. Die »Army of the Indus« besteht aus 15 000 Soldaten, 30 000 Menschen sind es samt Tross. Soldaten, Zivilisten, Pferde, Packtiere, Kamele, ganze Rinderherden ziehen über die Grenze. Ein endloser, langer Zug ergießt sich nach Afghanistan. Die Engländer kommen in all ihrer Pracht, siegesgewiss, zuversichtlich und sehr überheblich. Ein besonders eitler Oberst führt sechzig Kamele mit sich, die allein sein eigenes Gepäck transportieren. Zwei Kamele tragen den Zigarrenvorrat für die Offiziere. Nichts darf fehlen, auch nicht die Frauen, von denen viele mitkommen, verheiratete und unverheiratete. Die »Army of the Indus« erobert Kandahar, nimmt die Festungsstadt Ghazni im Sturm und marschiert schließlich nach Kabul, wo sie im August siegreich durch die Straßen paradiert. Die Engländer können zufrieden sein, es ist ein leichter Sieg gewesen.

Sie waren gekommen, um eine direktere Kontrolle über Afghanistan zu erringen. Der Auslöser für die Invasion war die Furcht gewesen, dass Afghanistan von Englands Konkurrenten um die Vorherrschaft auf dem Globus genutzt werden könnte, um dem Empire seine Perle Indien wegzuschnappen. Sie war so lebendig wie Anfang des 19. Jahrhunderts, als Mountstuart Elphinstone nach Peshawar gereist war. Nur der Feind war ein anderer geworden.

1808 fürchteten die Briten das napoleonische Frankreich, doch das war untergegangen, dreißig Jahre später trat das zaristische Russland an seine Stelle. Die Russophobie breitete sich in Kalkutta mit rasender Geschwindigkeit aus. Als die Perser versuchten, mit russischer Hilfe das afghanische Herat einzunehmen, als gleichzeitig die Afghanen den mit den Briten verbündeten Sikhs eine Niederlage zufügten und um ein Haar Peshawar einnahmen, da entschlossen sich die Briten zum Eingreifen – jetzt wollten sie die Sache selbst regeln.

Als sie Kabul einnahmen, glaubten die Engländer, nun einem möglichen Vormarsch der Russen einen Riegel vorgeschoben zu haben. Sie verhielten sich wie ein Schachspieler, der möglichst viele Züge des Gegners vorauszuberechnen versucht und sein eigenes Handeln darauf abstimmt. Dabei war die eigene Vorstellung vom Gegner, von seinen Absichten und seinen Möglichkeiten, entscheidend. Die Frage, ob denn die Russen überhaupt die Kraft hatten, ihre Pläne umzusetzen, interessierte die englischen Russophoben nicht. Die Imagination führte zum Handeln, weniger die tatsächliche Entwicklung. Selbst wenn es an Belegen fehlte, dass die Russen nach Indien marschieren könnten, so wurde jede Spur, die auch nur annähernd darauf hinzuweisen schien, dankbar aufgenommen und eingebaut in ein dramatisches Bedrohungsbild. Die Besetzung Kabuls war das Produkt einer Phobie.

So wie ich mit meinem englischen Geologen Malcolm jeden Tag frühstücke und ein wenig plaudere; so wie er mir erzählt, was er am Abend zuvor gemacht hat, dass er zum Beispiel zu Gast gewesen sei in einem schönen Garten, es sei schon kühl gewesen, erzählt er, aber doch irgendwie schön, denn die Sterne funkelten am Himmel Afghanistans wie Edelsteine, sie seien so nahe, dass man meinte, sie vom Firmament pflücken zu können; so wie er mir damit beweist, dass unter seiner zur Schau gestellten schlechten Laune ein Mann schlummert, der sich nicht verschließt gegenüber den Schönheiten dieser Welt, auch wenn sie ein so hartes Gesicht trägt wie Afghanistan – so sicher bin ich mir, dass es damals, 1839, unter den Briten in Kabul ähnliche Gespräche gegeben hat, nur dass sie noch viel entspannter waren, ja dass die Briten geradezu sprudelten vor Ausgelassenheit. »*Da gab es Pfirsiche, Pflaumen, Aprikosen, Äpfel, Weintrauben, Walnüsse, Granatäpfel und Maulbeeren. All das wuchs in einem Garten. Es gab Nachtigallen, Amseln, Dohlen und zwitschernde Spatzen auf jedem Baum!*«[4] Diese Zeilen schrieb Alexander Burnes, nachdem er 1832 zum ersten Mal in Kabul gewesen war. Burnes ist zu diesem Zeitpunkt in England bereits eine Berühmtheit. Er war den Indus ab der Mündung im arabischen Golf entlanggefahren, um im Auftrag der Ostindischen Kompanie die Schiffbarkeit dieses Flusses zu erforschen. Burnes hatte dabei eine Reihe von Abenteuern zu bestehen, denn in vielen Gebieten, durch die er kam, waren die Engländer nicht willkommen. Nachdem Burnes den Indus befahren hatte, machte er sich auf nach Kabul, in die Stadt, die ein paar Jahre später sein Schicksal besiegeln sollte.

Er verlässt Kabul bald wieder, um weiterzufahren bis nach Buchara, in die Hauptstadt eines zentralasiatischen Khanats. Er beobachtet die politischen und militärischen Verhältnisse, studiert mit großer Aufmerksamkeit Märkte und Gesellschaft. Er verfasst geheime Berichte für die Ostindische Kompanie und die Regierung in London. Die Kompanie plant nämlich über den Indus eine Arterie zu öffnen, welche Fertiggüter des Imperiums bis nach Zentralasien transportieren und die dortigen Märkte überschwemmen soll. Aufmerksam registriert Burnes, welche russischen Waren zum Verkauf stehen, er recherchiert, auf welchen Routen, über welche Händler sie aus dem Reich des Zaren gekommen waren. Über Kabul versucht er sich ein Bild von Russland zu verschaffen. So ernst er den Gegner nimmt, so selbstbewusst und ironisch ist Burnes. *»Der Markt von Kabul wird von den zwei großen europäischen Nationen versorgt; aber die Frauen Kabuls schätzen die britischen Güter höher ein: und der Einfluss der Frauen ist in keinem Land von geringer Bedeutung!«* [5]

Burnes ist ein Pionier der britischen Expansion, der erste Engländer, der Zentralasien bereist und lebend zurückkommt. Er reist inkognito. Wenn er von seinen Gastgebern gefragt wird, was er denn in diesen Gegenden verloren habe, antwortet er, er sei auf dem Weg nach England, das sei, er gebe es gerne zu, eine ungewöhnliche Route, aber das Heimweh plage ihn, aber auch die Lust, Neues zu sehen. Das müsse doch jeder verstehen.

Burnes tischt diese Geschichte allen seinen Zuhörern auf, den misstrauischen Bewohnern des Königreiches Sind, dem vorsichtigen Sikh Ranjit Singh, den argwöhnischen Afghanen in Kabul, dem Khan von Buchara, der schon manche durchreisende Ausländer in das Verlies geworfen und dort verrotten hat lassen. Zeitgenössische Bilder von Burnes zeigen ihn in zentralasiatischer Tracht, mit Turban und Kaftanmantel, ein schwungvoller Oberlippenbart ziert sein Gesicht, in dem große, neugierige und etwas verschlagen dreinblickende Augen liegen. Burnes wusste sich zu helfen, kein Zweifel.

Nach seiner Rückkehr sandte ihn die Ostindische Kompanie nach London, damit er dort der Regierung persönlich Bericht erstattete. Selbst der König wollte hören, was Burnes alles erlebt hatte, und lud ihn zu einer Privataudienz. Er wurde zum Kapitän befördert, er bekam die Goldmedaille der Royal Geographical Society verliehen, und er wurde in das Atheneum aufgenommen, den heiligsten Schrein der englischen Wissenschaftselite. Er war über Nacht zum Helden geworden. Sein dreibändiges Werk *Travels into Bokhara* wurde ein Bestseller. Allein am ersten Tag sollen 900 Bücher verkauft worden sein. Der knapp Dreißigjährige war eine Attraktion in der feinen Londoner Gesellschaft. Frauen wie Männer hingen an seinen Lippen. Er bediente die Neugierigen bereitwillig mit seinen Geschichten aus dem wilden Osten. Burnes befriedigte die romantischen Sehnsüchte eines zu seiner vollen Blüte aufstrebenden Empires, das sich selbst als zivilisierende Macht verstand. Draußen, in den Weiten Asiens, herrschten Ungeheuer, und es war Englands Aufgabe, sie zum Wohle der Menschheit zu zähmen. Alexander Burnes war Zeuge für die Entschlossenheit Englands, die Welt zu regieren. Das war der politische Treibstoff für den kometenhaften Aufstieg dieses Mannes, der effektvoll Schauriges zu berichten wusste. *»Auf unserem Marsch durch die Wüste trafen wir sieben unglückliche Perser, die von den Turkomannen gefangen worden waren und die nun nach Buchara gebracht wurden, wo sie verkauft werden sollten. Fünf der Gefangenen waren aneinandergekettet. Sie stapften mühsam durch den tiefen Sand. Als unsere Karawane an diesen bemitleidenswerten Kreaturen vorbeikam, äußerten wir laut unser Mitgefühl. Diese zur Schau getragene Sympathie zeigte Wirkung auf die Gefangenen. Sie begannen bitterlich zu weinen. Mit tränenerfüllten Augen blickten sie uns nach, die wir in Richtung ihrer Heimat davonritten.«* [6]

Nach seinem rauschenden Erfolg in der Londoner High Society entsendet ihn die Regierung als Vertreter Englands nach Afghanistan. Er nimmt jene Nachtigall mit, die er sich nach seinem ersten Besuch in Kabul nach Indien hat bringen lassen, weil er ihrem melodischen Gezwitscher verfallen ist und darauf nicht mehr verzichten will. Als die »Army of the Indus« 1839 in Kabul einmarschiert, ist Burnes auf dem Höhepunkt seines Einflusses angelangt. Er ist der Mann, der das Land angeblich am besten kennt. Er ist es auch, der dazu rät, dass Shah Shuja, der 1810, gerade zwei Jahre nach der Mission Elphinstones, aus Kabul vertrieben worden war, mit einer eigenen Einheit in Afghanistan einreiten zu lassen. Der Anschein will gewahrt werden. Es soll zumindest so aussehen, als hätte Shah Shuja den Thron aus eigener Kraft wiedergewonnen und nicht durch die Gnade Englands. Shah Shuja ist für alle erkennbar eine Marionette, doch glauben die Engländer trotzdem, die Afghanen würden ihn als ihren König akzeptieren. Sie ignorieren das feindselige Schweigen, das sich unter den Bewohnern Kabuls ausbreitet, als Shah Shuja mit seinem prächtigen Gefolge durch die Straßen reitet; sie hören nicht auf die Warnungen, dass dieser König aus dem Exil nicht das Format habe, das schwierige Land zu regieren. Sie wiegen sich in Sicherheit und beginnen in Kabul ein Leben zu leben, wie sie es in ihren Kolonien gewohnt sind.

Der zeitgenössische englische Autor G. R. Gleig beschrieb es mit folgenden Worten: *»Wo immer die Engländer hinkommen, bringen sie die Menschen, die sie besuchen, früher oder später auf den Geschmack männlicher Sportarten. Pferderennen und Cricket wurden bald nach der Ankunft vor den Toren Kabuls veranstaltet; die Einheimischen, das einfache Volk wie ihre Khans, entwickelten sehr schnell Leidenschaften dafür. Shah Shuja selbst setzte als Preis für ein Pferderennen ein wertvolles Schwert aus. Pferderennen waren so begehrt, dass auch Afghanen daran teilnahmen. Für Cricket konnten sie sich nicht begeistern. Sie sind zwar leidenschaftliche Spieler und betrachteten staunend das Schlagen, Rennen und Fangen der Engländer; aber sie legten ihre weiten Gewänder und ihre Turbane nicht ab, um das Feld als Mitspieler zu betreten (...).«*[7]

Über den Sport kamen sich die Afghanen und Engländer etwas näher, sie lernten sich kennen, zumindest ein paar grundlegende Missverständnisse konnten ausgeräumt werden. *»Fünf oder sechs Meilen von Kabul entfernt, in Richtung Istalif, gibt es einen See (...). Im Winter 1839/40 war er mit einer unüblich dicken Eisschicht bedeckt. Die Afghanen rutschten mit ihren Schuhen sehr geschickt über das Eis, geschickter und auch eleganter als ihre europäischen Besucher. In der Tat benahmen sich die Ausländer so ungeschickt, dass die Afghanen zu der Überzeugung kamen, in ihren Heimatländern sei es immer heiß und nie kalt. Dann aber ließen sich unsere jungen Männer Schlittschuhe anfertigen. Plötzlich waren auf dem See Schlittschuhläufer zu sehen. Die Afghanen staunten mit offenem Mund,*

während die englischen Offiziere über das Eis sausten und Pirouetten drehten. Das Schauspiel räumte bei den Afghanen jeden Zweifel über das Herkunftsland der Gäste aus. Voller Freude sagten sie: ›Jetzt sehen wir, dass ihr nicht wie diese ungläubigen Hindus seid, die mit euch gekommen sind: Ihr seid Männer, geboren und aufgezogen wie wir. Ihr kommt aus einem Land mit wechselnden Jahreszeiten, und dieser Wechsel gibt eurem Körper wie eurem Geist Kraft.‹«

Ja, man wusste wenig voneinander. Die Engländer waren bei allem Spaß, den sie vor den Toren Kabuls aufführten, darauf bedacht, den Afghanen vorzuführen, dass das Empire von unwiderstehlicher Macht war. Niemand konnte sich ihm straflos entgegenstellen. Das sollte die Botschaft sein. Doch wollten sie nicht als Invasoren erscheinen, sondern als Freunde, die einen legitimen, afghanischen König einsetzten. Wie aber konnte man Freund sein, wenn man gleichzeitig drohend die Muskeln spielen ließ, um den eigenen Machtanspruch als ultimatives Gesetz zu zementieren? Wie konnte man da Vertrauen gewinnen, wenn man doch selbst beanspruchte, in allen Belangen das letzte Wort zu haben? Es ging über die Darstellung, über eine theatralische Aufführung. Der See vor der Stadt kam den Engländern zupass, denn sie waren vor allem die Herrscher über die Weltmeere.

»Die 13. leichte Infantrie hatte einen besonders einfallsreichen und sehr geschickten Mann in ihren Reihen: Mr. Sinclair. Er baute den ganzen Winter über ein Schiff, das er im Frühjahr fertigstellte. Samt Segeln, Mast und Riemen wurde es auf mehreren Wägen zum See gebracht. In Afghanistan war noch nie ein Schiff dieser Art gesehen worden. Einige Afghanen waren mit Sicherheit während ihres Lebens am Indus gewesen und hatten bei ihrer Rückkehr gewiss von den winzigen Booten berichtet, mit denen indische Bauern von Ufer zu Ufer fahren, von ›fliegenden Brücken‹ und Flussfähren. Doch selbst für diese Menschen war der Anblick des Schiffes, das nun auf dem See Segel setzte, eine Sensation. Eine Menschenmenge lief herbei und verfiel in schweigendes Staunen. Die Afghanen konnten nicht begreifen, nach welchen Prinzipien das Schiff gebaut worden war. Die Masten, die Segel, die Ruder waren für sie Wunder und Geheimnis zugleich; als die Besatzung des Schiffes schließlich wieder an Land kam, versuchte sie den Afghanen zu erklären, dass England schwimmende Schlösser besaß, die mehreren hundert Mann und einhundert Kanonen Platz boten.

Da hoben die Afghanen die Augen zum Himmel und schwiegen mit offenem Mund. Es ist nicht nötig anzufügen, dass es unmöglich war, diesen Menschen die Vorstellung von einem mächtigen Ozean zu vermitteln; denn der, der nie gesehen hat, wird nie lernen, nicht einmal von Büchern und Zeichnungen; und wer zum ersten Mal vom Ozean hörte, für den war es nur ein Geräusch ohne Bedeutung.«[8]

Die Engländer glaubten, in den aufgerissenen Augen der Zuschauer, in ihren ungläubigen Gesichtern den Abdruck ihrer eigenen Überlegenheit zu sehen. Sie pflegten ostentativ ihren Lebensstil. Sie ritten um die Wette, spielten Cricket, kreuzten mit ihrem Segelschiff vor Kabul, das vom Meer nichts wusste, sie drehten mit ihren Schlittschuhen Pirouetten, die an Eleganz nichts zu wünschen übrig ließen. All das waren Zeichen unerschütterlichen Selbstbewusstseins.

Was für eine schöne Stadt Kabul war! Welche Möglichkeiten sie bot! Alexander Burnes, das sahen nun die Engländer, hatte Recht gehabt mit seinen Lobeshymnen auf Kabul. Ja, er hatte noch untertrieben. Die Luft war frischer als in den heißen, schwülen Ebenen Nordindiens, wo die »Army of the Indus« herkam. Hier ließ sich frei atmen. Das Licht Kabuls verlieh den Farben ungewöhnliche Kraft.

Die Engländer hatten keinen Grund, an ihrem Erfolg in Afghanistan zu zweifeln, denn sie waren umgeben von Afghanen, die ihnen nach dem Mund redeten, weil sie selbst gerne Teil dieses Imperiums sein wollten und alles taten, um den mächtigen Herren zu Diensten zu sein. Wer weiß, welche Posten sie ergattern konnten, wenn sie ihnen gefielen, welche Möglichkeiten, Reichtum und Einfluss zu erwerben waren. Die Sonne des britischen Empires wärmte die Hoffnungen dieser wenigen Afghanen und lullte sie ein. Sie wollten oder konnten einfach nicht hören, wie die Gerüchte über das gottlose Leben der Engländer und ihrer Lakaien aus dem Boden Kabuls wuchsen wie eine giftige Frucht, die bald schon all jene in Raserei versetzen sollte, die von ihr kosteten. Als Mountstuart Elphinstone dreißig Jahre zuvor Afghanistan erforscht hatte, spielte die Religion als einigendes Band in Afghanistan nur eine geringe Rolle, doch das war nun anders. Der anschwellende Protest trug die grüne Farbe des Islams. Die Mullahs begannen von einem Ecke des Landes zur anderen gegen die Engländer zu predigen. Das war auch eine Folge britischer Politik, denn sie hatten, indem sie Shah Shuja, den Sohn des

Reichsgründers Shah Abdali, einsetzten, die ohnehin schwache monarchische Tradition diskreditiert. Wer sich wehren wollte, konnte es nicht mehr allein im Namen der Krone tun, und auch nicht unter dem Banner der Nation, die als ein alles einigendes Band im Land der afghanischen Stämme ohnehin nicht taugte. Religion mobilisierte die Gefühle.

Die Engländer trifft der Aufstand wie ein Blitz aus heiterem Himmel. Im Herbst 1841 breitet sich das Gerücht wie ein Lauffeuer aus, dass die Ausländer unstattliche Beziehungen zu afghanischen Frauen unterhalten. Besonders Burnes hat sich einen liederlichen Ruf erworben. Er lebt in einem großen Haus, nicht weit von der Bela Hissar, der Festung Kabuls. Hier genießen er und sein Gefolge ganz das Leben, während draußen die Wut überkocht. Eine aufgebrachte Menge dringt an einem späten Herbstnachmittag in Burnes' Haus ein, tötet ihn und seinen jüngeren Bruder James. Sein tragischer Tod in Kabul scheint der folgerichtige Schlusspunkt eines rasanten Lebens zu sein. In den Aufschrei des Entsetzens, der in England bei der Nachricht über sein Schicksal erklingt, mischt sich der Seufzer wohlgesitteter Frauen, die, eingeschnürt in das enge Tugendkorsett des prüden Englands, vor sich hinschmachteten. Burnes wirkte wie ein Popstar. Er lebte schnell und starb jung.

Das Melodram um den Aufstieg und Fall des Alexander Burnes verbarg freilich, dass er als politischer Vertreter der Ostindischen Kompanie ganz wesentlich für Englands Entscheidung verantwortlich gewesen war, in Afghanistan einzumarschieren. Burnes' Urteil war eine Fehleinschätzung, die nicht nur er mit dem Leben bezahlte. Das Empire ließ nach der Besetzung Kabuls 5000 Soldaten in der Stadt zurück. Rund 10 000 Zivilisten gehörten zum Tross dieser Armee: Frauen, Kinder, Händler, Köche, Handwerker. Nach dem Sturm auf das Haus von Burnes zögerten die englischen Truppenführer, sie waren überrascht worden. Ratlos blieben sie wochenlang hinter den Mauern ihres Militärlagers. In diesem Zögern erkannten die Afghanen Schwäche. Sie wirkte wie ein Magnet. Aus allen Teilen des Landes kamen mehr und mehr afghanische Krieger, angezogen von der Aussicht, ihr Land zu befreien, die englischen Truppen zu schlagen und ihnen alles, was wertvoll war, abzuknöpfen. Kabul schien ohne Autorität. Tatsächlich waren die Engländer verloren, ihre Vorstellung von Afghanistan war verpufft wie ein Traum, der nach seinem jähen Ende nichts hinterlässt als einen dröhnenden Kopf, schmerzende Glieder und taube Sinne. In ihrer Verwirrung verhandelten die Engländer mit den Afghanen und ließen sich dabei übertölpeln. Die Afghanen sicherten ihnen freies Geleit zu, und so machten sich mehr als 15 000 Menschen von Kabul auf und zogen Richtung Khyberpass, nach Jalalabad, der nächstgelegenen englischen Garnison. Es war Dezember, es herrschte tiefster, eisiger Winter. Mühsam kämpfte sich die Kolonne voran, doch sie schaffte am ersten Tag nicht mehr als fünf Meilen. Da begannen schon die Angriffe der Afghanen, die immer wieder aus den Bergen herabstürzten wie Jagdfalken, die sich zielsicher ihre Beute schnappten, um sich wieder in unsichtbare Höhen emporzuschwingen, um beim ersten Zeichen der Schwäche ihrer Opfer pfeilschnell erneut niederzusausen, Angst und Schrecken verbreitend. An manchen Tagen kamen zehn Engländer ums Leben, an anderen mehr als hundert, manchmal mehrere Dutzend. Die afghanischen Kämpfer bissen sich in den Leib dieser Kolonne und rissen Stücke heraus wie von einem weidwunden, aber noch lebenden und wild um sich schlagenden Büffel. Nach acht Tagen war alles vorbei, die Militärkolonne war vollständig aufgerieben. Nicht alle waren den Afghanen zum Opfer gefallen, viele waren in der bitteren Kälte, nachts, in vollkommener sternenklarer Stille, erfroren.

Die Niederlage war so vernichtend, dass jeder Versuch, sie zu beschönigen, scheitern musste. Auch darum wurde die Schmach schnell mythisch überhöht. Das begann schon mit den Zeilen, die Kapitän Julius Brockmann Backhouse, ein Offizier der Garnison von Jalalabad, niederschrieb, als er den einzigen Überlebenden erblickte: *»Gestern war es mir unmöglich, die Nachrichten des Tages niederzuschreiben. Meine Seele ist mit Gram erfüllt angesichts der Katastrophe, welche unsere Kabuler Garnison überkommen hat. Alle sind verloren. Die Armee ist vernichtet, bis auf einen Mann. Gestern, um ein Uhr mittags, erreichte uns Brydon, ein Arzt im Dienste des Shahs, auf einem Pferd, das kaum mehr in der Lage war, noch ein paar Meter zu gehen. Brydon war an Kopf und Gliedern verwundet, ganz zerschlagen von Steinen. Er, alleine, ist gekommen, um uns die fürchterliche Geschichte zu erzählen.«*

Dr. William Brydon war nicht der einzige Überlebende, nach und nach tauchten mehrere in Jalalabad auf, doch hielt sich die Legende, dass nur er dem Zug des Todes entkommen war. Und noch viel mehr: Die Afghanen sollen ihn bewusst am Leben erhalten haben als einen Boten, der alle warnen sollte, die nach Afghanistan kamen. »Wer hier eintritt, lasse alle Hoffnung fahren« – dieses Zitat aus Dantes *Göttlicher Komödie* fiel den gebildeten Briten gewiss ein, als sie die Geschichte vom Ende Alexander Burnes' und der »Army of the Indus« vernahmen. Sie sahen in ihrer Vorstellung diese Worte in einen Felsen des Khyberpasses gemeißelt, am Tor zu diesem unseligen Land, das – wie sie nun glaubten – jedem, der es betrat, nichts als Verderben bereitete. Afghanistan – dieses Wort allein jagte der englischen High Society fürderhin kalte Schauer über den zartfühlenden Rücken. Und nicht nur ihr. Die Niederlage löste einen Schock in ganz Europa aus. Theodor Fontane widmete ihr das Gedicht »Das Trauerspiel von Afghanistan«:

Der Schnee leis stäubend vom Himmel fällt,
Ein Reiter vor Dschellalabad hält.
»Wer da!« – »Ein britischer Reitersmann,
Bringe Botschaft aus Afghanistan.«

Afghanistan! Er sprach es so matt;
Es umdrängt den Reiter die halbe Stadt,
Sir Robert Sale, der Kommandant,
Hebt ihn vom Rosse mit eigener Hand.

Sie führen ins steinerne Wachthaus ihn,
Sie setzen ihn nieder an den Kamin,
Wie wärmt ihn das Feuer, wie labt ihn das Licht,
Er atmet hoch auf und dankt und spricht:

»Wir waren dreizehntausend Mann,
Von Kabul unser Zug begann,
Soldaten, Führer, Weib und Kind,
Erstarrt, erschlagen, verraten sind.

Zersprengt ist unser ganzes Heer,
Was lebt, irrt draußen in Nacht umher,
Mir hat ein Gott die Rettung gegönnt,
Seht zu, ob den Rest ihr retten könnt.«

Sir Robert stieg auf den Festungswall,
Offiziere, Soldaten folgten ihm all',
Sir Robert sprach: »Der Schnee fällt dicht,
Die uns suchen, sie können uns finden nicht.

Sie irren wie Blinde und sind uns so nah,
So lasst sie's hören, dass wir da,
Stimmt an ein Lied von Heimat und Haus,
Trompeter, blast in die Nacht hinaus!«

Da huben sie an und sie wurden's nicht müd',
Durch die Nacht hin klang es Lied um Lied,
Erst englische Lieder mit fröhlichem Klang,
Dann Hochlandslieder wie Klagegesang.

Sie bliesen die Nacht und über den Tag,
Laut, wie nur die Liebe rufen mag,
Sie bliesen – es kam die zweite Nacht,
Umsonst, dass ihr ruft, umsonst, dass ihr wacht.

»Die hören sollen, sie hören nicht mehr,
Vernichtet ist das ganze Heer,
Mit dreizehntausend der Zug begann,
Einer kam heim aus Afghanistan.«

Auch die bildende Kunst überhöhte seine Geschichte ins Mythologische. Lady Butler, eine der berühmtesten Malerinnen des Empires, widmete dem Schicksal der »Army of the Indus« ein dramatisches Bild. Butler hatte sich auf die Darstellung von Schlachten spezialisiert. Sie verstand es, die Soldaten des Empire effektvoll in Szene zu setzen. Ihr Bild »Remnant of an Army« zeigt, wie William Brydon auf die Festung von Jalalabad zureitet. Obwohl die Tore der Stadt in

Sichtweite sind, glaubt man, dass Brydon sich Jalalabad nicht nähert, sondern sich in einer seltsamen Rückwärtsbewegung entfernt. Jeder Schritt, den sein Pferd nach vorne setzt, geht in Wahrheit zurück. Die Malerin erzielt diesen Effekt, indem sie den Weg in einer kreisenden Bewegung darstellt. Es wirkt, als würden Brydon und sein Pferd von einem Mahlstrom nach hinten gezogen, tiefer in das Bild, tiefer in die afghanische Verderbnis. Wer das Bild länger betrachtet, wird förmlich in die Szenerie hineingewirbelt wie in einen Strudel, der alles, was ihm nahe kommt, verschlingt. Brydon sitzt auf einem Pferd, das sich vor Erschöpfung kaum auf den Beinen halten kann und mit zu Boden geneigtem Kopf taumelt. Der Oberkörper des Reiters ist nach hinten gebeugt. Er versucht mit offensichtlich großer Mühe, nicht aus dem Sattel zu fallen. Sein Kopf liegt im Nacken und sein Blick ist gen Himmel gerichtet, von Schmerzen gepeinigt sucht er Rettung und Erlösung. »Remnant of an Army« ist ein romantisierendes, dramatisches Gemälde, das sich dem Betrachter ins Gedächtnis geradezu einbrennt. Obwohl kein einziger Afghane darauf zu sehen ist, prägt es die Vorstellung von Afghanistan viel stärker, als wenn etwa zu sehen wäre, wie die afghanischen Krieger das britische Expeditionsheer niedermachen. Erst die Abwesenheit der Afghanen macht sie zu grausamen Monstern – die Phantasie des Empires konnte sich ausleben, keine konkrete Erscheinungsform stand ihr im Wege.

Wie wirkungsmächtig die Imaginationskraft war, zeigt eine Geschichte, die sich kurz vor dem Abmarsch der Briten aus Kabul zutrug. In dem umstellten Militärlager verbreitete sich ein furchterregendes Gerücht. Die Frau eines Offiziers schrieb in ihr Tagebuch: *»Es wurde uns mitgeteilt, dass die Afghanen ihr Wort nicht halten werden. Sie wollen die Frauen rauben, so wird es erzählt, und danach alle Männer töten – mit Ausnahme von einem. Er soll an den Eingang zum Khyberpass gebracht werden. Dort werden sie ihn, nachdem sie ihm Arme und Beine abgetrennt haben, aussetzen. Sie werden eine Nachricht an ihm festmachen, eine Warnung, dass die Briten nie wieder versuchen sollten, Afghanistan zu betreten.«*[9] Wenige Wochen später trug sich diese Geschichte ziemlich genauso zu. Auch wenn Dr. Brydon nicht mit abgehackten Gliedmaßen aufgefunden wurde, so war er doch schwer verletzt. Es gibt ein Foto des Arztes, das mehr als zehn Jahre später aufgenommen worden ist. Es zeigt einen zwar etwas sorgenvoll und verschreckt dreinblickenden Mann mit kahlem Schädel, aber immerhin im Besitz seiner Gliedmaßen. Dr. Brydon blieb als einziger Überlebender in Erinnerung, so wie es das im Militärlager umhergehende Gerücht haben wollte. Dabei gab es mehrere, die der Vernichtung entkamen. Weil sie nicht in die Geschichte passten, fielen sie aus dem Gedächtnis wie überflüssiger, störender Ballast, der am Fliegen hindert. Wie hätte das Gemälde Lady Butlers ausgesehen, wenn sie eine Reihe von Überlebenden darstellen hätte müssen? Weniger dramatisch, weniger heldenhaft vermutlich – und mehr nach dem, was dieses Ereignis in Wirklichkeit war: Das Resultat britischer Arroganz und Inkompetenz.

Malcolm, der englische Geologe in unserem Gästehaus, kennt diese Geschichte, auch wenn er sie mir gegenüber nie erwähnt hat. Doch sehe ich ihn manchmal in der Lobby sitzen und Bücher lesen, die sich mit der Geschichte des britischen Empires befassen. Er ist dabei höchst konzentriert und bemerkt den Gruß nicht, den ich an ihn richte. Ich versuche unbemerkt den Titel des Buches zu entziffern, das er in den Händen hält, doch gelingt es mir nur selten, dafür kann ich aber die Abbildungen recht klar erkennen, und sie zeigen meist weiße Männer in Uniformen, die sich inmitten einer unwirtlichen Gegend aufhalten. Er liest über den Krieg. Diese Lektüre ist kein Beweis dafür, dass Malcolm ein einseitiges Interesse hätte. Sie spiegelt eher das Warenangebot wider. Im Gästehaus nämlich hat ein Händler einen kleinen Laden eröffnet, in dem er neben allerlei Tand Bücher zu überteuerten Preisen anbietet. Ich gehe manchmal dorthin, um nach Fundstücken zu stöbern. Fast alle Bücher dieses Händlers handeln vom Krieg in Afghanistan, von den Briten, den Russen, den Amerikanern, die hier kämpften und kämpfen. Man könnte auf den Gedanken kommen, Afghanistan sei ein Schlachtfeld, den Menschen auf der Welt von einem ungnädigen Gott zur Verfügung gestellt, damit sie hier ihre Kräfte messen. Je länger ich mich dort aufhalte, desto mehr habe ich das Gefühl, mein Hirn werde ausgerichtet wie eine Kugel, die nur in eine Richtung schießen darf, strichgerade und schnell wie der Blitz. Nach und nach ändert sich die Wahrnehmung, und plötzlich sieht man überall kleine Zeichen, die auf die Kriege in diesem Land verweisen, die Sinne sind wie gespannt, ihre Spuren zu finden. Ich habe es zum Beispiel vermieden,

Malcolm darauf hinzuweisen, das sein Zimmer die Nummer 41 trägt, und wenn er noch eine 18 davor stellte, hätte er das Jahr der britischen Niederlage vor seinen Augen. Das schien mir zu viel an Symbolik. Doch als ich an Dr. Brydon dachte, an die Nachricht, die angeblich auf seinem Körper festgemacht war, mit der Warnung an die Briten, nie wieder Afghanistan zu betreten, da fiel mir meine holländische Kollegin ein und ihr Bericht über den ermordeten Regisseur Theo van Gogh. Der Mörder hatte ihm ein Messer in die Brust gerammt und daran einen Zettel mit Koranversen geheftet. Das war als Warnung gedacht, damit keiner es je wieder wagen würde, den Islam in den Schmutz zu ziehen, so wie es van Gogh in den Augen seines Mörders mit seinen Filmen getan hatte.

Vielleicht hatte meine Kollegin das gemeint, als sie sagte, sie fühle sich recht gut vorbereitet auf Afghanistan, dass nämlich der Tod van Goghs als dringende Warnung gedacht war, eine Grenze nicht zu überschreiten. Und sie hat es doch getan, indem sie nach Afghanistan kam, und nun war sie hier zusammen mit mir und vielen anderen, die sich aus tausend Gründen eingefunden haben: um Geld zu verdienen, Karriere zu machen, um zu flüchten aus einem Zuhause, das zum Ersticken eng war, oder einfach nur aus Neugier darüber, wie es denn aussehen mochte, dieses Land jenseits des Khyberpasses, von wo im 19. Jahrhundert ein gewisser Dr. Brydon eine grausame Kunde brachte.

Dieses Ereignis markierte eine Abkehr Englands von Afghanistan. Das Empire hatte versucht, das Land in die von ihm geformte globale Ordnung einzufügen. Das war misslungen. Jetzt gab die Regierung in London diese Mission auf. Doch bevor sie sich abwandte, musste sie der Welt noch vorführen, dass niemand ungestraft das Empire demütigen konnte. Um diese Botschaft zu übermitteln, schickte sie eine Armee unter dem Befehl von General Pollock nach Kabul. Er kam nicht, um Afghanistan für England zu gewinnen, daran glaubte man nicht mehr. Pollock kam, um zu strafen.

Er zog mit seiner Armee als erster westlicher Offizier über den Khyberpass nach Kabul. Auch das trug eine symbolische Botschaft in sich und hatte nebenbei einen ganz praktischen Wert. Denn auf dem Weg über Jalalabad nach Kabul stießen die Soldaten immer wieder auf Überreste ihrer im Januar 1842 auf dem Rückzug getöteten Kameraden. Knochen, Totenköpfe, Kleiderfetzen, Uniformen. Dieser Anblick brachte ihr Blut zum Kochen. Pollock war dies ganz recht, denn er war gekommen, um Rache zu nehmen, und dafür konnte er Soldaten gut gebrauchen, die wie wilde blutgierige Kampfhunde an ihren Ketten zerrten. Pollocks Feldzug zielte gleichzeitig darauf ab, die öffentliche Meinung in Europa zu beeindrucken und sie davon zu überzeugen, dass die Niederlage der Engländer in Afghanistan nichts weiter als ein Betriebsunfall einer imperialen Maschinerie war, die ansonsten reibungslos funktionierte. Auf seinem Marsch nach Kabul kam es zu kleineren Kämpfen und Scharmützeln. Die europäische Presse berichtete ausführlich darüber, jeder noch so kleine Sieg wurde zu einem Triumph des Guten gegen das Böse aufgebauscht. Da die Afghanen das Böse an sich repräsentierten, musste Pollock keine Rücksicht nehmen. Auf seinem Weg nach Kabul brannte er Dörfer nieder. Der Schrecken sollte ihm wie ein Bote vorauseilen. Der General tat alles, um seinem Spitznamen »Racheengel« Ehre zu machen.

Am 15. September 1842 erreichte er Kabul. Er fiel in die Stadt ein und ließ alles, was sich ihm in den Weg stellte, niedermetzeln: Männer, Frauen und Kinder lagen in den Straßen und tränkten den Boden mit ihrem Blut. Pollock gab seinen Soldaten drei Tage Zeit, die Stadt zu plündern, was diese ausgiebig und rücksichtslos taten. Danach legte er eigenhändig Feuer an den alten Basar. Händler und Ladenbesitzer, die versuchten, das Feuer zu löschen, wurden zurückgehalten, mit Bajonetten niedergestochen, von den berittenen Soldaten niedergetrampelt. Die Flammen fraßen sich schnell durch die engen, verwinkelten Gassen. Die Menschen flüchteten vor dem Feuer, das sich fauchend über alles hermachte, was ihm zu nahe kam. Es fraß sich mit gierigem, brüllendem Maul durch den ehrwürdigen Körper dieses Marktes, der die Menschen bis in den hintersten Winkel Zentralasiens mit Waren versorgt hatte. Der Basar war eine Quelle des Wohlstands gewesen, ein Hort der Hoffnung und des Glücks. Doch nun quoll Rauch aus seinem Bauch, schwarzer, stinkender Rauch, der sich über die ganze Stadt legte und den Himmel verdunkelte. Beißender Gestank kroch durch die Straßen und breitete sich bis über die Stadtgrenzen aus. Reisende, die sich Kabul an diesem Tag näherten, blieben wie gelähmt stehen beim Anblick dieser Stadt, die eingehüllt war in eine unheilvolle, giftige schwarze Wolke. Die Pferde der Reisenden scheuten, sie spürten die Gefahr, ihre feinen Nüstern konnten den Gestank des brennenden Basars als Erste entziffern. Es roch nach den Menschen, die der Teufel in den glühenden Öfen der Hölle verbrannte, es roch nach ihren versengten Haaren, es roch nach ihrem verkohlten Fleisch, nach ihren Sünden, für die sie nun büßen mussten, es roch nach der Rache des Generals. Durch das Knistern des Feuers hindurch drangen die Schreie der Unglücklichen, wimmernde, zitternde Wesen, die ihre Arme mit allerletzter Kraft in den Himmel hoben, Hilfe suchend, doch da war niemand mehr, der ihnen helfen konnte, denn ihr Gott hatte sich von Kabul abgewandt, und der Gott aus London hatte seinen Racheengel geschickt. Pollock wusste genau, was er tat. *»Bevor ich Kabul verließ, habe ich mittels Schießpulver den großen Basar von Kabul, Tschar-Tschatta genannt, in die Luft gesprengt, welcher in der Zeit von Shah Jaahan und Ali Mardan Khan gebaut worden war. Dieser Basar war der berühmte Marktplatz im Zentrum Asiens!«* Der General beschreibt auch sehr klar das Warum seiner Grausamkeit: *»Die Überreste unserer Gesandten waren hier öffentlichen Beschimpfungen preisgegeben worden. Ich wollte den Afghanen zeigen, dass die Diffamierung britischer Untertanen nicht ungerächt bleiben würde. Zwei Moscheen sind ebenfalls zerstört.«*[10]

Ziemlich genau auf den Tag 159 Jahre später stiegen Tausende Kilometer entfernt, am anderen Ende des Globus, schwarze Rauchsäulen in den Himmel, Menschen flüchteten zu Tausenden in Panik. Eine Walze aus Staub, Rauch und Schutt rollte durch die Straßen der Stadt und verdunkelte die Sonne. Weit oben, in den Lüften zwischen den Hochhäusern, waren kleine schwarze Punkte zu erkennen, die in rasendem Tempo zu Boden fielen, so schnell, dass man ihnen mit bloßem Auge kaum folgen konnte. Es waren Menschen, die, eingeschlossen vom Feuer, sich lieber in die Tiefe stürzten als zu verbrennen. So wie die Reisenden am 18. September 1842 Zeugen des entsetzlichen Werkes des englischen Generals Pollock wurden, so war am 11. September 2001 die ganze Welt über den Bildschirmen zugeschaltet, um Zeuge eines fürchterlichen Attentats zu werden. Auch diesmal war das mit Bedacht gewählte Ziel des Anschlages ein Basar, der Markt des Weltkapitalismus, dessen Symbole die Zwillingstürme waren. Pollock war es ausdrücklich um Rache gegangen, die Attentäter vom 11. September 2001 hatten nichts anderes im Sinn. Osama bin Laden, der Gründer und Chef der Terrororganisation Al-Qaida, ließ dem Westen Folgendes ausrichten: »*Warum sollten Angst, Mord, Zerstörung, Vertreibung immer nur uns betreffen, während Sicherheit, Stabilität und Glück immer nur euch gehört. Das ist unfair. Es ist Zeit, dass wir dieses Ungleichgewicht ausgleichen. Ihr werdet getötet werden, so wie ihr tötet, ihr werdet bombardiert werden, so wie ihr bombardiert.*«[11]

Demütigung und Rache – diese Spirale dreht sich ungehindert weiter durch die Jahrhunderte. Sie bestimmt nicht nur das Denken von Fanatikern und Terroristen, sondern sie war und ist Teil westlicher Staatsräson. Als der ehemalige amerikanische Außenminister Henry Kissinger gefragt wurde, warum die USA nach dem Krieg gegen Afghanistan auch noch in den Irak einfallen mussten, antwortete er mit dem trockenen Satz: »Weil Afghanistan nicht genug war!« Auch diese Supermacht musste aller Welt zeigen, dass man sie nicht ungestraft demütigen konnte. Im 19. Jahrhundert brannte man für dieses eherne Gesetz der Machtpolitik Kabul nieder, im 20. Jahrhundert wurde aus denselben Gründen Kabul bombardiert, es brannte Bagdad, es brannte Basra, es brannte Tikrit – die strafende Hand eines weltlichen Gottes schlug zu, um sich von der Schmach zu reinigen. Die Antwort ließ nicht auf sich warten. Es explodierten Bomben in Bali, in Madrid, in London. Hunderte Menschen starben, um eine angebliche fortgesetzte Demütigung der Muslime ungeschehen zu machen. Da selbst die Rache nicht blind erscheinen darf, brauchte sie eine Legitimation, ein Ziel, das zu erreichen sich lohnt. Al-Qaida wollte ein Kalifat errichten, die Wiedergeburt des großen arabischen Reiches des 7. Jahrhunderts. Al-Qaida gab vor, im Namen einer neu zu schaffenden Ordnung zu töten.

Pollocks Rachefeldzug im 19. Jahrhundert war freilich eine Ironie der Geschichte, denn das Empire hatte seine ersten Soldaten nach Kabul geschickt, um die Märkte Zentralasiens zu erschließen, und nun endete das Engagement mit der Zerstörung eines der wichtigsten Märkte dieser Region. Was England als zivilisierenden Akt verbrämte, endete mit einer barbarischen Tat – die freilich nicht als solche erscheinen durfte. Pollocks Vorgehen war in den Augen Englands keine Barbarei, sondern die angemessene Reaktion auf die barbarischen afghanischen Stämme, die ein in bester Absicht gekommenes britisches Heer hinterhältig und feige niedergemetzelt hatten. Afghanistan wurde nach der gewaltsamen Abkoppelung von der globalen, britisch dominierten Ordnung in der westlichen Imagination zu einem kriegerischen Land, einem Hort der Barbarei, schreckenerregend, aber auch geheimnisvoll, anziehend, viel versprechend. Hier galten andere Gesetze, die Gesetze des Dschungels. Diese Wildnis freilich zog wilde Männer an, einer von ihnen war Paolo Avitabile, der Gouverneur der Grenzstadt Peshawar. Der Italiener hatte General Pollock bei seinem Marsch über den Khyberpass wichtige Hilfe geleistet. Auf seinem Grabstein im italienischen Agerola steht:

> Lieut-General Paolo Avitabile
> Born October 1791. Died 28th March 1850
> Chevalier of the Legion of Honour. Of the Order of Merit of San Ferdinand of Naples. Of the Durrani Order of Afghanistan. Grand Cordon of the Lion and the Sun, and of the two Lions and Crown of Persia. Of the Auspicious Order of the Punjab.
> Naples, first Lieutenant. Persia, Colonel. France and the Punjab, General and Governor of Punjab.

Für die Engländer begann bereits in Peshawar die afghanische Finsternis. In einem 1929 erschienenen Buch heißt es: *»Damals* (zu Avitabiles Zeiten – U. L.) *wie heute war Peshawar ein Zufluchtsort für die grausamen und wilden Stämme des Khyberpasses, die ihrem eigenen Leben ebenso wenig Wert zuschrieben wie dem Leben anderer. Sie bestritten ihren Lebensunterhalt mit Raub und Mord, den sie mit großem Vergnügen praktizierten (...). Von welchem Schlag die Khyberstämme sind, kann man daran erkennen, dass trotz 75 Jahren britischer Herrschaft, und mit der Anwesenheit einer großen britischen Armeeeinheit, es bis heute kein Europäer wagen kann, in die Stadt von Peshawar ohne eine Eskorte zu kommen.«*[12] In dieser Beschreibung ist unschwer die Bitterkeit über die Niederlage zu erkennen, welche die Briten durch ebendiese Stämme erlitten hatten. Selbst Pollocks grausame Rache reichte nicht. Der Gegner musste immer noch als Monster dargestellt werden, das nur beherrscht werden konnte durch einen Mann, der *»mindestens so grausam und brutal sein konnte wie sie selbst«.*[13] Avitabile war dieser Mann. Er war über Frankreich, die Türkei und Persien bis nach Peshawar gekommen, einer der vielen europäischen Glücksritter, die in den Orient aufbrachen, angezogen von der Aussicht, aus ihren soldatischen Fertigkeiten Geld zu machen. Das heutige Afghanistan und Pakistan erschienen wie eine riesige Kriegszone, in der immerzu gekämpft, geschossen, gemordet, gefoltert, entführt wurde. Das mag auf die meisten Menschen in Europa abschreckend gewirkt haben, doch Krieger vom Schlage Avitabiles wussten aus Erfahrung, dass Kriege große Chancen in sich bargen. Sie sind die Umwälzungsmaschine, die ohne Rücksicht auf Stand, Herkunft oder Bildung nach oben spült, was gerade noch unten war. Wer gestern noch arm war, konnte heute schon reich sein, wer gestern noch ein Nichts war, den niemand beachtete, vor dem verneigten sich heute die Menschen in Ehrfurcht und Angst. Wer gestern noch ein Offizier im Europa der napoleonischen Kriege war, einer unter Zehntausenden, konnte in Asien heute schon zur Berühmtheit aufsteigen. Avitabile wurde genau das.

Eine zeitgenössische Zeichnung zeigt ihn mit Dreispitz und Federbusch, Säbel und Epauletten. Ein italienischer *condottiere* in der farbenfrohen Uniform des 19. Jahrhunderts, der im Auftrag des Königs der Sikhs gekommen war, um die unbotmäßigen Afghanen Peshawars gefügig zu machen. Er selbst schrieb über seine ersten Tage als Gouverneur: *»Als ich auf Peshawar zumarschierte, schickte ich eine Abteilung voraus. Sie errichten rund um die Stadtmauern Pfähle. Die Männer aus Peshawar spotteten darüber und lachten über die Verrücktheiten des Feringhi* (Ausländer – U. L.). *Das Gelächter wurde noch lauter, als meine Männer Stricke zu Füßen der Pfähle legten. Die Einwohner von Peshawar sagten, es brauche Gewehre und Schwerter, um die Stadt zu regieren, und nicht Stöcke und Stricke. Wie auch immer, nachdem meine Vorbereitungen beendet waren, sahen sie an einem schönen Morgen fünfzig der schlimmsten Männer Peshawars an diesen Pfählen baumeln. Ich wiederholte die Hinrichtung jeden Tag, so lange, bis die Briganten und Mörder ausgerottet waren.*

Dann wandte ich mich den Lügnern und Geschichtenerzählern zu. Ich schnitt ihnen die Zunge heraus. Als ein Arzt auftauchte, der behauptete, er könne die abgeschnittenen Zungen wieder annähen, ließ ich ihn zu mir holen und ihm ebenfalls die Zunge abschneiden. Danach herrschte Frieden, innerhalb von sechs Monaten gab es keine Verbrechen mehr in Peshawar.«

Avitabiles grausame Herrschaft hat sich tief in das kollektive Gedächtnis Peshawars eingebrannt. Heute noch ermahnen die Mütter der Stadt ihre unbotmäßigen Kinder mit den Worten: »Wenn du nicht gehorchst, hole ich Abu Tabela!« Eine seiner beliebten Hinrichtungsmethoden bestand darin, seine Opfer von einem Minarett zu stürzen. Er, der von sich sagte, er glaube an keinen Gott, forderte Gott heraus. Selbst vor seinem weltlichen Herrn Ranjit Singh, dem König der Sikhs, machte seine offensichtliche Lust an der blutigen Provokation nicht halt: *»Sechs Räuber wurden gefangen. Sie waren Sikhs. Ranjit Singh wollte sie begnadigen. Da sie schon zum zweiten Mal erwischt worden waren, befahl Singh, dass man ihnen jede Fluchtmöglichkeit versperrte. Avitabile ließ die Männer sofort hängen. Als Ranjit Singh davon hörte, bebte er vor Zorn. Er wollte die Männer lebend haben. Er befahl Avitabile zu sich, und als er diesen fragte, wie er es wagen konnte, sechs Sikhs zu hängen, die in seine Obhut gegeben waren, antwortete dieser: Es erschien mir das sicherste Mittel zu sein, um Ihren Befehl zu befolgen und die Flucht der Diebe zu verhindern! Der König lachte lauthals und schlug sich vergnügt auf die Schenkel.«*[14] Zeitgenossen, die Avitabile kennenlernten, behaupteten, er sei durch seine eigenen Exzesse verrückt geworden, doch gleichzeitig berichten sie von einem fähigen, humorvollen, fröhlichen Menschen, der über ausgesuchte Manieren verfügte und mit sich selbst im Reinen schien. Die Briten, denen er bei ihren Vorstößen nach Afghanistan geholfen hatte, waren tief beeindruckt von der Art, wie er mit den afghanischen Stämmen umging: *»Dass Avitabile die Mentalität dieser wilden Asiaten verstand, zeigt die Tatsache, dass seine persönliche Garde aus Männern zusammengesetzt war, deren Angehörige er eigenhändig gefoltert und getötet hatte.«*[15] Er war auch in anderer Hinsicht ein außergewöhnlicher Mann. Denn es gelang ihm als einem der wenigen Söldner, sein Geld außer Landes zu schaffen. Avitabile kehrte im Jahr 1843 nach Italien zurück, baute sich eine prächtige Villa, verstarb kurz darauf eines natürlichen Todes – es ist nicht überliefert, ob er seine Taten bereut hat.

Doch wissen wir, dass sich seine Nachkommen über das Vermögen, das er angehäuft und mit viel Geschick nach Italien verfrachtet hatte, so heftig zerstritten, dass es sich schnell in Nichts auflöste.

Es braucht wenig Phantasie, um Figuren wie diesen Neapolitaner unter den Gästen in meinem eigenen Hotel zu erkennen. Grausamkeit will ich ihnen gewiss nicht unterstellen, doch die Gier nach Geld ist manchmal nur sehr notdürftig verborgen unter ihren Krawatten und penibel gekämmten Haaren, dem ganzen zur Schau gestellten Geschäftsmanngebaren liegt etwas Sinistres zugrunde. Was weiß ich zum Beispiel denn schon von meinem Geologen Malcolm? Was ist, wenn es nicht stimmt, was er mir erzählt? Wenn er nicht für ein afghanisches Ministerium arbeitet, sondern für ein ausländisches Unternehmen, das nach den verborgenen Bodenschätzen Afghanistans forscht? Es soll davon viele geben. Die Tatsache, dass große Teile des Landes nie wirklich erforscht worden sind, müsste doch dafür ausreichen, einen Geologen in Marsch zu setzen, um diskret, an allen afghanischen Autoritäten vorbei, Untersuchungen aller Art anzustellen. Wenn er also Gesteinsproben untersuchte, die Ergebnisse an den Hauptsitz seiner Firma übermittelte und damit eine ganze Kette von Ereignissen in Gang setzte? Malcolm könnte zu dem Schluss kommen, es gäbe, gar nicht weit von Kabul, ein riesiges Uranvorkommen. Darauf schickte sein Unternehmen sofort einen Lobbyisten los, der in Kabul Männer anheuerte, die jemanden kennen, der Zugang zum Minister hat, der die entsprechenden Lizenzen hat. Es flösse Geld, sehr viel Geld. Am Anfang stünde dieser harmlos wirkende Mann, der mir gegenübersitzt und mir immer wieder sagt, er wäre lieber zu Hause geblieben, in seinem kleinen Haus in Winchester, um dort seinem Hobby, der Taubenzucht, zu frönen.

Alles nur Phantastereien, das will ich mir einreden, doch gelingen will es nicht recht. Sie bleiben in meinem Kopf wie ein leises, störendes Nebengeräusch. Je öfter ich nach Afghanistan kam, desto stärker entwickelte sich bei mir das Gefühl, dass hinter allem, was ich sah und hörte, noch etwas anderes lag, etwas, das ich nicht sehen und hören sollte. Hinter jedem Ding, hinter jedem Wort, hinter jeder Szene verbarg sich eine Geschichte, ich konnte spüren, wie sie sich entfaltete, ich konnte wahrnehmen, wie sie an der Oberfläche der Wirklichkeit ein leises Zittern auslöste, doch sie verstehen, das konnte ich nicht. Draußen im Dunkel Afghanistans war etwas, vielleicht wartete es auf mich, vielleicht auch nicht, vielleicht wollte es enthüllt werden, vielleicht auch nicht. Manchmal schien mir alles um mich herum geradezu darauf ausgerichtet, mich zu verwirren. In diesem Labyrinth begann ich an meinen eigenen Sinnen zu zweifeln. Hatte ich das wirklich gehört? Hatte ich es wirklich gesehen? War Malcolm, der Geologe, wirklich Geologe? Welchen Beweis hatte ich außer sein Wort? Und was war sein Wort schon wert?

Jeden Morgen kamen an den Tischen des Hotelrestaurants Menschen zusammen, die wussten, dass sie sich wahrscheinlich nach ihrem Aufenthalt in Afghanistan nie wiedersehen würden, oder wenn, dann nur in ähnlichen Umständen. Sie trafen sich in dem Bewusstsein, dass jeder Tag ihr letzter sein konnte, denn die Straßen Kabuls waren unberechenbar. Wie die Passagiere eines Flugzeuges erzählten wir uns manchmal ansatzlos die intimsten Dinge, oder wir nahmen die Gelegenheit wahr, uns ganz neu zu erfinden, zu flüchten aus unserem ungeliebten, grauen Dasein und etwas zu sein, das wir immer schon sein wollten. Wir konnten uns alles erzählen in diesem Restaurant, und wir waren bereit, uns auch noch die unglaubwürdigsten Dinge zu glauben. In dieser Kriegslandschaft waren wir frei.

»Warum bist du überhaupt hier, wenn du immer nur meckerst?«, fragte ich Malcolm eines Abends, während er mit angewidertem Gesicht auf seinen Teller blickte, auf dem halbverkohlte Hühnerschenkel lagen.

»Jeder Mensch muss seine Rechnungen bezahlen. Du etwa nicht?«, antwortete er in einem aggressiven Ton. Dann stocherte er in dem toten Huhn herum.

Er war gerade ein paar Tage weggewesen, in Bamiyan, im Hochland des Hindukusch. Ich fragte ihn danach, doch er brummte nur: »Da wollte ich immer schon mal hin!«

Dann herrschte ein paar endlose, drückende Sekunden lang Schweigen zwischen uns. Doch dann geschah etwas Eigenartiges. Während Malcolm kaute, veränderte sich sein Gesichtsausdruck. Er wirkte mit jeder vergehenden Sekunde entspannter, gelassener geradezu, und mir schien, als könne ich sogar Spuren von Glück in seinen Zügen erkennen.

»Weißt du«, sagte er plötzlich gut gelaunt zu mir. »Bamiyan ...« Das Wort flatterte aus seinem Mund. »Bamiyan ...«, wiederholte er, und ich fühlte, wie sich die Anspannung bei mir löste. Dann berichtete er mir von den Steinen dort, von Schründen und Schluchten, von den bizarren Felsformationen und ihren Farben. Ich wurde plötzlich verlegen, weil mir angesichts der kindlichen Freude, die Malcolm versprühte, meine eigenen ihn betreffenden Phantasien ungehörig und geradezu böswillig erschienen. Die Schönheit Bamiyans gab Malcolm seine Unschuld wieder. Nach dem Essen verzog ich mich auf mein Zimmer. Immer noch getragen von der offensichtlichen Begeisterung Malcolms über die Berge im zentralen Hochland, griff ich nach meiner Karte, um Bamiyan zu finden, Yawkalang, Sang-e-Talkh – die Orte im Hochland, an denen ich selbst gewesen war. Ich wusste freilich, wo sie lagen, ich konnte es mir vorstellen, doch ich wollte mich vergewissern, dass sie noch da waren. Ich konnte nicht anders. Immerzu musste ich mich in Afghanistan vergewissern, dass Städte, Orte, Dörfer, ja ganze Landschaften wirklich existierten. Auch wenn ich sie mit meinen eigenen Augen gesehen hatte, schienen sie mir unwirklich. Ich traute mir selbst nicht und benutzte die Karte. Bamiyan – mit dem Zeigefinger hielt ich die Stadt auf der Karte fest, als könnte sie sonst verschwinden.

3

Der Weg nach Bamiyan führt von Kabul aus nach Norden durch die fruchtbare Shomali-Ebene, die berühmt ist für ihre Weintrauben, ihre Granatäpfel und Feigen. Auf meiner Karte habe ich zwei Orte eingekreist, Istalif und Charikar. Bagram habe ich selbst in krakeliger Schrift eingetragen, neben ein Rechteck mit eingezeichnetem Flugzeug, dem Symbol des Flughafens von Bagram. Es ist die größte Militärbasis der Nato in Afghanistan.

Istalif ist ein am Abhang zur Shomali-Ebene malerisch gelegener Ort. Die von Hitze und Staub geplagten Bewohner Kabuls kommen gerne hierher, um sich ein wenig zu erholen. Berühmt ist Istalif für seine blauen Keramiken, die in ganz Afghanistan zu finden sind. Ich war einmal in Istalif gewesen, doch konnte ich mich jetzt kaum noch erinnern, warum. Doch in mein Gedächtnis hatte sich ein Ladenbesitzer eingebrannt, ein bärtiger, ausgemergelter Mann, der mir erklärte, dass es nur drei Mittel gebe, um auf dem Markt bestehen zu können: Freundlichkeit im Umgang mit den Kunden, maßvolle Preise, gute Qualität. Mehr Geheimnis, sagte er trocken zu mir, mehr Geheimnis gebe es nicht. Er saß in seiner Bretterbude im Schneidersitz und musterte mich mit neugierigem, erstauntem Blick. Ich verabschiedete mich und fuhr zurück nach Kabul.

Wie armselig mir die Ausbeute meiner Fahrt nach Istalif jetzt erscheint, wie banal. Ich fühle mich betrogen, nicht von dem Ladenbesitzer, der doch nur gewissenhaft auf meine Fragen antwortete, sondern von mir selbst. Einen Tag meines Lebens dafür zu investieren, in ein Dorf zu fahren und mit ein paar belanglosen Aussagen eines Ladenbesitzers zurückzukehren. Wie dumm von mir.

Ich lache auf, um mich von diesem Irrsinn abzulenken. Denn ich fürchte, dass mir bei der Betrachtung meiner Karte mehr und mehr solcher Szenen einfallen, die mir heute allesamt als wertlos erscheinen. Und damals? Hatte ich schon in Istalif bemerkt, wie mager die Auskunft war, die ich bekam, wie austauschbar? Ich versuche mir noch einmal jenen Tag zu vergegenwärtigen, um eine Antwort zu finden. Doch sosehr ich mich auch bemühe, Istalif bleibt ein Schatten, der durch meinen Kopf huscht. Ich weiß noch, dass es heiß war und staubig. Als ganz plötzlich ein frischer Wind den Hang von Istalif entlangstrich, schloss ich die Augen und schob mein Gesicht nach vorne wie ein durstiger Mensch, der seinen Kopf in klares Quellwasser steckt. Vielleicht habe ich in diesem Augenblick die Erinnerung an diesen Tag verloren, vielleicht hat der Wind alles fortgetragen und nur diesen Ladenbesitzer zurückgelassen. Ich wünschte mir jetzt, er hätte auch ihn mitgenommen, er hätte jede Erinnerung an Istalif ausgelöscht und nichts wäre geblieben außer der Markierung auf meiner Karte. Sie wäre der einzige Beweis dafür, dass ich dort gewesen war. Ich könnte sie löschen, und Istalif würde endgültig verschwinden. Ich wäre, dessen bin ich mir jetzt gewiss, erleichtert, denn ich könnte weiterleben, ohne an diesen Ladenbesitzer denken zu müssen, der sich in meinem Kopf eingenistet hat und mich mit seinen Allerweltssätzen zum Narren hält. Wie gerne würde ich ihm einfach die Tür weisen, diesem Mann, den nicht einmal der Wind haben wollte. Ich spüre, wie Wut in mir aufsteigt über die Hartnäckigkeit seiner Anwesenheit, wie ich am liebsten auf ihn eindreschen und ihn zertrümmern möchte, ihn und all die Bilder aus diesem Land, die mich verfolgen, bei Nacht und bei Tag. Würfe ich doch meine Karte einfach ins Feuer, sie würde in Sekunden in Flammen aufgehen. Alles, was ich in diesem Land erlebt habe, verwandelte sich in Asche und Rauch. Schwarz wäre dieser Rauch, schwarz wie von zähem Gummi stiege er hoch in den Himmel. Draußen, vor meinem Hotel, blieben die Passanten stehen und legten den Kopf in den Nacken, betrachteten schweigend diese Pestsäule, die aufstiege in den blauen Himmel, um ihn zu durchbohren. Aschepartikel wirbelten umher, legten sich auf die Dächer der umliegenden Häuser, auf die Köpfe der Passanten. Die Last meiner Erinnerung kröche jetzt jemand anderem unter die Haut, triebe dort ihr Unwesen weiter, würde wüten, fressen und zersetzen. Endlich, endlich wäre ich sie los. Wenn ich nur diese Karte in den Ofen würfe. Doch ich tue es nicht. Ich starre weiter auf sie.

Ich sehe Charikar, ich sehe Bagram, diese von mir markierten, eingetragenen Orte. Auch sie rauschen an mir vorbei, wie Istalif, kaum erkennbar, wie damals, als mich Jamschid mit einem Toyota Corolla von Kabul aus nach Bamiyan fuhr und wir durch die Shomali-Ebene rasten, als säße uns der Teufel im Nacken. Ich forderte Jamschid auf, langsamer zu fahren, doch gelang ihm das nur ein paar Minuten lang, dann sank das Gaspedal unter seinen Füßen wieder, und unser Toyota schoss über den löchrigen Asphalt, vorbei an schwankenden Lastwagen, an brummenden Bussen, an voll besetzten Taxis, an Tieren und Menschen. »Es ist noch weit«, sagte Jamschid, »es ist noch weit!« 280 Kilometer waren es. Dafür brauchten wir dreizehn Stunden. Unser Auto hatte selbst eine sehr lange, abenteuerliche Reise hinter sich. Jamschid erzählte mir seine Geschichte.

Ursprünglich stand der Toyota auf dem weiten Gelände eines Hamburger Autohändlers. Dann kam eines Tages ein bärtiger Afghane, der sich mit dem Namen Ahmad vorstellte. Ein Freund übersetzte für ihn in einwandfreiem Deutsch. Ahmad hatte eine kleine Reisetasche voller Euro mit. Nach langem Feilschen erwarb er damit vier Toyota Corollas. Ahmad wusste genau, was er wollte, er prüfte den Motor, die Karosserie, die Polsterung, die Armaturen – einfach alles. Dabei stellte sich heraus, dass er über erstaunliche Detailkenntnisse verfügte. Die Autos wurden 2004 von Hamburg aus nach dem iranischen Hafen Bandar Abbas verschifft, dann ging es mit einem Lastwagen quer durch den Iran, nach Herat in Afghanistan. Ahmad wartete dort mit drei seiner jüngeren Brüder auf die Sendung. Sie waren aus Kabul mit dem Bus angereist, eine Reise, für die sie zwei Tage gebraucht hatten. Sie war gefährlich, denn sie führte über Kandahar, wo die Taliban nach ihrer Vertreibung wieder ihr Haupt erhoben hatten und unter den Reisenden Angst und Schrecken verbreiteten. Doch wenn sie nach Herat wollten, war die sogenannte Ringstraße die schnellste Verbindung. Sie führt von Kabul nach Kandahar, über Herat nach Mazar-e-Sharif. Wie eine Schlinge legt sie sich um den Hindukusch, das gewaltige Gebirgsmassiv in Zentralafghanistan.

Ich habe die Ringstraße auf meiner Karte eingezeichnet. Ein Blick darauf verrät ihre eminente Bedeutung. Sie ist 3000 Kilometer lang, rund sechzig Prozent der afghanischen Bevölkerung leben entlang dieser Straße. Millionen Menschen hängen an ihr wie an einem Schlauch, der sie nährt. Wird die Ringstraße unterbrochen, stockt der Lebensfluss des ganzen Landes. In der Sprache der Militärs hat diese Straße strategische Bedeutung – für die Taliban wie für die Regierung. Nach dem Sturz der Taliban 2001 pumpte der Westen Millionen in den Ausbau dieser Straße, und die Taliban versuchten das zu unterbinden, indem sie Bomben am Straßenrand zündeten, Hinterhalte legten, mit Panzerfäusten schossen und Sperren errichteten, Reisende entführten und ermordeten. Soldaten waren unter den Opfern, aber auch Ingenieure, Straßenwärter, Techniker, Landvermesser, Spediteure, Chauffeure. Jedes Attentat löste an der Ringstraße eine Erschütterung aus, die noch Hunderte Kilometer entfernt zu spüren war. In den Busstationen von Kabul, von Kandahar, von Herat diskutierten die Fahrer über die Sicherheitslage. Sie versuchten den Hergang des letzten Anschlages zu rekonstruieren, um zu verstehen, ob hinter diesen Morden eine Logik stand, die nachvollziehbar wäre und aus der sich die Gefahr begreifen ließe. Am schlimmsten waren die Attentate, die nicht zu »lesen« waren und daher vollkommen unberechenbar erschienen. Diese Anschläge lösten lähmende Angst aus und brachten den Verkehr mitunter vollkommen zum Stillstand. An der Ringstraße starben seit dem Fall der Taliban Menschen aus aller Herren Länder: Türken, Chinesen, Inder, Amerikaner, Kanadier, Australier, Pakistaner, ein bunter Haufen Toter. Jedes Opfer löste Trauer in weit entfernten Orten aus, in anatolischen und chinesischen Dörfern, in kanadischen und indischen Städten. Und so kommt es, dass die halbe Welt mit der Ringstraße verbunden ist, mit diesem löchrigen, holprigen Asphaltband, das unter der Hitze zu schmelzen droht. Über diese Straße also reiste Ahmad zusammen mit seinen Brüdern, um die Autos zu holen, in einem stickigen Bus, der übrigens ebenfalls aus Deutschland kam, doch woher, das konnte ich nicht herausfinden.

Ahmad hätte auch Fahrer engagieren können, die ihm seine Autos nach Kabul gebracht hätten. Doch dafür fehlte ihm das Vertrauen, und er wollte auch das Geld nicht ausgeben. Immerhin hatte er fast sein ganzes Vermögen in die Autos investiert. Da verließ er sich lieber auf die Familie. Ihm war klar, dass er seine Brüder einer Gefahr aussetzte, aber es ging um viel Geld. Die Brüder wehrten sich auch nicht gegen den Vorschlag. Auch sie hatten ein Interesse an Ahmads Geschäft, denn sie würden als Taxifahrer arbeiten, sollte Ahmad die Autos nicht mit Gewinn weiterverkaufen können. Das war nämlich das Ziel der ganzen Operation, ein Weiterverkauf mit hohem Profit. Als die Wagen ankamen, stellte er mit Erleichterung fest, dass sie die Reise gut überstanden hatten, bis auf einen. Er hatte eine Delle abbekommen, vorne am rechten Kotflügel. Darüber regte er sich bei den Spediteuren zwar mächtig auf, doch das tat er nur, weil es ihm nötig schien, um das Gesicht zu wahren, nicht weil er sich davon etwas versprach. Ahmad und seine Brüder kamen schließlich unversehrt in Kabul an. Allerdings gelang es ihm nicht, die Wagen zu dem Preis, den er sich vorgestellt hatte, zu verkaufen. Sie blieben lange im Vorhof seines Hauses stehen, wo er sie gegen den lauten Protest seiner Frau geparkt hatte, weil es seiner Meinung nach nur dort sicher war. »Ich habe das Bargeld doch auch zu Hause aufbewahrt!«, sagte er entschuldigend zu seiner Frau, wobei diese nur verständnislos den Kopf schüttelte. Auch die Kinder beklagten sich, denn ihnen war Platz zum Spielen genommen. Ahmad verscheuchte sie ohne Erklärungen.

Jamschid lachte über Ahmad, von dem Jamschids Vater den Wagen schließlich günstig gekauft hatte. Der nämlich hatte erfahren, dass Ahmad wegen dieser Toyota Corollas aus Deutschland fürchterlichen Streit mit seiner Frau hatte. Da ging er zu Ahmad und machte ihm ein Angebot, das weit unter dem verlangten Preis lag. Ahmad lehnte empört ab. Doch Jamschids Vater setzte auf Ahmads Frau. Ihre Klagen würden den Preis schon drücken. Tatsächlich, nach mehreren Wochen, in denen der Streit immer weiter eskalierte, gab Ahmad klein bei. Er verkaufte und machte dabei einen Verlust, was das Verhältnis zu seiner Frau natürlich weiter eintrübte.

Das alles erfuhr ich, während wir uns mit dem Toyota aus Deutschland nach Bamiyan quälten. Die Shomali-Ebene konnten wir dank der leidlich asphaltierten Straßen schnell hinter uns bringen. Die Reise wurde erst beschwerlich, als wir in das Ghorband-Tal kamen. Wir fuhren vorbei an steilen Felswänden, entlang des gleichnamigen Flusses, der mal brausend zu Tal stürzte, mal träge und still dahinfloss, vorbei an Dörfern, deren Häuser schwer zu erkennen waren, weil sie von derselben Farbe waren wie das Gebirge, das sie einschloss. Je länger die Fahrt dauerte, desto mehr verlor ich die Orientierung. Westen, Osten, Norden, Süden – ich hätte nicht mehr sagen können, in welche Richtung wir fuhren, und auch das Gefühl für die Zeit ging mir verloren. Der Tag schien endlos. Die Stunden, bis zum Bersten gefüllt mit heißem Staub, rollten schwer und breiig dahin, sodass ich nicht mehr unterscheiden konnte, wann eine zu Ende war und wann eine neue begann. Die Sonne brannte gnadenlos. Die Erde knisterte, als wollte sie gleich Feuer fangen. Je tiefer wir in die Berge fuhren, desto mehr hatte ich das Gefühl, in eine Falle gelockt zu werden, aus der ich nicht mehr herauskäme. Mit jedem Kilometer, den wir zurücklegten, legten sich diese monströsen Berge wie ein unsichtbarer, drückender Ring um mein Herz.

Wir bewegten uns auf das Kernland der Hazara zu, der Schiiten Afghanistans. Das Hazarajat liegt im bergigen Zentrum Afghanistans, jenem Teil des Landes, der von der Ringstraße eingefasst wird. Jamschids Familie stammte aus dieser Gegend. Sein Vater war Mitte der achtziger Jahre nach Kabul abgewandert, weil es hier kein Auskommen mehr gab, zu wenig fruchtbares Land für zu viele Menschen. In Kabul verdingte er sich zunächst als Lastenarbeiter und betrieb nebenher Geschäfte. Er kaufte und verkaufte Waren, bis er einen Kleinbus erwerben konnte, mit dem er einen Taxidienst zwischen Kabul und dem Hazarajat einrichtete. Er hatte es geschafft. Das war ungewöhnlich. Viele Hazara bleiben ein Leben lang am Rand der städtischen Gesellschaft. Wann immer es niedrige Dienste in der Stadt zu verrichten gibt, wird man einen Hazara dafür finden. Sie ziehen im Basar von Kabul schwer beladene Karren hinter sich her, tief über die Straße gebeugt, keuchend und schwitzend, während die Menschen an ihnen vorbeigehen, ohne etwas von ihrer Mühsal zu bemerken. Sie stehen zu Hunderten an den Verkehrsknotenpunkten Kabuls, mit Schaufel und Pickel, mit Hammer und Meißel warten sie auf jemanden, der ihnen eine Arbeit gibt, für einen Tag, für eine Woche, für ein paar Stunden nur. Kein Wetter kann sie vertreiben. Sie widerstehen im Sommer den heißen Schlägen der Sonne ebenso, wie sie vor den eiskalten Bissen des Kabuler Winters nicht zurückweichen. Wenn es regnet, wenn der Staub der Straße sich in Sekunden in zähen Schlamm verwandelt, rücken sie zusammen, ducken sich unter ihren Tüchern und werden zu einem Klumpen Mensch, der kaum noch zu unterscheiden ist von dem Grau der Straße, an deren Rändern sie kauern. Sie krallen sich fest in dieser Stadt. Sie weichen nicht. Und doch träumen sie sich immer wieder hinaus aus Kabul, hinauf in die Berge, in das Hochland, in dem sie über Jahrhunderte von der feindlichen Welt abgeschirmt nach ihrem Geschmack leben können, nur ihren Khans unterworfen, doch keiner fremden Macht. Bis das Jahr 1892 kam. Das *anno horribile* der Hazara.

»Die Hazara waren jahrhundertelang für die Herrscher von Kabul der reinste Terror. Auch der große Nadir, der Afghanistan, Indien und Persien unterwarf, konnte die unbotmäßigen Hazara nicht unterwerfen. Sie haben immerzu Reisende belästigt, im Süden, im Norden und in den westlichen Provinzen Afghanistans. War ihre Wegelagerei einmal beendet, war das gesamte Land friedvoll. Die Hazara waren auch jederzeit bereit, den erstbesten ausländischen Aggressor zu unterstützen, weil sie glauben, dass jeder Afghane ein Ungläubiger ist.«[16]

Diese Zeilen stammen aus der Feder von Abdur Rahman, des Amirs von Afghanistan. Offensichtlich wurden sie in der Absicht geschrieben, seinen Feldzug zu legitimieren, den er 1892 gegen die Hazara unternahm. Es war der letzte von insgesamt drei Kriegen, die er gegen die Hazara führte, führen musste, wie er selbst schreibt. Die Hazara hätten ihm keine Wahl gelassen. Zweimal unterwarf er sie, zweimal bot er ihren Führern Posten und Privilegien an, und zweimal wurde er verraten – das ist seine Version. Die Hazara freilich erzählen eine andere. Ihnen sei keine andere Wahl geblieben, als zur Waffe zu greifen, wenn sie als Volk überleben wollten. Ihnen drohte die Vernichtung. Immer wieder kam es daher zu Aufständen, bis Abdur Rahman im Sommer 1892 zum letzen Mittel griff: *»Viele afghanische Khans haben mir mehrmals angeboten, auf ihre eigenen Kosten ein Heer von Freiwilligen zu stellen, um gegen die Hazara zu kämpfen, die sie als Feinde ihres Landes und ihrer Religion betrachteten. Ich habe das Angebot niemals angenommen. Aber nun gab ich zum ersten Mal den allgemeinen Befehl, dass jeder die Erlaubnis* *hatte, bei der Bestrafung dieser Rebellen zu helfen!«*[17] Der Amir rief den Heiligen Krieg gegen die gottlosen Hazara aus. Jetzt waren sie im ganzen Land Vogelfreie. Wer gegen sie kämpfte, durfte ihnen alles rauben: Haus, Land, Frauen, Kinder. Alles war der Plünderung anheimgegeben. Abdur Rahman bot 50 000 Soldaten auf, und es kamen noch einmal 100 000 Zivilisten dazu, die freiwillig am Kreuzzug gegen die Hazara teilnahmen. Getrieben von der Aussicht, sich zu bereichern und dabei dem Amir wie auch Gott zu gefallen, gingen sie gnadenlos gegen die »gottlosen« Schiiten vor. In allen Städten des Landes rief der Amir den Ausnahmezustand aus. Die Hazara-Viertel wurden abgesperrt. Dann eröffnete man die Treibjagd. Wie wilde Tiere wurden die Hazara durch die Straßen gejagt. In allen Städten des Landes erklangen ihre Schreie, übertönt nur von dem Siegesgeheul ihrer blutdurstigen Peiniger. Der Amir ließ gleichzeitig seine Truppen aus allen Himmelsrichtungen in das Hazarajat einmarschieren. Die Hazara wehrten sich nach Kräften. Sie hatten den Vorteil, das Gelände zu kennen. Ihre Festung waren die Berge. Der Amir selbst schrieb: *»Die Hochburgen der Hazara waren sehr schwer einzunehmen, wegen der kaum zu erklimmenden Berge und Hügel, und wegen des völligen Mangels an Straßen. Doch meine Soldaten kämpften tapfer.«*[18] Sie brachen den Widerstand. Diesmal gab es keinen Pardon. Tausende Hazara wurden nach Kabul, nach Mazar-e-Sharif, nach Herat und Kandahar getrieben, wo sie auf den Märkten verkauft wurden wie Vieh. Das Hazarajat wurde zum Sklavenreservoir. Der Heilige Krieg des Amirs war erfolgreich gewesen.

Amir Abdur Rahman ging es nicht nur um die Hazara. Sie waren nur eine Etappe zu seinem Ziel. Er hatte es seit seinem Amtsantritt klar vor Augen: *»Jeder Mullah, jeder Priester, jeder Stammeshäuptling und jeder Dorfvorsteher glaubt ein unabhängiger König zu sein (...). Die Mirs von Turkestan, die Mirs der Hazara, die Chefs der Ghilzai waren alle stärker als der Amir. Solange sie etwas zu sagen hatten, konnten die Könige nicht für Gerechtigkeit im Land sorgen. Die Tyrannei und Grausamkeit dieser Männer war unerträglich (...), jeder Beamte, jeder Prinz, jeder Stammeshäuptling, der König selbst verfügten über Mörderbanden und eine große Zahl von angeheuerten Räubern und Dieben. Diese Banden töteten Reisende und Händler, sie plünderten ihre Ware und ihr Geld, dann verteilten sie* *es unter den Mördern und ihren Auftraggebern ... Das Erste, was ich daher zu tun hatte, war, diesen zahllosen Räubern, Dieben, falschen Propheten und aufgebauschten Königen das Handwerk zu legen. Ich muss zugeben, dass dies keine einfache Aufgabe war. Es brauchte fünfzehn Jahre harten Kampfes, bevor sie sich schließlich meinem Gesetz unterwarfen oder das Land verließen, entweder indem sie ins Exil gingen oder ins Jenseits aufbrachen.«*[19]

Abdur Rahman ging mit geradezu sadistischer Härte gegen seine Gegner vor. Es wird zum Beispiel berichtet, er habe einmal einen Mann beauftragt, einen seiner Gegner zu ermorden. Der Mann führte den Mord gewissenhaft aus. Der Amir aber ließ den Mörder hinrichten, denn er sagte zu sich selbst: »Wenn dieser Mann einen Mordauftrag so gewissenhaft ausführt, könnte er morgen von jemand anderem beauftragt werden, um mich zu töten!« Diese unberechenbare Grausamkeit des Amirs hatte System. Die Afghanen sollten ihn fürchten. Sie sollten wissen, dass sich ihr Herrscher alles erlauben konnte und zu allem fähig war. Doch in die Geschichtsbücher ist der Amir als Modernisierer eingegangen. Er einte das Land, schuf eine Zentralverwaltung, stellte eine straff organisierte Armee auf und versuchte, Afghanistan zwischen den beiden konkurrierenden Großmächten England und Russland unabhängig zu halten. Das Schicksal Afghanistans auf der internationalen Bühne beschrieb der »Vater des modernen Afghanistans« mit effektvollen Worten: *»Diese arme Ziege, Afghanistan, ist ein Opfer, auf das auf der einen Seite ein Löwe und auf der anderen Seite ein furchterregender Bär starren. Beide sind gierig darauf, sie zu verschlingen.«* Wie, so musste sich der Amir fragen, konnte er die Gier der beiden stillen, ohne dabei zerrissen zu werden? Wie konnte Afghanistan überleben?

Nach ihrer Niederlage in den vierziger Jahren des 19. Jahrhunderts hatten sich die Engländer zurückgezogen. Sie beschränkten sich darauf, die Positionen an den Grenzen zu halten, und versuchten, sich ansonsten nicht in Afghanistan einzumischen – *stationary policy* war der Fachbegriff dafür. Dagegen konkurrierte eine Denkschule, die sich *forward policy* nannte und eine aktivere Rolle Englands in Afghanistan und auf dem Subkontinent forderte. Die Vertreter dieser Schule argumentierten vor allem mit der Gefahr einer russischen Expansion, im Zuge derer Russland früher oder später via Khyberpass in Indien einfallen könnte. Furcht vor Russland konkurrierte mit der Furcht vor Afghanistan – beides hielt sich lange die Waage. Doch das Reich des Zaren expandierte weiter Richung Zentralasien, immer näher kamen die Russen an Herat heran, das westliche Einfallstor nach Afghanistan. In England wuchs die antirussische Stimmung. Man starrte mit wachsender Besorgnis auf den Vormarsch der Russen, die gleichzeitig eine Bahnlinie bauten, die Buchara, Samarkand und Taschkent verband. Damit konnten sie, sofern sie es wollten, schnell Truppen nach Zentralasien verlegen, bis an die Grenze Afghanistans. In England machte sich zunehmend Nervosität breit. Der Duke of Argyll taufte diese Aufgeregtheit *mervousness* – Merv ist eine Oasenstadt in Zentralasien, auf der Route nach Herat. Merv empfand man in England als eine Art rote Linie.[20] Würde Russland sie überschreiten, müsste etwas geschehen. Als die Russen 1884 entgegen aller offiziell abgegebenen Versprechungen Merv tatsächlich einnahmen und annektierten, gewann die *forward policy* in England die Oberhand – Afghanistan musste in der einen oder anderen Weise an die britische Seite gebracht werden.

»Ich sollte den Amir überzeugen, dass unsere und seine Interessen identisch waren, insbesondere in Anbetracht der Tatsache, dass die Russen seine Besitzungen bedrohten.«[21] Mit diesen Worten umschrieb Sir Mortimer Durand die Aufgabe, die ihm gestellt wurde, als er am 18. September 1893 von Peshawar aus nach Kabul aufbrach. Er war mit Afghanistan praktisch groß geworden. Im Hause Durands war es ein Dauerthema. Sein Vater, Henry Durand, hatte am Feldzug gegen die Afghanen 1840 teilgenommen und sich dabei beim Sturm auf die Festungsstadt Ghazni ausgezeichnet. Er hatte später ein Buch mit dem Titel *The first Afghan War and Its Causes* geschrieben, das zur Pflichtlektüre für alle wurde, die sich damals mit diesem Land beschäftigten. Mortimer Durand war also auf seine Mission vorbereitet wie kaum ein zweiter – und es brauchte einen Mann wie ihn, denn das Unternehmen war heikel. Die beiden Seiten misstrauten sich. Sie trugen die Last einer kriegerischen Geschichte mit sich. Die Afghanen hatten die Engländer 1842 aus ihrem Land vertrieben, diese hatten sich dafür mit der grausamen Strafexpedition des Generals Pollock gerächt. 1878 kam es zum zweiten Krieg zwischen den Briten und den Afghanen. Er endete 1881 in einer Art Pattsituation

und mit einem Rückzug der Briten, die das Land kurzzeitig besetzt hatten. Die Briten aber behielten sich vor, in allen außenpolitischen Dingen Afghanistans mitzubestimmen. Amir Abdur Rahman seinerseits wollte vom Empire nicht noch weiter eingeschränkt werden. Sein Land sollte unabhängig und frei von Ausländern bleiben.

Eingeklemmt zwischen den Großmächten, war für ihn die entscheidende Frage, ob er die englische oder die russische Gefahr größer einschätzte. Mit einer der beiden Großmächte musste er sich zumindest ein Stück weit einlassen. Widerstehen konnte er nicht. Dazu fehlte ihm die Macht. Auch Mortimer Durand hatte Grund, sich zu fürchten, allerdings war seine Furcht von ganz konkreter Natur. Es ging um seine körperliche Unversehrtheit. Wie würden die Afghanen auf eine britische Mission reagieren? Die Zusicherungen hatte der Amir gegeben. Darauf konnten die Briten sich vermutlich verlassen. Aber was, wenn der Amir sterben oder gestürzt werden sollte, während Durands Delegation noch in Kabul war? Es gab niemanden außer dem Amir, der ihnen Garantien geben konnte. Und wie schnell die Afghanen sich gegen Eindringlinge aufhetzen ließen, hatten die Briten zweimal erfahren. 1842 war Alexander Burnes in Kabul erschlagen worden, 1879 hatten aufständische Afghanen den britischen Residenten Louis Cavagnari samt seinem ganzen Stab in Kabul ermordet. Afghanistan war für die Briten ein Minenfeld. Durand jedenfalls entschied sich, ohne militärische Eskorte über den Khyberpass zu setzen, denn eine *»kleine Eskorte wäre nutzlos, und eine große wäre für den Amir und sein Volk nicht akzeptabel«.*[22]

Auf dem Weg zum Pass überraschte ein Wettersturz die Delegation. Heftige Windböen fegten durch das Tal, es regnete in Strömen, der Himmel barst immer wieder mit krachendem Donner auseinander, über den Berggipfeln zuckten Blitze und tauchten die aufgewühlte Erde für Sekundenbruchteile in gespenstisches Licht. Durand sah sich gezwungen, im britischen Grenzfort Jamrud Schutz zu suchen und dort zu warten, bis sich der Sturm beruhigte. Es war, als hätte sich selbst das Wetter dazu entschlossen, Afghanistan gegen jeden Eindringling zu verteidigen, indem es an der Grenze ein grimmiges Gesicht aufsetzte, brüllte und fauchte, damit die Fremden sich nicht weiterwagten. Durand jedoch kam nicht, um Afghanistan zu unterwerfen, er kam, um es einzugrenzen. Wo dieses Afghanistan nämlich endete und wo es begann, war bis dahin nicht klar, weder im Osten zu Britisch-Indien, noch im Norden zu dem expandierenden Russland hin. England war es gelungen, mit Russland ein Übereinkommen über die Grenzen im Norden zu schließen. Das milderte die britischen Ängste vor dem zaristischen Russland. Das Abkommen war zwar keine Garantie dafür, dass die Russen sich nicht weitere Territorien unterwerfen würden. Sollten sie es jedoch tun, müssten sie offen eine Übereinkunft verletzen, die sie selbst unterzeichnet hatten. Es ging nun darum, auch im Osten die Grenzen festzulegen. Der ehrgeizige Amir wäre eingehegt, und Afghanistan wäre ein Pufferstaat zwischen zwei Großmächten – nach innen hin frei, aber in allen Fragen der Außenpolitik unter der Oberhoheit Englands stehend. Durand führte ein ganzes Bündel an Karten mit sich, in denen verschiedene Vorschläge über den Grenzverlauf eingetragen waren. Im Kern würde der Amir seine Herrschaft in den Grenzregionen abgeben – wobei er diese Herrschaft an der Grenze zu Indien in vielen Teilen ohnehin nur symbolisch beanspruchen konnte.

Es ging bei diesen Verhandlungen also um Afghanistans Zukunft. Dem Amir war dies durchaus bewusst, und er war entschlossen, mit einer Mischung aus störrischer Unnachgiebigkeit und zuvorkommender Gastfreundschaft das Beste herauszuholen. Sein Leitmotiv war sein Bild von der Ziege Afghanistan, die vom Bären und vom Löwen gleichzeitig bedroht wird. Es ging ihm darum, nicht zerrissen zu werden. Vielleicht konnte der Amir ja beide überzeugen, die Ziege in aller Ruhe weiden zu lassen, damit sie mehr Fleisch ansetzte und eine noch fettere Beute versprach – irgendwann zu einem viel, viel späteren Zeitpunkt.

Der Amir schickte Durand seinen Armeechef höchstpersönlich entgegen, um die Delegation in Empfang zu nehmen und sicher zu geleiten. General Ghulam Haider Khan war ein außergewöhnlich großer, stattlicher Mann, der die Engländer zuvorkommend behandelte. Durand verstand sich prächtig mit ihm. Während der knapp zwei Wochen dauernden Reise vom Khyberpass über Jalalabad nach Kabul musste Durand von London berichten. Der General wollte alles über die Stadt wissen, wie groß sie war, wie die Menschen dort lebten, was sie aßen, wie sie wohnten, welcher Arbeit sie nachgingen, wie es möglich war, eine so große Stadt täglich mit Nahrungsmitteln zu versorgen. Er erwies sich als ein besonderer Kenner Napoleons und seiner Krieger. Austerlitz, Wagram, Waterloo – Ghulam Haider kannte die Schlachten Napoleons und berichtete darüber so eindringlich und lebendig, als wäre er selbst dabei gewesen. Seine Neugier war unersättlich. Durand war davon durchaus angenehm überrascht. Hin und wieder zeigte der General ihm seine eigene kriegslüsterne Seite. Er gestand Durand in blumigen Worten, dass er nichts lieber täte, als in Persien einzufallen, um dort zu brandschatzen und zu plündern. Das sei aber, fügte er gleich hinzu, derzeit nicht möglich. Dann redeten sie wieder über London, über Paris und Wien, über so unterschiedliche Dinge wie die Sitten der Somalier und Tigerjagden in Bengalen, dann wieder über London, immer wieder London, als sei das ein ganz selbstverständliches Gespräch auf dem unwirtlichen, gefährlichen Weg zwischen Khyberpass und Kabul. Während sie so zivilisiert und kenntnisreich parlierten, kamen sie an Käfigen vorbei, in denen Verurteilte ihr Dasein fristeten. In manchen Käfigen war von dem Unglücklichen nichts weiter übriggeblieben als gebleichte Knochen. Sie waren am Straßenrand zur Abschreckung und Mahnung ausgestellt.

Am 2. Oktober 1893 erreichte die Delegation Kabul. Der Amir bereitete ihr einen gebührenden Empfang. Kanonen schossen einundzwanzig Salutschüsse, die Militärkapelle spielte »God Save the Queen«, das Garderegiment präsentierte die Waffen, an jeder Ecke, an der sie vorbeikamen, erklangen Fanfarenstöße und Trompetenklänge. Die Delegation wurde in einem prächtigen Haus vor den Stadttoren Kabuls untergebracht. Durand sollte zwei Monate bleiben. Zwei Monate, wie er bemerkte, in denen der Himmel immerzu strahlend blau war und von keiner einzigen Wolke getrübt wurde. Der Sturm auf dem Khyberpass war nur eine Laune der Natur gewesen, kein böses Omen.

Der Amir überraschte Durand täglich mit kleinen Geschenken. An einem Tag ließ er Aprikosen aus Paghman bringen, am anderen Gurken aus Kandahar, am nächsten Melonen, Trauben, Feigen und andere Köstlichkeiten aus der Shomali-Ebene. Er ließ es den Engländern an nichts fehlen und tat alles, um ihnen den Aufenthalt in der Stadt, aus der sie Jahrzehnte zuvor schändlich vertrieben worden waren, angenehm zu gestalten. Trotzdem blitzte immer wieder die Gefahr auf, selbst in den harmlosesten Aufmerksamkeiten. Eines Tages schickte er Durand seinen persönlichen Barbier. Er war, wie Durand notierte, *»ein schrecklicher Speichellecker, der nicht zögern würde, mir die Kehle durchzuschneiden«*.

Der Amir begann die Verhandlungen damit, dass er die Karten Durands in Zweifel zog. Hier und hier und hier, das ist alles falsch – so redete er und wischte die Karten vom Tisch. Dann ging er dazu über, mit einem Stück Kreide selbst eine Karte zu entwerfen. *»Sie hatte nicht einmal entfernt Ähnlichkeiten mit welchem Land auch immer, das der Amir zeichnen wollte. Trotzdem durfte man ihm nicht widersprechen. Tat man es, dann antwortete der Amir: ›Ich mache keine Fehler! Was ich sage stimmt!‹«* [23] Durand musste den Amir wie einen riesigen Felsbrocken anschieben, damit er sich auch nur um Millimeter von der einmal eingenommenen Position bewegte. Die beiden Männer waren ein seltsames Paar. Hier der hoch gebildete, mit allen Wassern gewaschene Diplomat im Dienste seiner Königin, dort der afghanische Herrscher, ein grausamer, unerbittlicher Mann, der vor allem an der Produktion von modernen Waffen interessiert war, mit denen er hoffte, sein Land unabhängig halten zu können. In seinen Diensten stand seit mehreren Jahren ein englischer Ingenieur namens Mr. Pyne. Dieser hatte Durand die folgende Geschichte erzählt. Eines Tages kam ein Franzose names Jerome nach Kabul. Er hatte den ganzen beschwerlichen Weg ein Teleskop transportiert, das er dem Amir verkaufen wollte. In einer sternenklaren Nacht, bei Vollmond, versuchte er es vorzuführen.

»Eure Hoheit, schauen Sie durch das Teleskop. Sie können den Mond aus nächster Nähe sehen!«

»Wozu soll ich den Mond betrachten? Kann dieses Ding den Mond beschießen? Bring mir etwas, mit dem ich den Mond beschießen kann!«

Solcher Art war der Mann, mit dem die Briten es nun zu tun hatten. Durand war während der Verhandlungen darauf bedacht, das aufbrausende Temperament des Amirs nicht zu provozieren. Er schrieb über ihn: *»Er war es seit Jahren gewohnt, den Willen anderer absolut zu beherrschen, dass ihn auch nur das leiseste Anzeichen in Rage bringt. Man muss darauf achten, ihn auf sehr indirektem Wege dorthin zu bringen, wo man ihn haben will. Dabei darf man* *ihm nie widersprechen und muss sorgfältig alles vermeiden, was ihn in Wut bringen oder seinen fast schon krankhaften Argwohn wecken könnte, man würde sich in die inneren Angelegenheiten seines Landes einmischen wollen. Ich musste sein Gesicht sehr genau beobachten und dem Gespräch sofort einen neue Richtung geben, sollte sich auch nur das leiseste Anzeichen von Verärgerung zeigen.«*[24]

Der Amir seinerseits schrieb über Durand: *»Er ist ein sehr kluger Staatsmann und spricht fließend Persisch. Das brachte uns bald auf den richtigen Weg (...).«* Trotzdem blieb er auf der Hut. *»Damit kein Wort verloren ging, das Mr. Durand, ich selbst und andere Mitglieder der Delegation sagte, habe ich Mir Munshi Sultan Mahomed Khan hinter einen Vorhang platziert, wo ihn niemand sehen noch hören konnte. Nur ich wusste von seiner Anwesenheit. Er schrieb auf meinen Befehl hin jedes Wort nieder, das sie zu mir sagten und das sie untereinander sprachen.«*[25]

So saßen die beiden Männer da, tauschten Freundlichkeiten aus, belauerten sich und warteten darauf, dass einer von beiden seine wahren Absichten verriet. Es gab Momente, da muss Durand unter der harten Schale des Amirs, hinter all seinen unaussprechlichen Grausamkeiten, einen einsamen Mann gesehen haben: *»Ich kann mir nicht helfen, aber ich empfinde Mitgefühl für den Amir. Wie er dasteht und sein Spiel ausficht gegen Russland und England – vollkommen alleine. Natürlich ist es vor allem seine Schuld, wenn er alleine ist, und doch hat das Ganze etwas Anrührendes.«*[26]

Es gab Momente, in denen der Amir aus sich herauskam und offenherzig über seine Gedanken sprach: *»Ich würde gegen Euch kämpfen, wenn Ihr mich dazu zwingt. Ich bin kein Feigling, und ich würde kämpfen, auch wenn ich den Ausgang des Kampfes schon kenne. Ich weiß, dass ich verlieren würde, aber ich werde meine Unabhängigkeit nicht aufgeben, ohne für meine Ehre zu kämpfen. Aber erinnern Sie sich an das, was ich sage: Außer Ihr macht mich regelrecht zum Feind, bin ich Euer Freund fürs Leben. Und warum? Weil die Russen Indien angreifen wollen. Ihr aber wollt nicht das russische Turkestan angreifen. Das heißt also, dass die Russen durch mein Land kommen wollen, und Ihr nicht. Manche sagen, ich würde mit den Russen gemeinsame Sache machen und Euch angreifen. Wenn ich das tun würde, und die Russen siegten, würden sie dann* *mein Land verlassen? Niemals! Ich würde ihr Sklave sein und sie dafür hassen. Ich würde jeden Tag gedemütigt.«*[27]

Das war die Einschätzung des Amirs. Auf dieser Grundlage fand Durand schließlich eine Übereinkunft. Die Grenze im Osten wurde festgelegt. Sie verlief mitten durch das Siedlungsgebiet der Paschtunen, des Mehrheitsvolks Afghanistans. Durand hatte nach dem imperialen Prinzip »Teile und herrsche!« gehandelt. Fortan konnten die Briten die paschtunischen Stämme gegeneinander ausspielen. Der Unruheherd Afghanistan war leichter zu kontrollieren. Der Amir sollte in seinem Land machen, was er wollte, solange er nicht plündernd über die Grenze kam, ließ man ihn gewähren. Er war damit zufrieden. Seine außenpolitischen Ambitionen beschränkten sich zwangsläufig darauf, die beiden Großmächte auf Distanz zu halten. Bestimmt wäre er gerne, so wie es afghanische Tradition war, von den Bergen kommend in die fruchtbaren Ebenen Indiens eingefallen, um dort nach Kräften zu plündern. Doch die Machtverhältnisse verboten es. Der Amir hatte ohnehin genug damit zu tun, seine eigenes Land zu unterwerfen und die Unterworfenen so lange zu traktieren, bis sie sich unter sein Joch begaben – so war es mit den Hazara geschehen, so geschah es mit jedem, der dem eisernen Amir widerstehen wollte.

Als Pakistan 1947 unabhängig wurde, beeilte sich eine afghanische »Große Ratsversammlung« die Durand-Linie für ungültig zu erklären. Schließlich habe Afghanistan mit England die Linie festgelegt, nicht mit Pakistan. Bis heute bleibt Afghanistan bei dieser Position. Die Durand-Linie ist keine offiziell anerkannte Grenze. 1993 lief das Abkommen, das Durand geschlossen hatte, aus. Es wurde nicht neu verhandelt. Was für das britische Empire von Vorteil war, sollte sich als Fluch herausstellen: in den achtziger Jahren des 20. Jahrhunderts für die Sowjetunion, nach dem 11. September 2001 für die USA. An der Durand-Linie, in diesem bergigen, unzugänglichen Gebiet, das zu keinem Staat wirklich gehört, in dem es keine Zentralgewalt gibt, keine Polizei, keine Armee, in diesem Gebiet fanden in den achtziger Jahren die Gotteskrieger Unterschlupf, die gegen die Sowjetunion kämpften; hier nisteten sich Osama bin Laden und seine arabischen Kämpfer ein, um zuerst gegen die gottlose Rote Armee und später gegen die ebenso gottlosen USA Krieg zu führen. Die Durand-Linie bleibt außer Kontrolle.

Am 15. November 1893, an einem Mittwoch, verließ Durand Kabul. Der Amir hielt sich zu dem Zeitpunkt in seinem Landhaus auf. Durand ritt dorthin. Als er nach dem Amir fragte, beschied man ihm, er solle in den Garten gehen. Dort wartete der Amir vor dem Eingang eines großen Zeltes aus Filz auf ihn. Der Amir wohnte aus Sicherheitsgründen in diesem Zelt. Zwei Tage vorher hatte in Kabul die Erde gebebt und zitterte noch immer. Der Abschied war herzlich. Der Amir verschwand in seinem Zelt. Durand kehrte nach Hause zurück. Ein wütender Sturm hatte ihn beim Überqueren des Khyberpasses zwei Monate zuvor empfangen, und jetzt verabschiedete sich Afghanistan mit einem Erdbeben.

4

Je länger die Reise nach Bamiyan dauerte, desto schweigsamer wurde Jamschid. Auf der Shomali-Ebene hatte er noch wie ein Wasserfall geredet, während er den Wagen über den Asphalt jagte, als seien wir auf der Flucht. Jetzt, da wir uns im Ghorband-Tal von Schlagloch zu Schlagloch quälten, da der Staub selbst durch die geschlossenen Fenster drang und die Hitze sich in unserem Wagen staute, jetzt schwieg Jamschid. Mir schien, dass sein Schweigen mit jedem Kilometer, den wir mühsam zurücklegten, tiefer wurde. Zuerst war es einfach ein Nicht-Reden. Ich führte es darauf zurück, dass er sich nun auf diese Piste konzentrieren musste, die voller Tücken war und jeden Fahrfehler gnadenlos bestrafte. Doch nach und nach bemerkte ich, das Jamschid wegdriftete in eine Region jenseits des schlichten, flachen Nicht-Redens. Es zog ihn irgendwohin, wo ich ihn nicht erreichen konnte. Ich vermied es, ihn anzusprechen. Ja, ich fürchtete mich sogar davor. Denn ich glaubte, dass ein Zuruf von mir ihn ganz plötzlich aus einer Erinnerung reißen könnte. Wie einen Baum, den man mit einem Schlag entwurzelt, würde er krachend zu Boden fallen. Im Rückspiegel musterte ich sein Gesicht, so gut ich konnte. Es regte sich nichts, doch irgendetwas spielte sich ab, dort, hinter der Linie seiner Augen tobte es.

Als ich vor unserer Abreise zu ihm sagte: »Wir fahren in das Hazarajat!«, war er erstaunt darüber, dass ich diesen Begriff kannte. Ich gab noch ein paar Dinge zum Besten, die ich über die Hazara wusste, um ihn für mich zu gewinnen. Da konnte er sich vor Freude und Überraschung gar nicht mehr beruhigen. Ein Mann, der sich für die Hazara interessierte! Das schien ihm ganz unglaublich. Noch dazu ein Ausländer, kein Schiit und nicht einmal Moslem, sondern ein Ungläubiger! Jamschid lebte in der Gewissheit, dass sich außer den Hazara selbst keiner für dieses Volk interessierte, nicht einmal unter ihnen gab es viele, die das taten. Das beklagte er, denn er fand, dass die Hazara ein Nationalbewusstsein bräuchten. Afghanische Politiker unterschied er danach, ob sie etwas für die Hazara taten oder nicht. Die Hazaraführer – darunter gab es eine ganze Reihe von Kriegsherren, die ihre Hände in Blut getaucht hatten – fand Jamschid ausnahmslos gut. Er machte Unterschiede zwischen den einzelnen, das ja, aber solange sie Hazara waren, schienen ihm auch die größten Verbrechen lässliche Sünden zu sein. Jamschid war da vollkommen blind.

Während ich ihn betrachtete, wurde mir mit einem Schlag klar, was in ihm mit solcher Kraft wütete, dass es ihn in das Schweigen hinunterzwang wie in einen dunklen Keller: Er war geblendet. Die leidvolle Geschichte der Hazara wirkte wie ein explodierender Feuerball auf ihn. Sein gleißendes Licht war das Letzte, was er wahrgenommen hatte, bevor er sich gegenüber dem Leid und dem Schicksal anderer verschloss. Mitleid mit den Tadschiken, mit den Paschtunen, den Usbeken, die alle unter dem Krieg gelitten hatten wie die Hazara – dieses Mitleid kannte er nicht. Auch wenn ich darüber erschrak, verübelte ich es ihm nicht. Er hatte sich so sehr in den Schmerz seines eigenen Volkes eingerollt, dass ihn von draußen kein noch so gellender Verzweiflungsschrei erreichen konnte. War das Gefühllosigkeit? Ich glaube nicht. Afghanistan bot so viel Leid, dass ein Herz alleine es nicht tragen konnte. Nur wir, die wir aus dem gesicherten Westen kamen, konnten glauben, dass das Herz eines Menschen Platz haben könnte für den Schmerz der ganzen Menschheit. Nur wir konnten die Illusion hegen, dass Leid den Menschen empfindlich mache, zugänglich für das Schicksal anderer und insgesamt bereit, für eine Welt zu kämpfen, in der es allen besser ginge. Es war uns Verschonten schwer vorstellbar, dass man blind und taub davon werden konnte, dass jemand wie Jamschid sich ganz tief in sich hineingrub und dort in einer Höhle lebte, an deren Wänden die Schatten der Vergangenheit übermächtig groß flackerten und ihn in ihren Bann zogen. Ich war mir sicher, dass er jetzt, während wir durch das Ghorband-Tal fuhren, die Elenden seines Volkes an sich vorbeiziehen sah, die hier 1893 nach ihrer Niederlage nach Kabul getrieben wurden, um dort auf dem Sklavenmarkt verkauft zu werden. Jamschid spürte den Blick ihrer tränenerfüllten, rot umränderten Augen, er hörte die Peitschenschläge der Soldaten, er fühlte den Spott, den sie über die Besiegten ausschütteten wie ätzende Säure auf seine Haut. In ihm stieg eine dumpfe Wut hoch.

Ich hatte vor ein paar Tagen erst erlebt, wie tadschikische Polizisten aus dem Panschirtal Jamschid mitten in Kabul ohne jeden erkennbaren Anlass aus dem Wagen gezerrt hatten. Sie drängten ihn an die Wand eines Hauses, dann traten sie einen Schritt zurück und stießen fürchterliche Schimpfworte aus, die wie scharfkantige Steine auf ihn niederprasselten. Ich sah, wie Jamschids Körper sich mit Hass anfüllte, wie er zu vibrieren begann, wie er zitterte und bebte. Die Polizisten jedoch ließen nicht ab von ihm. Sie genossen das Schauspiel. Wie ein Hazara-Sklave, der hier vor mehr als hundert Jahren zum Verkauf ausgestellt wurde, ertrug Jamschid die Erniedrigungen, doch fürchtete ich, dass er jeden Moment explodieren könnte. Sie wiederum schienen geradezu darauf zu warten. Sie wollten, dass dieser Hazara die Beherrschung verlor. Dann endlich konnten sie auf ihn einprügeln. Das war ihre Absicht gewesen, von Anfang an. Doch Jamschid biss die Zähne zusammen. Er wartete, bis die Kehlen der Polizisten brannten und ihre Münder trocken waren von der Verachtung, die in ihnen hochstieg wie Galle. Er wartete, bis sie endlich von ihm ablassen mussten, weil sie erschöpft waren von ihrem Zorn. Schweigend ertrug er alles, nur sein Körper sprach. Dasselbe Schweigen spürte ich jetzt bei ihm. Dieselbe Fähigkeit, jeden Fausthieb, jeden Fußtritt, jeden Schlag mit einem Gewehrkolben zu absorbieren. Diese grenzenlose Leidensfähigkeit raubte mir den Atem. Am liebsten wäre ich ausgestiegen und über die Berge geflüchtet, doch hinter jedem Felsen, jedem Strauch, in jeder Senke und hinter jeder Wegbiegung hockte, eingehüllt in undurchdringliches Schweigen, das Gespenst eines Hazara, der hier vor mehr als hundert Jahren niedergemetzelt worden war.

Bamiyan erlöste mich von dieser Pein. Kaum sah ich, wie sich das Tal vor mir ausbreitete, grün und satt, eingerahmt von rötlich schimmernden Bergflanken, löste sich die Umklammerung in mir. Ein unerwartetes Gefühl der Dankbarkeit durchströmte mich. Ich fühlte mich beschenkt und überwältigt von dieser Schönheit, die wirkte wie ein warmer Sonnenstrahl, der einem unruhigen Schläfer morgens aus düsteren Träumen eine Brücke in das Licht eines neuen Tages baut. Auf den Feldern am Straßenrand stachen Bauern mit Holzgabeln in ihre Erntehaufen und warfen sie in die Höhe, um die Spreu vom Weizen zu trennen. Kinder führten Ochsen, die hölzerne Ackergeräte hinter sich herzogen. Die Kinder waren klein und dünn. Sie hatten Gesichter wie Erwachsene. Ihre Haut spannte sich papieren über ihre Knochen.

»Bamiyan lehnt sich an die Steilwand des Berges und erstreckt sich entlang des Tales; die Einfriedung ist sechs bis sieben li (das entspricht 644,4 Metern – U. L.) *lang. Im Norden schmiegt sich die Stadt an den schroff aufragenden Felsen. Dieses Land hat Winterweizen, aber wenig Blumen und Früchte. Es eignet sich für die Viehzucht und besitzt Schafe und Pferde im Überfluss. Das Klima ist sehr kalt. Es herrschen urwüchsige Sitten. Man trägt dort viel Pelzwerk und derbe Wollkleidung, die ebenfalls einheimische Erzeugnisse sind. Die Bewohner sind von hartem, schlichtem Naturell, übertreffen aber ihre Nachbarvölker in der Schlichtheit ihres Glaubens.«*[28] Das schrieb im Jahr 626 der chinesische Pilgermönch Hsüan-tsang, der hier auf seinem Weg nach Indien vorbeikam. Er hatte gerade einen der beschwerlichsten Augenblicke seiner langen Reise hinter sich, denn er war vom nördlich gelegenen Balkh über die »Schneeberge« gekommen, wie er den Hindukusch nannte. Er war bis dahin schon weit gereist, aus dem Herzen Chinas war er aufgebrochen, um nach Indien zu ziehen, wo er an den Ufern des Ganges die wahre Lehre Buddhas suchen wollte. Doch der Hindukusch stellte ihn auf eine harte Probe: *»Der Weg ist zweimal schwieriger und gefährlicher als in der Region der Wüsten und Gletscher. Die zu Eis erstarrten Wolken und der umherwirbelnde Schnee verhindern, dass es auch nur für einen Moment hell wird. Wenn man bisweilen auf ein günstiges Stückchen Erde trifft, dann ist es ebenes Gelände von allerhöchstens einigen Dutzend Fuß.«*[29] Müde und erschöpft muss Hsüan-tsang gewesen sein, als er in Bamiyan ankam, doch fand er ohne Umschweife Unterkunft in einem der damals insgesamt zehn existierenden buddhistischen Klöster Bamiyans. Dort konnte er sich ausruhen und seine jüngsten Erlebnisse niederschreiben.

Die Klöster sind schon lange verschwunden. Die beiden riesigen Buddhastatuen, die hier im 6. Jahrhundert aus der Felswand geschlagen wurden, die eine 55 Meter hoch, die andere 37 Meter, sind nicht mehr. Die Taliban haben sie im März 2001 unter den Augen der Weltöffentlichkeit in die Luft gesprengt, weil sie sie für Götzen hielten. Nur ihre leeren, immer noch imposanten Hüllen sind im Fels geblieben.

Als wir an ihnen vorbeifuhren, stand die Sonne bereits tief. Das Licht warf lange Schatten. Wir hatten keine Zeit mehr, sie zu besichtigen. »Morgen«, sagte Jamschid, »morgen ist Zeit dafür!« Er brachte mich zu einem Hotel, das auf der südlichen Seite Bamiyans lag. Es hieß »Roof of Bamiyan«. Es befindet sich tatsächlich in einer wunderbaren Lage. Der Blick fällt frei über das ganze Tal, bis hinüber zu der nördlichen Felswand, wo die Buddhastatuen standen. Das Felskliff ist überzogen mit Höhlen, in denen Tausende buddhistische Mönche ihre Gebete verrichteten. Noch bevor ich mich an diesem Gedanken erfreuen konnte, wies mir der Rezeptionist des Hotels, der aussah wie ein klappriges Pferd mit Bart, ein Zimmer zu, das mich sofort wieder in diese afghanische Gegenwart holte, die neben dem Schönen immer den Schrecken bereithält. Das Zimmer war eine übel riechende, feuchte Höhle. Die Wand war vom Boden her bis auf rund einen Meter mit blauer Ölfarbe gestrichen, der Rest war weiß getüncht bis zur Decke hin, wo eine Neonlampe ihr kaltes Licht gleichmäßig über das ganze Zimmer verstreute. Es war totenstill. Nein, ich sei nicht der einzige Gast, es gebe noch einen anderen, der komme aber immer später, erst bei Dunkelheit, beschied mir der Rezeptionist auf meine besorgte Frage, ob es denn noch andere Gäste hier gäbe. Jamschid hatte ich entlassen. Er war in die Stadt gefahren, wo er bei einem entfernten Verwandten übernachten würde. Morgen um sieben Uhr wollte er wiederkommen. Der Gedanke, dass ich mehr als zwölf Stunden allein hier ausharren musste, versetzte mich in einen panikartigen Zustand. Ich fragte den Rezeptionisten nach einem anderen Zimmer. Vergeblich. Alle Zimmer, sagte er, würden gerade renoviert. In den Gängen roch es tatsächlich nach frischer Farbe, nach Mörtel und Staub. Der Rezeptionist fragte, ob ich noch etwas essen wollte. Als ich den Kopf schüttelte, drückte er mir den Schlüssel in die Hand und ging. Sein

Q II

Pferdegesicht war nicht schön, und sein Bart war lang wie eine Filzmatte. Aber kaum hatte er die Tür hinter sich zugezogen, vermisste ich ihn. Ich lauschte seinen Schritten. Sie verklangen schnell. Das Neonlicht summte auf, dann verstummte es. Ich flüchtete aus dem Zimmer auf den Vorhof, wo die Nacht bereits über das Tal von Bamiyan strich und es in ihre dunklen Arme nahm.

Als Hsüan-tsang hier durchkam, war Bamiyan erfüllt mit dem Singsang der Mönche, in den Höhlen flackerten Lichter. Die beiden Buddhastatuen blickten gleichmütig auf das Tal zu ihren Füßen, auf die Händlerkarawanen und Pilgergruppen, die vom Hindukusch herabgestiegen waren und über das Ghorband-Tal sich aufmachten, Richtung der Hauptstadt Kapisa, wo ein frommer buddhistischer König residierte, der *»ein tapferes und ungestümes Naturell besitzt und die Nachbarländer durch seine furchtbare Macht erzittern lässt. Er kontrolliert etwa zehn Königreiche«.*[30] Die Macht des Königs gründete in der geographischen Lage seiner Stadt. Alle wichtigen asiatischen Handelswege führten an ihr vorbei. Die Herrscher der Nachbarreiche buhlten um die Gunst des Königs, denn er konnte jederzeit den Handel beeinträchtigen, den diese so dringend brauchten. Kapisa ist das heutige Bagram.

Dorthin würde sich Hsüan-tsang nach einigen Tagen Rast in Bamiyan aufmachen. In Kapisa würde er sich seit Langem wieder in völligem Einklang mit den einheimischen Buddhisten fühlen, denn der König war wie Hsüan-tsang ein Mahayanist, der die Regeln des Glaubens streng befolgte. Für Hsüan-tsang war dies eine Erleichterung, denn er hatte in Bamiyan mit Bedauern festgestellt, dass die buddhistischen Mönche nachlässig geworden waren mit ihren Pflichten. Es beschlich ihn das Gefühl, dass der Buddhismus in Bamiyan seinem Ende entgegendämmerte. Tatsächlich, keine siebzig Jahre später fielen arabische Armeen in Afghanistan ein. Sie unterwarfen und islamisierten die Menschen. Damit endete die fünfhundertjährige glorreiche Geschichte der buddhistischen Könige.

Der dritte König der Kushana, Kanishka, führte sein Reich zwischen 100 und 150 nach Christus auf den Höhepunkt seiner Macht und Ausdehnung. Die Seidenstraße bildete das Bindeglied zwischen den drei großen Reichen jener Zeit: China, Indien und dem Römischen Reich. Über Bamiyan kamen Wolle, Leinen, Edelsteine, Glas,

Wein aus dem Römischen Reich, Gewürze, Indigo, Elfenbein, Perlen aus Indien, Seide, Felle, Jade aus China. Buddhismus und Hellenismus gingen hier eine einmalige Verbindung ein. Griechische Baumeister aus Baktrien schufen anthropomorphe Buddhastatuen, die eindeutig Merkmale und Züge hellenistischer Bildhauerei trugen. Man nennt sie Gandharakultur – benannt nach Gandhara, dem Einzugsgebiet der Stadt Peshawar. Hier nämlich entstanden zahllose Statuen dieser hybriden Kunst.

Diese Verschmelzung zweier Welten war durch einen Gewaltakt sondergleichen möglich geworden: den Eroberungsfeldzug Alexanders, des großen Makedoniers. 330 vor Christus kam Alexander mit 32 000 Soldaten in Kapisa an. Es war Winter. Alexanders Männer waren erschöpft und hungrig. Sie waren, angetrieben von ihrem rastlosen Feldherrn, von Kandahar über Ghazni und Kabul nach Kapisa marschiert, durch Schnee und Eis kämpften sie sich voran. Alexander jagte Darius, den flüchtenden Perserkönig. Darius war Alexanders großer Gegenspieler. In zwei Schlachten hatte er ihn bereits vernichtend geschlagen. Jetzt musste er seiner habhaft werden, um seinen Sieg zu vollenden. Auf seinem Marsch nach Kapisa erfuhr Alexander, dass ein Mann namens Bessos Darius ermordet hatte. Er setzte sich die Krone aufs Haupt, nannte sich Artaxerxes und ließ sich König von Asien nennen. Alexander konnte das nicht dulden. Er war vier Jahre zuvor aus Griechenland ausgezogen, um das Perserreich zu vernichten. Alexander hatte Rache geschworen. Die Perser sollten dafür bezahlen, dass sie hundertfünfzig Jahre zuvor Griechenland überfallen und geschlagen hatten. Rache war die ideologische Rechtfertigung eines Feldzuges, der reiche Beute und Ruhm versprach. Als Alexander über den Hellespont nach Kleinasien setzte und seinen übermächtigen Feind Darius herausforderte, hatte er keine Vorstellung davon, wo das Reich der Perser endete. Seine Grenzen lagen jenseits des den Griechen bekannten Horizonts. Alexander wusste jedoch, dass er das Riesenreich enthaupten musste, um sich selbst zum Herrscher proklamieren zu können. Darius war dieses Haupt gewesen, nun war es Bessos. Ihn musste er gefangen nehmen. Bessos hatte sich über den Hindukusch, nach Norden, abgesetzt, in der Annahme, dass Alexander ihm nicht würde folgen können.

Doch Alexander lagerte schon in Kapisa, am Fuße der Berge, bereit, sie zu überqueren. Der Winter jedoch war hart, die Männer waren erschöpft. Er gönnte seinen Soldaten eine Rast. Alexander sollte drei Monate in Kapisa bleiben, der ehemaligen Hauptstadt einer persischen Satrapie. Sie verfügte über eine große Festung. Bevor Alexander wieder aufbrach, benannte er die Stadt in »Alexandria am Kaukasus« um. Er ließ 7000 Soldaten, Veteranen und Invaliden zurück. Sie brachten die griechische Kultur an diesem von Griechenland so fernen Ort zum Blühen. Sie bauten ein Gymnasium, ein Stadion, ein Theater. Noch hundertfünfzig Jahre nach der Stadtgründung, nachdem das Reich Alexanders längst zerfallen war, traten hier, mitten im heutigen Afghanistan, Schauspieler im Theater auf und gaben griechische Komödien zum Besten. Die Stadt ist begünstigt vom Klima. Selbst in den heißesten Sommermonaten fegt ein kühler Wind von den Bergen herunter und verschafft seinen Bewohnern Erleichterung. Alexandria am Kaukasus genoss den Ruf, ein lebenslustiger, den Sinnen zugewandter Ort zu sein, der sich nicht allzu sehr um die Gesetze gestrenger Götter kümmerte. Kein Sündenpfuhl, aber ein fröhliches Gemeinwesen.

Alexanders Geographen wussten, dass der Hindukusch nicht mit den Bergen des Kaukasus verbunden war. Trotzdem ließ Alexander Kapisa in »Alexandria am Kaukaus« umbennen. Warum? Weil ihm der Mythos wichtiger war als geographisch gesicherte Erkenntnisse. In den Bergen, nördlich von Kapisa, gab es einen großen Felsen. Es hieß, dies sei der Felsen des Prometheus. Des Helden, der Zeus das Feuer stahl und Licht in die Welt brachte. Prometheus zahlte bitter für diesen Frevel. Zeus kettete ihn an einen Felsen an. Er schickte einen Adler, der die Leber des gefangenen Prometheus fraß. Die Leber wuchs nach. Der Adler kam immer wieder und stieß seinen scharfen Schnabel in den geschundenen Körper des Gotteslästerers. Er starb nicht, er litt grausam in alle Ewigkeit. Der Mythos von Prometheus ist ein grundlegender Mythos für die westliche Zivilisation. Für Alexander war Geographie nur dann wirklich aussagekräftig, wenn sie den Mythos in sich aufnahm – »Alexandria am Kaukasus« war so gesehen der korrekte Name.

Alexander setzte über den Hindukusch. Er nahm die Route durch das Panschirtal. Die Armee musste über den 3838 Meter hohen Khaiwakpass, um in den Norden zu kommen. Siebzehn Tage dauerte der Marsch, bis sie endlich in die Ebenen von Baktrien vorstießen. Es waren siebzehn Tage voller Hunger und Entbehrungen. Bessos hatte Felder verbrennen und Dörfer verwüsten lassen, um seinen Feind zu behindern. Alexanders Zug über den Khaiwak war ein Hungermarsch. Die Vorräte waren bald aufgebraucht. Während Alexanders Soldaten den Pass emporkletterten, ernährten sie sich von Gräsern und von Fischen, die sie im Fluss fingen. Schließlich schlachteten sie auch die Packtiere und verzehrten ihr Fleisch. Die Not der Männer kontrastierte mit der majestätischen Natur, mit den windgepeitschten Berggipfeln, dem türkisblauen Himmel, dem Licht, das hier nicht von der Sonne zu kommen schien, sondern direkt aus den Felsen, die wie in allen Farben leuchtende lebendige Wesen auf der Erde hockten. Die Götter waren zum Greifen nahe. Nächtens, auf dem Rücken liegend, hatten die Griechen das Gefühl, sie müssten nur die Hand ausstrecken, um ihre Götter zu berühren. Schauer wird sie bei diesem Gedanken erfasst haben. Ob der Hunger es war, der ihre Körper schüttelte, oder die Nähe zu einem Gott, das konnten sie nicht mehr unterscheiden.

Alexander selbst wird auf der Höhe des Passes an seinen Lehrer Aristoteles gedacht haben. Der war der Meinung gewesen, dass man von den Spitzen des Hindukusch aus das Ende der Welt sehen könne. Dieser Gedanke hat Alexander gewiss befeuert. Denn er war nicht nur ein Eroberer, er war ein Entdecker, getrieben von einer unstillbaren Sehnsucht, die bei den Griechen *pothos* hieß. *Pothos* war der brennende Wunsch, über das Bekannte hinauszugehen, *pothos* war eine nagende Unruhe, die ihn immerzu vorantrieb, *pothos* war ein Stachel im Fleisch und in der Seele. Alexander wollte dorthin, wo noch keiner vor ihm gewesen war. An das Ende der Welt. Doch bevor er dorthin aufbrechen konnte, nach Osten, zog er nach Norden, um seine Mission als Eroberer und Vernichter des Achämenidenreiches zu vollenden. Er jagte Bessos bis über den Fluss Oxus hinaus, der heute die Grenze zu Tadschikistan markiert. Noch bevor er Bessos fangen konnte, wurde dieser verraten und den Griechen ausgeliefert. Ein Offizier Alexanders nahm Bessos in einem verlassenen Dorf in Empfang. Er ließ ihn auf Befehl Alexanders nackt ausziehen. Dann wurde ihm eine hölzerne Halskrause umgehängt. Auf diese Weise gedemütigt, musste er entlang der Straße auf Alexander warten. Als dieser in seinem Tross vorbeiritt, hielt er vor Bessos an und fragte ihn, warum er Darius ermordet habe. Bessos beschuldigte seine Mitverschwörer. Alexander glaubte ihm nicht. Er ließ ihn auspeitschen. Dann ließ er ihn zur weiteren Bestrafung wegbringen. Bessos wurden Nase und Ohren abgeschnitten. Es war die persische Strafe für Rebellen. Alexander ließ ihn weniger für den Mord an Darius bestrafen, als vielmehr dafür, dass er sich zum neuen König Asiens hatte ausrufen lassen. Es gab nur einen neuen König Asiens: Alexander. Mit dem Tod Bessos' hatte Alexander der Eroberer sein Ziel erreicht, jetzt brach die Zeit des Entdeckers an. Das Land, in das er aufbrechen wollte, lag im Osten: Indien.

Alexander war König, unumschränkter Herrscher. Doch auch er musste seinen Offizieren und Soldaten den Grund seiner Entscheidungen plausibel machen – jedenfalls dann, wenn er sich ihrer unbedingten Gefolgschaft sicher sein wollte. Solange er gegen die Perser kämpfte, war das relativ einfach gewesen, denn sie waren jahrhundertelang der Todfeind der Griechen gewesen. Persien zu vernichten, konnte aus der griechischen Geschichte heraus legitimiert werden. Aber Indien erobern? Was hatte das mit der griechischen Geschichte zu tun? Die Griechen kannten Indien nur von Gerüchten und Erzählungen. Allerhand Wunderliches kam ihnen darüber zu Ohren. Es gab dort angeblich Menschen, die den ganzen Tag auf dem Rücken lagen und sich vor der brennenden Sonne schützten, indem sie die eigenen, riesigen Füße hochhielten; Einhörner lebten in Indien mit roten Köpfen und blauen Augen, es gab Goldminen, in denen riesige Ameisen arbeiteten, die von gewaltigen Greifvögeln bewacht wurden; die Inder wurden bis zu hundert Jahre alt, liebten sich in aller Öffentlichkeit und webten ihre Kleider mit Stoffen, die aus Bäumen wuchsen. Solcherart waren die Geschichten, welche in den Köpfen der Griechen umherschwirrten, wenn sie an Indien dachten. Als einer von Alexanders Spähern aus dem Himalaya-Gebirge zurückkam, berichtete er ihm von Menschen, deren Füße in umgekehrter Richtung wuchsen. Sie könnten sehr schnell laufen, erzählte der Späher. Gerne hätte er dem König eine dieser höchst seltsamen Kreaturen vorgeführt. Doch da sie nur in ihrem heimischen Klima atmen könnten, sei es nicht möglich gewesen, Ihrer Majestät ein Exemplar vorzuführen.

Die Griechen versuchten das Unfassbare zu fassen, indem sie es nach den Kategorien maßen, die sie kannten. Sie glaubten, dass die Götter Dionysos und Herakles bereits in Indien gewesen waren, 6044 Jahre vor Alexander. Was sie glaubten, sollten sie auch sehen. In Indien begegneten sie Rindern, auf deren Haut ein Zeichen in Form einer Keule eingebrannt war; eine Keule, wie sie ihr Herakles immer mit sich getragen hatte. Als Alexander der Große aus Baktrien nach Indien aufbrach, machte er sich auf den Weg in einen völlig unbekannten Kontinent, in dem es von Fabelwesen wimmelte. Die Griechen konnten sich ihn nur vorstellen, indem sie ihre eigene Mythengeschichte zu Hilfe nahmen. Noch einmal kam Alexander durch Kapisa, sein Alexandria am Kaukasus, dann setzte er über den Khyberpass. Er sollte nie wieder in das heutige Afghanistan zurückkehren. In Indien schlug er noch eine Schlacht gegen den indischen König. Er gewann sie, musste sich aber bald danach zurückziehen, denn seine Offiziere weigerten sich, noch tiefer in die unbekannte Welt vorzustoßen. Sie rebellierten. Nach Jahren des Kampfes, der Entbehrungen, des Heimwehs und des Verlustes vieler Kameraden hatten sie genug vom Krieg. Sie wollten nach Hause. Alexander musste sich fügen. Er zog sich zurück nach Bagdad, wo er, 33 Jahre alt, starb.

Auch der chinesische Pilger Hsüan-tsang, der sich fast tausend Jahre nach Alexander nach Indien aufmachte, war auf seiner Reise über weite Strecken umgeben vom Erbe des großen Makedoniers. Es war an den hellenistischen Stilelementen in der Darstellung Buddhas zu erkennen, an Säulen, Kapitälen und mitunter auch an der schriftlichen Darstellung. Ashoka, der große buddhistische König, der etwa zwischen 269 und 231 vor Christus den gesamten Subkontinent und das heutige Afghanistan beherrschte, ließ in Kandahar buddhistische Lehrsätze öffentlich in Stein meißeln. Die Lehrsätze waren in griechischen Lettern verfasst. Alexander hatte Kandahar in »Alexandria in Arachosia« umgetauft und 6000 griechische Veteranen angesiedelt. Das griechische Erbe starb nicht in Afghanistan, es verschmolz mit vielen anderen Kulturen. In Gandhara flossen griechische, indische, persische Traditionen zusammen. Gandhara saugte alles Fremde in sich auf, veredelte es und gab es der Welt als Geschenk zurück, in Form von Statuen und Bauwerken, die einen tiefen Frieden ausstrahlen. Peshawar, das heute zu einem Hort des Extremismus geworden ist, war vor 1500 Jahren ein leuchtendes Beispiel dafür, wie Toleranz zu Frieden und Schönheit beitragen kann.

Hsüan-tsang bricht nach mehreren Wochen, die er auf Einladung des Königs von Kapisa in einem Kloster zugebracht hatte, wieder auf. Er zieht Richtung Ganges, sein eigentliches Ziel. Er steigt vom Hindukusch hinunter in die heißen Ebenen des Subkontinents. Bereits in Kapisa begegnet er hinduistischen Asketen. Manche von ihnen sind vollständig nackt oder, wie es auf Sanskrit heißt: »luftgekleidet«, manche haben ihren Körper mit Asche eingerieben und tragen eine Gebetschnur aus Hirnschalen. Doch sie sind nur die ersten Boten Indiens in einem damals noch vollkommen buddhistischen Land. Als Hsüan-tsang nach Lampaka kommt, der heutigen afghanischen Provinz Laghman, trifft er auf eine Bevölkerung, die sich deutlich von den Afghanen unterscheidet, die Hsüan-tsang als ritterliche, urtümliche Bergbewohner beschrieben hat. Für die ersten Inder, denen er begegnet, hat Hsüan-tsang weniger schmeichelhafte Worte übrig. *»Die Einwohner Lampakas leben in Wohlstand und Freude. Sie singen sehr gern. Sie sind verweichlicht, kleinmütig und neigen zu Betrug. Sie begegnen einander mit Arroganz und Missachtung, und niemals sieht man unter ihnen einen einzigen, der einem anderen den Vortritt ließe. Sie sind klein von Statur, flink und ungestüm in ihren Bewegungen. Die meisten tragen weiße Baumwollgewänder und bringen ihr Kostüm gerne durch Verzierungen in leuchtenden Farben zur Geltung.«*

Hsüan-tsang wird einige Jahre später aus Indien zurückkehren, 675 Sanskritrollen auf dem Rücken tragend. Der König von Kapisa empfängt ihn und lässt es ihm an nichts fehlen. Er verneigt sich damit vor dem Pilgermönch, der keine Gefahren gescheut hat, um seinen Wissensdurst zu stillen und die buddhistische Lehre zu verbreiten. Nach einigen Wochen Aufenthalt am Hofe des Königs verabschiedet sich Hsüan-tsang, um nach China zurückzukehren. Der König von Kapisa gibt ihm für die Überquerung des Hindukusch jede nur erdenkliche Hilfe. Er schickt einhundert Mann und einen hohen Beamten aus, um Hsüan-tsang zu begleiten, den Meister des Gesetzes, wie er genannt wird. Der Hindukusch und der Pamir, die

Hsüan-tsang überqueren muss, um nach China zu gelangen, zeigen sich noch einmal in all ihrer gefährlichen Schönheit: *»Nach einem Marsch von sieben Tagen kamen sie auf einem hohen Berge an, der dem Blick eine Aneinanderreihung gefährlicher Gipfel und beängstigender Bergspitzen darbot, die in den seltsamsten und mannigfaltigsten Formen wild durcheinander emporragten. Bald erblickten sie ein Plateau, bald eine hoch aufragende Spitze; die Szenerie wechselte mit jedem Schritt. Es wäre schwierig, all die Mühsal und Gefahren aufzuzählen, denen sie bei der Überquerung dieser Höhen ausgesetzt waren.«*[31] Die Reise ist eine Mischung aus Wunder und Abenteuern. Tief im Pamirgebirge erzählen Karawanenführer Hsüan-tsang von Einsiedlern, die in in den Felsen gehauenen Kammern *»seit 700 Jahren leben und jeden konkreten Gedanken ausgelöscht und das Stadium vollkommener Ekstase erreicht haben«*. Manchmal seien diese Heiligen sogar im Berg eingeschlossen, wie Hsüan-tsang berichtet: *»Vor einigen Jahren grollte der Donner und brachte eine Seite des Berges zum Einsturz. In den Höhlen, die auf diese Weise ans Tageslicht kamen, saß ein Religiöser mit geschlossenen Augen. Er war von riesigem Wuchs, sein Körper war vertrocknet, sein Bart und seine wirren Haare fielen auf seine Schultern und warfen Schatten auf sein Gesicht (…). Der König eilte unverzüglich an den besagten Ort, und dann strömte, da sich die Neuigkeit verbreitet hatte, auch die gesamte Bevölkerung dort zusammen. Ein Mönch erklärte, was getan werden sollte: ›Wer wie dieser Mann in Ekstase versunken ist, kann auf unbestimmte Zeit in diesem Zustand verharren. Sein Köper wird durch mystische Macht gestützt und ist gegen Zerstörung und Tod gefeit. Wenn er, entkräftet durch ein derart langes Fasten, unversehens aus der Ekstase erwacht, würde er im nämlichen Augenblick sterben und sein Körper Gefahr laufen, zu Staub zu zerfallen. Zuvor müssen seine Glieder mit Butter und Öl befeuchtet werden, um sie wieder geschmeidig zu machen. Dann erst darf der Gong geschlagen werden.‹ Also geschah es. Als der Gong ertönte, öffnete der Heilige schließlich die Augen und schaute um sich. Dann, nach einer langen Pause, fragte er die Umstehenden: ›Ihr da, die Ihr von kleiner Statur seid, wer seid Ihr?‹ Auf die Antwort eines der anwesenden Mönche hin erkundigte er sich nach seinem Meister, dem Buddha Kasyapa, Sakyamunis Vorgänger, der vor Hunderttausenden von Jahren ver-*

schieden war. Die Mönche antworteten ihm: ›Schon vor sehr, sehr langer Zeit ist er in das große Nirwana eingegangen.‹ Als er diese Worte hörte, schloss der Heilige die Augen wie ein verzweifelter Mensch. Dann fragte er plötzlich aufs Neue: ›Und Sakyamuni, ist er in der Welt erschienen?‹ ›Er ist Fleisch geworden‹, entgegneten die Umstehenden, ›er hat der Welt den Rechten Weg gewiesen und ist seinerseits in das Nirwana eingegangen‹. Bei diesen Worten senkte der Heilige erneut das Haupt. Dann hob er mit einer Hand seine langen Haare hoch und erhob sich majestätisch in die Lüfte. Durch ein göttliches Wunder verwandelte er sich in eine Feuerkugel, die seinen Körper verzehrte, und ließ seine verkohlten Gebeine auf die Erde fallen. Der König des Landes ließ ihm mitten in den Bergen eine Stupa errichten.« [32]

Die Nacht war inzwischen hereingebrochen. Im Tal schimmerten einsam die wenigen Lichter des Basars von Bamiyan. Das Felskliff mit den buddhistischen Höhlen lag in völliger Dunkelheit. In den siebziger Jahren des 20. Jahrhunderts war Bamiyan eine beliebte Etappe des *Hippie trail,* Tausende junger Männer und Frauen, die von Europa nach Indien pilgerten, machten hier Station. Sie setzten sich in die schon seit Jahrhunderten verlassenen Höhlen der Mönche, zündeten Kerzen an, palaverten, liebten sich, rauchten Haschisch und glaubten sich dem Nirwana nahe. Es wäre doch möglich, dass hinter diesen Höhlen, tiefer im Kliff verborgen, ein Heiliger der Art sitzt, wie er uns in der Überlieferung Hsüan-tsangs begegnet, ein Riese mit geschlossenen Augen, der all die Stürme überstanden hat, die durch Bamiyan im Laufe der Jahrhunderte fegten. Selbst als die Taliban 2001 die beiden Buddhastatuen in die Luft sprengten, der Berg zitterte und bebte, blieb der Heilige unbewegt in seinem mystischen Schlaf. Der Tag aber wird kommen, an dem die Felswand mit einem gewaltigen Krachen ins Tal rutscht, Staub den Himmel verdunkelt und die Bewohner von Bamiyan in dem Glauben, nun sei die Stunde des Weltuntergangs gekommen, flüchten. Doch wenn der Staub sich wieder gelegt hat, wenn das Grollen des Felssturzes verklungen ist, dann werden die Menschen einen riesigen Mann mit langen Haaren und geschlossenen Augen in einer Höhle sitzen sehen. Er wartet nun darauf, dass jemand die richtigen Worte spricht, damit er nach Jahrtausenden sich endlich in die Luft erheben und ins ersehnte Nichts auflösen kann. Doch hier weiß keiner mehr etwas von seiner Religion. Nicht die Erlösung wartet auf ihn, sondern der Tod. Denn ein Fanatiker wird den Heiligen als Götzen beschimpfen und das Blut der Menge in Wallung bringen. Er wird sie aufhetzen, bis sie den Heiligen mit Beilen in tausend Stücke hacken, so wie die Taliban die Buddhas zerstörten. Danach wird Stille herrschen, eine dunkle Stille, wie sie diese Nacht erfüllt.

In meinem Rücken hörte ich plötzlich ein Scharren. Ich drehte mich um und sah einen Mann, der auf einem Kiesweg vor dem Hotel um ein großes Blumenbeet herum im Kreis ging. Er trug Turnschuhe und einen Trainingsanzug und schritt weit aus. Vom Dach des Hotels strahlte eine starke Lampe auf den Kiesweg, sodass der Körper des Mannes klar umrissene Schatten warf. Ich trat näher und hörte, wie sein schwer gehender Atem sich in das Scharren des Kieses mischte. Auf seiner Stirn perlte Schweiß, um seinen Nacken lag ein kleines weißes Handtuch, mit dem er sich immer wieder über das Gesicht wischte. Als er mich sah, winkte er mir zu: »Hello!«, dann lief er noch eine Runde, blieb keuchend vor mir stehen und streckte mir zum Gruß seine schweißnasse Hand entgegen. Ich weiß nicht mehr, wie er hieß. Ahmad? Salim? Mohammed? Ali? Die Namen sausen durch meinen Kopf, doch keiner will sich an das Gesicht dieses Mannes heften, das sich in meiner Erinnerung sehr deutlich abzeichnet. Er hatte große braune Augen, weißes Haar und eine elegant geschwungene Nase. Wenn ich ein besonderes Merkmal nennen müsste, dann wäre es wohl sein Mund, wären es die vollen Lippen, die nach vorne hin spitz zuliefen, so als wollte ein Wort aus ihnen herauskommen oder ein Kuss. Er war in Afghanistan geboren, wie er mir berichtete. In den achtziger Jahren war er nach Australien ausgewandert, auf der Flucht vor dem Bürgerkrieg, der seine Heimat zerriss. Dort studierte er, danach begann er für die Vereinten Nationen zu arbeiten. Gut bezahlte Arbeit, sagte er ohne Scheu, wirklich gut bezahlte Arbeit. Sie hatte ihn auch hierher nach Bamiyan geführt, wo er sich jetzt einen Überblick über die verschiedenen Milizen, ihre Kriegsherren, vor allem aber über ihre Waffen verschaffen sollte. Denn die Milizen sollten aufgelöst werden, ihre Waffenlager ebenfalls.

»Glauben Sie, dass das so kommen wird?«

Er wischte sich mit dem Handtuch über das Gesicht.

»Ach, wissen Sie, wir müssen es versuchen ...«

Dann strich Trauer über sein Gesicht wie ein schwarzer durchsichtiger Vorhang.

»Ja, da haben Sie recht!«, sagte ich zu ihm und suchte nach Worten, um ihn wieder in bessere Stimmung zu bringen.

»Bamiyan ist sehr schön, nicht wahr?«

Er nickte und murmelte eine leises »Ja«.

»Wissen Sie«, sagte er und trat dabei einen Schritt näher an mich heran, sodass mir Schweißgeruch in die Nase stieg, »das ist die letzte Chance für dieses Land. Wenn es wieder nicht klappt, dann gehen hier die Lichter aus, und zwar für immer!«

Ich wusste nicht, was ich antworten sollte. Er hatte es so entschieden gesagt, dass es mir plötzlich ganz gewiss erschien.

»Jetzt möchte ich noch ein paar Runden drehen, wenn Sie mich entschuldigen«, sagte er. Schon schritt er aus, schnell und entschieden, ganz so, als wollte er vor etwas davonlaufen. Vielleicht aber versuchte er sich nur müde zu machen für die Nacht. Gäste des »Roof of Bamiyan« sollten nämlich um einen tiefen, festen Schlaf beten. Denn in diesem Gemäuer hausten Gespenster. Sie lauerten in den dunklen Ecken, um sich hämisch grinsend auf jene zu stürzen, die nicht einschlafen konnten, rasend und heulend fuhren sie auf diese unglücklichen Gäste nieder, flüsterten ihnen mit krächzenden Stimmen furchterregende Worte ins Ohr. Nein, es war uns, die wir hier gestrandet waren, ein tiefer Schlaf zu wünschen, der uns für die Schrecken unempfindlich machte, die das Hotel bereithielt.

Nach siebzehn Jahren Pilgerschaft kommt Hsüan-tsang wieder in China an. Als er sich dem kaiserlichen Hof nähert, ist ihm mulmig zumute. Denn er hatte sich ohne Erlaubnis des Kaisers davongemacht, war nächtens über die Grenze geschlichen und hatte damit gegen geltendes Gesetz verstoßen. Wie wird der Kaiser darauf reagieren? Ist er nachtragend? Wird er ihn dafür bestrafen? Doch nichts dergleichen geschieht, im Gegenteil. Der Kaiser hat schon Tage vorher von Hsüan-tsangs Ankunft gehört und gibt den Befehl, ihm einen würdigen Empfang zu bereiten. Der furchtlose Pilger, der die Wüste Gobi, den Hindukusch, den Indus, den Ganges und den Pamir überquert hatte, ist für den Kaiser ein Held. Seine Taten wecken allgemeine Neugier und Bewunderung. So kommt es, dass Hsüan-tsang, der nichts weiter mit sich bringt als 675 Papierrollen, in den Straßen der Hauptstadt mit einem Triumphzug empfangen wird wie anderswo ein siegreicher Feldherr. *»Mit noch größerer Begeisterung und verstärktem Eifer gingen alle daran, prachtvolle Vorbereitungen zu treffen. Aus jedem Kloster kamen sie mit Bannern, Teppichen, Baldachinen, kostbaren Tischen und prächtigen Sänften heran, die sie in Reih und Glied anordneten. Die Mönche und Nonnen trugen ihre Zeremonialgewänder. An der Spitze des Zuges wurden geistliche Lieder gesungen; Träger von Rauchfässern, die mit Räucherwerk gefüllt waren, beschlossen den Zug. Bald gelangte die Prozession in die Straße des Roten Vogels. Die Schriften und Statuen fanden sich über den ganzen Zug verteilt, der sich ruhigen und majestätischen Schrittes vorwärts bewegte. Man hörte das Klimpern der mit kostbaren Steinen besetzten Gürtel und sah eine Unmenge goldener Blumen, die einen schimmernden Glanz verbreiteten. Die Mönche, die an der Spitze marschierten oder das Geleit bildeten, feierten dieses außergewöhnliche Ereignis mit Gesängen, und eine große Zahl Laien teilte ihre Freude und Bewunderung. Die Prozession, die in der Straße des Roten Vogels begann, zog sich in einer Entfernung von mehreren Li bis zur Pforte des Klosters des Großen Glücks. Die Einwohner der Hauptstadt, die Gelehrten und die Magistraten standen längs der Straße zu beiden Seiten aufgereiht und nahmen eine Haltung an, die sowohl Liebe als auch Bewunderung ausdrückte. Menschen und Pferde bildeten eine dicht gedrängte Menge von unermesslichem Ausmaß. Die mit der Durchführung der Zeremonie betrauten Magistraten, die befürchteten, dass viele Leute in der Masse erdrückt werden könnten, ordneten an, dass ein jeder an seinem Platz bleiben, Räucherwerk verbrennen und Blumen streuen sollte. Über der Prozession schwebte eine wohlriechende Wolke, und von einem Ende zum anderen vernahm man die rhythmischen Klänge der geistlichen Gesänge. An jedem Tage sah die ganze Menge gleichzeitig Wolken in fünf verschiedenen Farben, die in der Sonne schimmerten und sich in glitzernden Nebeln über eine Weite von mehreren Li über den Schriften und Statuen hinzogen, wobei sie ihnen mal vorauszueilen, mal sie zu begleiten schienen.«*[33]

Und der Kaiser? Er fragt Hsüan-tsang, warum er vor siebzehn Jahren das Land heimlich verlassen und damit gegen das Gesetz verstoßen habe. Hsüang-tsang ist vorbereitet: *»Ich hatte mehrere Eingaben an den Hof gerichtet, doch da ich so unbekannt war, haben es die Beamten verabsäumt, meine Anfrage dem Sohn des Himmels vorzulegen.«* Der Kaiser akzeptiert diese Erklärung mit einem Lächeln, dann fordert er Hsüan-tsang auf, zu erzählen. Er will alles hören. Nachdem ihn der Kaiser entlassen hat, macht sich Hsüan-tsang daran, die mitgebrachten Schriften zu übersetzen und zu interpretieren. Das nimmt viele Jahre in Anspruch. Seine Arbeit trug ganz wesentlich dazu bei, dass sich der Buddhismus von China aus über Korea bis nach Japan ausbreitete. Auch Hsüan-tsang veränderte wie der Eroberer und Entdecker Alexander die Welt, nur tat er das nicht durch das Schwert, sondern durch das Wort.

Ich schaute noch eine Weile zu, wie der Mann von den Vereinten Nationen seine Runden auf dem Kiesweg drehte. Ich musste bei dem Anblick an die Schafe denken, von denen mir berichtet worden war. Schafe, die von den Hirten beim spätsommerlichen Almabtrieb übersehen worden waren und daher den Winter hoch oben in den unwirtlichen Bergen, in eisigen Temperaturen, eingeschlossen vom Schnee verbringen mussten. Diese Schafe bewegen sich stundenlang, tagelang im Kreis, in dem Versuch, den Schnee auf diese Weise zu durchdringen und unter seiner meterhohen Decke etwas Nahrung zu finden. Die meisten dieser Schafe verenden, ausgehungert und erschöpft. Doch manche überleben, indem sie immer weiter im Kreis gehen und versuchen, sich immer tiefer in den Schnee hineinzugraben, der Erde entgegen. Auch dieser Mann von den Vereinten Nationen schien mit seinen kreisenden Bewegungen zu etwas vordringen zu wollen, auch er schien mir getrieben von der Panik, von der Angst um sein Leben. Er glaubte etwas finden zu können unter dem knirschenden Kies, etwas musste verborgen sein in diesem Stück afghanischer Erde, etwas Rettendes. Ich wandte mich ab und ging in das Hotel. Es war stockdunkel. Ich schaltete meine Stirnlampe ein und fand nach einigem Umherirren mein Zimmer. Ich kramte in meiner Reisetasche, ohne dass ich etwas Bestimmtes suchte. Doch hatte ich das dringende Bedürfnis, mit meinen Händen etwas Vertrautes zu berühren. Ich wühlte in meinen Kleidern, meinen Büchern, und schließlich tauchte im grellen Licht meiner Stirnlampe die Karte auf. Ich nahm sie in die Hand und strich über ihren rissigen Rücken. Dann legte ich sie auf das Bett, griff nach Notizbüchern, die ich tief in der Tasche vergraben hatte. Noch im Hocken blätterte ich darin. Ich las die Worte nicht, die ich niedergeschrieben hatte, ich betrachtete sie.

Wie sehr sich meine Handschrift immer wieder änderte! Manchmal war sie gestochen scharf, sorgfältig gesetzt, ein anderes Mal wieder lief sie über die Blätter wie ein Flüchtender, der einen Schwarm schmieriger Angst hinter sich herzog, dann wieder beruhigte sie sich, ging auf den Linien des Papiers wie ein Artist, der seelenruhig auf einem Seil über einen Abgrund balanciert. Ich konnte kaum glauben, dass ich so unterschiedlich geschrieben hatte. Verschiedene Personen hatten diese Notizbücher gefüllt. Sie waren von unterschiedlichem Charakter und Temperament. Ängstliche Männer waren darunter und mutige, selbstbewusste und schüchterne, offene und verschlossene, ja auch die Handschrift eines Arroganten fand ich in meinen Notizbüchern, die Buchstaben waren mit Bestimmtheit gesetzt, keinen Widerspruch duldend. *So ist es und nicht anders!* Dieser Ton schien mir jetzt geradezu widerlich und abstoßend. Ich suchte, während ich immer noch auf den Fersen hockte, sodass mir die Beine schmerzten, nach Erklärungen für diesen hochmütigen Ton an manchen Stellen meiner Aufzeichnungen. Wahrscheinlich, ich war nachsichtig zu mir selbst, wahrscheinlich hatte ich ihn angeschlagen, um mich gegen eine Zumutung zu wehren. Es mangelte auf meinen Reisen durch dieses Land keineswegs daran. Wie hätte ich mich zum Beispiel hier in diesem stockdunklen Zimmer, in diesem von Gespenstern heimgesuchten Hotel, wehren können, wenn nicht mit bestimmten, harten Sätzen, die ich wie einen Prügel drohend schwingen konnte? Ja, dachte ich, nur so wirst du hier einschlafen können! Du musst um dich schlagen mit den Worten, du musst fluchen und schimpfen auf dieses Land! Du musst es hineinpressen in die feste Form der Vorurteile, damit es dir nicht zu nahe kommt. An Vorurteilen mangelte es nicht, an der Möglichkeit, sich zu erheben über dieses wilde schöne Land, in dem der Krieg eine ewige Heimstatt gefunden hatte. Ich legte mich ins Bett, alle Muskeln bereit zur Abwehr, in meiner Kehle einen Fluch, den ich nur herausschleudern müsste, um jeden Angriff, der mir drohte, augenblicklich zu zerschmettern. Doch nichts geschah. Kein Gespenst des Hauses machte sich über mich her, ich hörte keine Stimmen, selbst die Luft bewegte sich nicht. Sie lag schweigend da und füllte mit ihrem unsichtbaren Körper den Raum. Ich spitzte die Ohren, lauschte vergeblich hinein in diese taube Nacht. Kein einziges Geräusch. Nicht einmal eine der ansonsten allgegenwärtigen Kakerlaken huschte mit kaum hörbar kratzenden Füßen über den Boden.

Hsüan-tsang, der Pilger, hatte auf seinen Reisen gewiss unzählige Nächte verbracht, die noch tausendmal stiller und dunkler als diese waren. Doch bin ich mir sicher, dass er dabei niemals Einsamkeit verspürte, denn er war, wie er sich gegenüber dem Kaiser ausdrückte, dem er gewissermaßen »davongelaufen« war, beseelt von dem *»drängenden Impuls einer leidenschaftlichen Hingabe an den Buddhismus, den ich nicht hatte zügeln können«.*[34] Er wusste, warum er unterwegs war. Er war getragen von einer Mission. Auch war er getrieben von dem alexandrischen *pothos*, dem seelischen Hunger. Und was war mit mir? Warum war ich hier? Gewiss nicht, um zu den Quellen des Glaubens vorzustoßen. Ich war im Gefolge einer Armee gekommen, welche die Regierung dieses Landes gestürzt und danach immer mehr Soldaten geschickt hatte. Zuerst waren es nur ein paar Tausend, dann ging die Zahl in die Zehntausende, inzwischen war die Hunderttausendermarke längst schon überschritten. Ich war also den Soldaten gefolgt, mehr war zu meiner Mission nicht zu sagen. Ich hatte keine Eroberungsabsichten, ja ich scheute die Nähe der Armee, denn ihr manichäischer Blick auf die Welt stieß mich ab. Freund und Feind, Gut und Böse – damit, davon war ich überzeugt, kam man hier nicht weit. Ich fragte mich, ob der Pilger Hsüang-tsang seine siebzehn Jahre währende Reise, die ihn durch die unwirtlichsten und gefährlichsten Regionen der Welt führte, hätte überleben können, wenn er die Welt auf diese Weise betrachtet hätte? Ich glaube nicht. Er hätte sich dann immerzu verfolgt und belagert gefühlt von Gestalten, die ihm übelwollen. Immer wieder hätte er auf seiner Tausende Kilometer langen Reise innehalten müssen, weil er hinter einem Strauch, einem Busch, einem Felsen Wegelagerer vermuten musste, die ihm nach dem Leben trachteten. Er hätte umkehren müssen, um einen besseren Moment für seine Durchreise abzuwarten. Das hieß Warten, stundenlanges, tagelanges Warten. Wahrscheinlich wäre er in viele Hütten und Behausungen, in die er eingeladen wurde, gar nicht eingetreten, zurückgehalten vom Misstrauen gegenüber seinen Gastgebern. All die Geschichten, die sie ihm hätten erzählen können, die Einblicke in ihr Leben, in ihre Sitten und Gebräuche, all das wäre ihm verschlossen geblieben, weil er sich angstvoll durch das Land bewegt hätte, jederzeit abwehrbereit. Selbst wenn er alle Gefahren überlebt hätte, er wäre nicht vorangekommen. Nie hätte er den Ganges erreicht. Er kam an sein Ziel, weil er ganz ohne Waffen war und ohne Gewalt sich einen Weg suchte. Der prächtige Empfang, den man ihm bei seiner Rückkehr bereitete, war auch eine Form der Anerkennung dafür. Hier war ein Mann, der alle Gefahren dieser Welt auf sich genommen hatte, um nichts anderes zu »erbeuten« als Schriftrollen. Dafür wurde er gefeiert, für seine gelehrte Bescheidenheit, für seinen Wissensdurst. Wie aber würden die Soldaten empfangen werden, wenn sie aus diesem Afghanistan je wieder zurückkehren sollten? Im Triumphzug? Gewiss nicht. Wofür sollten sie gefeiert werden? Was brachten sie mit? Keine Schriftrollen, sondern lauter Schauergeschichten aus einem wilden Land. *»Auf einmal kamen Kinder an unser Fahrzeug, die erschreckend erbärmlich aussahen. In Deutschland wären sie wohl sofort vom Jugendamt abgeholt worden, so verdreckt und unterernährt waren diese Würmchen. ›Biscuit? Biscuit?‹, riefen sie immer wieder und suchten Körperkontakt zu uns. Ich war voller Mitleid, doch zugleich war mein militärischer Verstand alarmiert. Was wäre, wenn jemand diese Nähe ausnutzt und uns eine Handgranate in den offenen Wagen wirft? Was, wenn wir im Gedränge aus Versehen jemanden angefahren hätten? Wäre die Menschenmenge rachsüchtig über uns hergefallen? Ich wusste es nicht und war heilfroh, dass alles gut ging.«*[35] Hsüan-tsang wäre nie heil durch Afghanistan gekommen, wenn er sich vor Kindern gefürchtet hätte wie dieser deutsche Soldat. Angst hatte er vermutlich nur vor einem: der Unwissenheit, der eigenen und der der anderen. Seine Reise war eine Reise an die Quellen des Lichts, die Reise der Soldaten aber führte in das Dunkel der eigenen Vorurteile. Hsüan-tsang schritt voran, die Soldaten drehten sich im Kreis, gruben sich tiefer ein in die Erde, wo sie auf nichts Verwertbares stießen, nur auf immer härteres Gestein.

Ich schaltete die Stirnlampe aus und legte mich in meinen Kleidern zu Bett. Auch mir fehlte die Sicherheit, auch ich wollte jeder-

zeit fluchtbereit sein, obwohl ich keinen Anlass hatte, mich zu fürchten. Wider Erwarten schlief ich schnell ein. Mein Körper sank auf den Grund eines tiefen, ruhigen Sees. Dort blieb er liegen, bis das Licht des Morgens mein Zimmer füllte. Alles erstrahlte und sämtliche Ängste zerfielen zu Staub.

Als ich das Zimmer verließ, um zu frühstücken, traf ich den Mann, der von sich sagte, er sei der Mitbesitzer des Hotels. Wir tranken Tee, aßen Brot mit Streichkäse und führten eine seicht dahinplätschernde Unterhaltung. Ich misstraute ihm, ich misstraute seinem bartlosen, zerknautschten Gesicht, seinen Worten und seinem Blick. Der ganze Mann war mir unangenehm, und sehnsüchtig wartete ich auf Jamschid, der mich abholen sollte. Der Hotelbesitzer klebte an mir, an meinen Ohren, in die er, je länger er redete, immer geheimnisvollere Sätze sprach: »Die Buddhas, wissen Sie, die Buddhas ...«

»Ja!«

»Das ist von langer Hand geplant worden, von langer Hand ...«

»Was?«

»Na, ihre Zerstörung, das ist eine internationale Sache.«

Sein feuchter Atem fiel auf meine Wange wie ein nasser, schmieriger Lappen.

»Was meinen Sie denn damit?«

Er lächelte geheimnisvoll.

»Kommen Sie, lassen Sie uns ins Freie gehen.«

Ich war froh über den Vorschlag, weil ich hoffte, dort draußen würde sich der Druck seiner Anwesenheit etwas abmildern. Wir kamen an den Vorhof des Hotels. Das Tal strahlte im Morgenlicht. Die Hüllen der zerstörten Buddhastatuen zeichneten sich scharf gestochen vom Hintergrund ab. Der Hotelbesitzer zeigte darauf.

»Die Pakistaner haben die Buddhas zerstört«, sagte er ganz plötzlich.

»Ich dachte, es waren die Taliban?«

»Das ist, was Sie im Fernsehen gesehen haben, aber die Sprengstoffexperten kamen aus Pakistan, die Armee hatte sie eigens geschickt.«

»Die pakistanische Armee?«

Er ging auf meine Frage nicht ein. Er redete in einem sehr nüchternen Ton weiter.

»Es ist nicht einfach, diese riesigen Statuen zu sprengen. Wissen Sie, dazu braucht es viel Sachkenntnis. Die Taliban haben es mehrmals versucht, doch es ist ihnen nicht gelungen. Da kamen die Experten aus Pakistan und ...«, er legte eine Pause ein und sagte dann sehr laut: »BUUUMMMMMM!!!«

»Also, davon habe ich noch nie gehört«, wandte ich ein.

»Ja, das ist normal. Solche Geschichten solltet ihr Journalisten auch nicht hören. Das geschieht mit Absicht. Ihr sollt doch nur glauben, was die wollen.«

»Ja gut, aber es waren doch Taliban beteiligt.«

»Das schon, aber allein hätten sie es nie geschafft.«

Obwohl ich mich von Anfang an gegen seine Annäherungsversuche gewehrt hatte, war es ihm nun doch gelungen, meine Neugier zu wecken.

Was wäre, wenn ich einen Mann treffen könnte, der damals an der Sprengung beteiligt gewesen war? Was, wenn der mir die Geschichte der pakistanischen Mittäterschaft hätte bestätigen können?

»Kennen Sie denn jemanden, der mit der Sprengung zu tun hatte?«

Er schwieg bedeutungsvoll. Dann schaute er mir direkt in die Augen.

»Fahren Sie nach Osten, an den Rand der Stadt, dort wohnt Herr Haji Mohammed Hussein. Fragen Sie ihn. Er weiß gewiss mehr. Er ist ein Kommandeur der Taliban gewesen.«

Das machte mich stutzig. Die Taliban hatten während ihrer Herrschaft in Bamiyan nicht nur die Buddhas zerstört, sie hatten auch unter der Zivilbevölkerung Massaker angerichtet. Angesichts dieser Geschichte schien es mir unwahrscheinlich, dass ein Taliban, ein Kommandant noch dazu, unbehelligt in Bamiyan leben konnte, wenn auch am Rande der Stadt.

»Aber wie kann es sein, dass die Menschen ihn in Ruhe lassen, nach allem, was geschehen ist?«

»Ach, wissen Sie, Haji Mohammed Hussein war ein Kommandeur, aber er war weder grausam noch willkürlich. Er hat sogar viele Schiiten geschützt und ihnen das Leben gerettet. Deswegen kann er hier leben. Besuchen Sie ihn. Sie werden schon sehen.«

Ich wusste sofort, dass er die ganze Zeit nur auf diesen Punkt hingearbeitet hatte. Er wollte mich dazu bringen, diesen Mann aufzusuchen. Obwohl ich das wusste, obwohl mir der Hotelbesitzer zuwider war, wischte ich mein Misstrauen beiseite. Welche Motive mochte er schon haben, mich auf eine falsche Fährte zu setzen? Mir fiel nichts Plausibles ein, und ich entschied mich, den Kommandeur der Taliban zu suchen.

Jamschid kam zur verabredeten Zeit. Er wirkte frisch und ausgeruht. Erst als wir im Auto waren, sagte ich ihm, dass ich einen Mann namens Haji Mohammed Hussein suchte. Vielleicht kannte er ihn ja, vielleicht hatte er von ihm gehört. Ich sagte noch, er sei Paschtune und während der Talibanzeit wohl ein Kommandeur gewesen. Jamschid blickte mich erstaunt an und sagte einsilbig: »Ich kenne die Gegend, den Mann kenne ich nicht. Wir können aber hinfahren, wenn Sie das wollen.«

»Gut, dann machen wir das.«

Ich hatte mir bisher noch keine Vorstellung von der Stadt Bamiyan machen können. Wir fuhren von dem Felsplateau hinunter in das Tal. Der Basar von Bamiyan war nichts weiter als eine gerade, staubige Straße, die links und rechts von maximal zweistöckigen Geschäften gesäumt war. Er machte einen trostlosen Eindruck. Später sollte ich erfahren, dass der historische Basar von Bamiyan während des Bürgerkrieges in den neunziger Jahren zerstört und niedergebrannt worden war. Ich bekam seine traurigen Ruinen zu Gesicht, die allerdings mehr Charme ausstrahlten als der neue Basar von Bamiyan. Unser Wagen zuckelte über die Straße. Die Läden wirkten heruntergekommen, zufällig zusammengewürfelt, ohne jede Anziehungskraft. Nirgendwo hätte ich einkehren wollen. Als ein Junge vor unserem Wagen mit einem Schlauch Wasser auf die Straße spritzte, als der Strahl wie eine Fontäne in die Höhe schoss, da wünschte ich mir, das Wasser träfe mich mitten ins Gesicht, damit ich mich von diesem deprimierenden Anblick erholen konnte. Natürlich war das ungerecht, denn für die Schiiten der Region war dieser Basar ein Ort pulsierenden, prallen Lebens. Hier wurde gefeilscht und gehandelt, hier wurde Arbeit geschaffen, hier wurden Geld umgesetzt, Waren verteilt, Gerüchte getauscht, Geschichten erzählt. Ich wusste das, aber ich sah und spürte das alles nicht, wie ich vermutlich vieles nicht sah und nicht spürte, weil ich mich kaum in die Lage dieser Menschen hineinzuversetzen vermochte. Sie schienen mir so fern. Alles an Afghanistan schien mir fern in diesem Augenblick. Die Nacht in dem Hotel, die Nacht, in der ich so unverhofft in einen tiefen, festen Schlaf gefallen war, hatte mich aus Bamiyan herauskatapultiert, und ich war auf einem anderen Planeten gelandet, von dem aus ich in großer Taubheit diesen Basar betrachtete. Ich hätte aus dem Wagen aussteigen, in das nächste Teehaus gehen sollen, um mich dort unter die Menschen zu mischen, und das Gefühl dumpfer Trostlosigkeit wäre schnell verflogen, denn die Menschen hier waren wie überall in Afghanistan gewiss gastfreundlich. Ich hätte nur lächeln müssen, sie hätten ihre harten und verschlossenen Gesichter sofort für mich geöffnet und mich auf diese Weise willkommen geheißen. Doch tat ich es nicht. Ich stieg nicht aus. Ich blieb im Inneren des Wagens, schaute zu, wie die Geschäftigkeit des Basars an mir vorbeizog, und ließ mich davon nicht berühren. Ich blieb auf meinem Planeten, den die Nacht mir zu meinem eigenen Schutz geschenkt hatte.

Nachdem wir den Basar verlassen hatten, steuerte Jamschid den Wagen durch eine Seitenstraße, die uns nach wenigen Minuten einen felsigen Berghang entlang führte. Die Straße war steinig und vom Regen ausgewaschen. Kurz vor unserem Ziel, einem nicht besonders auffälligen Haus, das umgeben war von einer Mauer, mussten wir aussteigen und zu Fuß weitergehen, da wir mit dem Wagen nicht weiterkamen. Wir hatten auf dem Weg hierher mehrmals gefragt, und die Auskünfte waren alle eindeutig und übereinstimmend gewesen.

»Wissen Sie, wo Herr Haji Mohammed Hussein wohnt?«

Jeder wusste es, jeder schien ihn zu kennen.

Wir klopften an das eiserne Tor. Es dauerte lange, bis jemand kam und uns öffnete. Ein misstrauisches Gesicht blickte uns aus dem Torspalt entgegen. Jamschid redete freundlich und lange. Dann wurden wir in den Hof eingelassen. Der Mann befahl uns in einem herrischen Ton, stehen zu bleiben. Das war ungewöhnlich, denn es entsprach nicht der sonst so ausgesuchten afghanischen Gastfreundschaft, Besucher im Hof eines Hauses warten zu lassen. Während wir minutenlang in der prallen Sonne standen, beschlich mich eine böse Ahnung.

Was machte ich bloß hier? Wie war ich nur auf die Idee gekommen, einen Kommandeur der Taliban zu besuchen, noch dazu auf Anraten eines Menschen, der mir keinerlei Vertrauen einflößte?

Jamschid stand etwas abseits von mir. Er machte ein grimmiges Gesicht. Zum ersten Mal bemerkte ich, wie jung er war. Ich hatte ihn immer älter geschätzt. Das lag an seiner tiefen, selbstsicheren Stimme. Doch war er gerade mal etwas über zwanzig Jahre alt. Auf seiner Stirn perlte Schweiß. Er hielt seine Augen starr auf die offen stehende Eingangstür des Hauses gerichtet. Kein Licht war im Eingang zu sehen. Es war vollkommen dunkel wie in einer Felsenhöhle. Jamschids Kiefermuskeln waren angespannt. Es war, als warte er darauf, dass aus dieser Höhle ein wildes Tier springen würde. Er bereitete sich auf einen Kampf vor. Ich wollte mich von dieser Szene ablenken und blickte mich im Garten um. Außer ein paar kraftlosen Sonnenblumen war nichts zu sehen. Die Erde war trocken und an manchen Stellen rissig. Schließlich blieb auch mein Blick am Eingang hängen. Das Dunkel des Hauses zog mich magnetisch an. Wir standen im prallen Sonnenlicht. Ich war mir sicher, dass wir beobachtet wurden, doch konnte ich niemanden erkennen. Stille umgab uns wie unsichtbares, dichtes Dickicht. Ich rief Jamschid an, doch er antwortete nicht. Er war erstarrt. Noch einmal versuchte ich mich von dem Hauseingang abzulenken, schaute hoch in den strahlend blauen Himmel, dann auf eine Felsenwand, die sich mit knotigem Rücken emporschwang, schließlich betrachtete ich die schlanken, grünen Silhouetten der Pappeln, die am Fuße der Felswand standen. Eine Brise fuhr vom Berg herab, ein Zittern durchfuhr die Pappeln, die Blätter begannen zu tanzen. Ich wartete darauf, dass der Wind über die Hausmauer in den Garten sprang, mich und Jamschid berührte und uns aus der Erstarrung löste. Der Wind jedoch kam nicht zu uns. Er blieb in den Kronen der Pappeln hängen. Wie zum Spott hauchte er den Bäumen fröhliches Leben ein, während wir hier inmitten kümmerlicher Sonnenblumen standen, auf harter, abweisender Erde, mitten in der prallen Sonne, ausgesetzt den Blicken, die uns aus den Tiefen einer Höhle aufmerksam verfolgten, gelähmt von Entsetzen. Ich wollte flüchten, davonlaufen, doch mein Körper gehorchte mir nicht. Flucht war nur ein Gedanke, ein abstraktes Etwas ohne konkrete Folgen. Ich blieb stehen.

Da trat ein Mann aus dem Eingang. Er war sehr groß. Ein schwarzer Turban saß auf seinem Kopf, ein schwarzer Bart fiel auf seine Brust. Es musste Haji Mohammed Hussein sein. Mit großen, federnden Schritten kam er eilig auf mich zu, gefolgt von zwei anderen Männern, die offensichtlich seine Gehilfen waren. Bevor er mich erreichte, kam Jamschid vorwärts und begann zu reden. Ich verstand nicht, was er sagte, doch es war mir, als bitte er um Verständnis für die Unannehmlichkeiten, die wir bereiteten, indem wir ohne jede Vorankündigung aufgetaucht waren. Haji Mohammed Hussein betrachtete Jamschid von oben herab. Was auch immer er sagte, in Haji Mohammed Husseins hochmütigem Gesicht bewegte sich keine Miene. Ich unterbrach Jamschid und bat ihn, meine Worte zu übersetzen. Es schien mir nicht angebracht, mich mit den üblichen Freundlichkeiten aufzuhalten. Haji Mohammed Hussein war tatsächlich aus dem Hauseingang gesprungen wie ein Tier, bereit, uns anzugreifen, da wir in sein Revier eingedrungen waren. Es schien mir besser, ihm mit offenem Visier zu begegnen.

»Ich habe gehört, Sie waren während der Zeit der Taliban ein Kommandeur?«

Er schaute mich mit dunklen Augen an. Obwohl er es zu verbergen suchte, merkte ich, dass ihn diese direkte Frage überraschte. Er wankte innerlich. Ich setzte nach.

»Ich bin hier, weil ich etwas über die Sprengung der Buddhastatuen erfahren möchte. Ich dachte, Sie könnten uns Auskunft geben.«

Auf diese geradezu frechen Fragen würde ich keine Antwort bekommen, doch darum ging es mir nicht mehr. Ich wollte ihn verwirren, um eine Möglichkeit zu haben, uns aus unserer misslichen Lage zu befreien. Nur darum ging es. Wir waren in Gefahr. Niemand außer dem Hotelbesitzer wusste, dass wir hier waren. Als Haji Mohammed Hussein aus dem Haus gesprungen war, war mir mit einem Schlag klar geworden, warum er uns im Hof hatte warten lassen. Er überlegte, was er mit uns machen sollte. Darum beobachtete er uns aus dem Dunkel heraus. Ich war mir nicht sicher, ob er einen Entschluss gefasst hatte, doch versuchte ich möglichst selbstbewusst aufzutreten, damit er das Gefühl bekäme, er hätte jemanden vor sich, der mit der Unterstützung anderer handelte. Denn so wenig ich über seine Absichten wusste, so wenig konnte er mit letzter Sicherheit wissen, wen ich über meinen Besuch hier informiert hatte. Haji Mohammed Hussein wollte keine Schwierigkeiten. Denn er lebte als ehemaliger Taliban, als Paschtune, inmitten von Schiiten. Er war auf ihre Nachsicht angewiesen. Es war für ihn ratsam, sich unauffällig zu verhalten.

»Wer hat behauptet, dass ich Kommandeur war?«, fragte er mich schließlich über Jamschid, den er keines Blickes würdigte.

»Das sagen viele Leute in der Stadt.«

Er schwieg.

»Ich habe gehört, dass ein pakistanischer Sprengmeister an der Sprengung der Buddhas beteiligt war. Stimmt das?«

Ich merkte, dass er sich beherrschen musste. Gleichzeitig rasten ihm widersprüchliche Gedanken durch den Kopf. Da stand dieser Besucher vor ihm und bewarf ihn mit Fragen, die zu stellen ein Frevel waren. War er nur dumm oder führte er etwas im Schilde? Was wusste er? Handelte er im Auftrag oder war er wirklich nur allein gekommen, wie ein Vieh, das sich freiwillig zur Schlachtbank begibt?

»Wer behauptet das?«, fragte er.

»In der Stadt höre ich das«, antwortete ich.

»Sie sind hier in meinem Haus«, er kochte vor Wut. Ich rechnete damit, dass er mich nun hinauswerfen wollte, worüber ich sehr froh war, denn ich wollte nichts wie weg. »Ich weiß nicht, wer Sie hergeschickt hat. Ich weiß auch nicht, was Sie von mir wollen. Doch kann ich Ihnen nicht helfen. Ich bitte Sie, mein Haus zu verlassen!«

Noch einmal setzte ich nach.

»Ich dachte, Sie könnten mir helfen. Die Leute behaupten, Sie wüssten vieles über die Sprengung.«

»Nein, ich kann Ihnen nicht helfen.«

»Schade!«, sagte ich schnell. »Ich danke Ihnen trotzdem, dass Sie mich empfangen haben.« Ich streckte meine Hand aus. Er drückte sie fest. Dann drehte ich mich um und verließ den Hof. Jamschid trottete hinter mir her. Wir liefen zu unserem Wagen und fuhren eilig davon.

Am selben Tag sah ich, was von den Buddhastatuen übrig geblieben war. Die riesigen in das Felskliff gehauenen Hüllen und ein großer Haufen Trümmer, die unter einem weit gespannten Blechdach gesammelt waren. Es gab den Plan, die Statuen so weit wie möglich wiederherzustellen. Jedes einzelnes Trümmerstück war daher mit einer Nummer versehen. Ein gewaltiges Puzzle, das zusammenzusetzen eine Aufgabe von Jahren war, wenn sie überhaupt je gelingen sollte. Es war nicht einmal sicher, ob alle Teile der Buddhastatuen eingesammelt werden konnten, denn manche waren so klein, dass sie nicht zu unterscheiden waren von dem Geröll, das am Fuß des Felskliffs lag. Ich betrachtete den Haufen nummerierter Trümmerstücke. Wer hatte nicht alles mitgewirkt, damit diese Statuen überhaupt erst gebaut werden konnten? Welche Kräfte hatten da jahrhundertelang zusammengewirkt, damit sie zu ihrer majestätischen Form finden konnten? Wie viel Wissen, Glauben, Hoffen war in ihnen zusammengeflossen und hatte eine feste Form gefunden? In diesen Trümmern fanden sich Spuren des Feldzuges von Alexander dem Großen, die Kunstfertigkeit griechischer Baumeister, die ihr Handwerk in Athen gelernt hatten, die Gebete buddhistischer Mönche, die sich wie ein einziger zusammenhängender Klang durch die Jahrhunderte zogen; in diesen Trümmern war die Gewissheit der Menschheit verborgen, dass sie sich über die Schrecken dieser Erde erheben konnten, um dem Schönen und dem Guten zu dienen. Während ich sie betrachtete, fielen mir die Bilder von der Sprengung ein, die am 11. März 2001 in den Nachrichtensendungen übertragen worden waren. Man sah, wie Taliban einen Zünder betätigten, dann gab es einen Knall, und eine Fontäne aus Staub und Steinen schoss aus dem Felskliff und vernebelte den Blick. Danach war nichts mehr übrig von den Statuen. Damals schien das wie eine unbegreifliche Barbarei, die jedoch bald unterging in dem täglichen Nachrichtengetöse. Die wenigsten Menschen im Westen wussten, was es mit den Buddhastatuen auf sich hatte, die wenigsten hatten eine Ahnung davon, dass mit ihrer Sprengung auch ein Teil europäischer Geschichte zerstört worden war. Das Ausmaß dieses kulturellen Verbrechens blieb den meisten Menschen verborgen.

Die Taliban hatten mehrmals versucht, die Buddhastatuen zu sprengen, doch war es ihnen nicht gelungen. In ihrer rasenden Wut hatten sie auch mit Fliegerabwehrkanonen auf die Statuen geschossen. Doch sie blieben unbewegt. Gleichmütig ertrugen sie die Verletzungen, die ihnen zugefügt wurden. Wie seit Jahrhunderten blickten sie hinunter auf das Tal. Die selbsternannten Gotteskrieger schleppten nun in ihrem anschwellenden Zorn Granaten, Minen, Bomben herbei. Sie häuften alles zu Füßen der Statuen an, bis sie sich sicher waren, diese Götzen beim nächsten Versuch zerstören zu können. Ob es diesen Sprengmeister aus Pakistan gegeben haben mag? Wenn ja, was mochte er gedacht haben, als er die Taliban beriet, die Sprengkraft der angesammelten Munition abschätzte und schließlich mit einem Nicken beschied, dass es nun genug sei, dass es nun reichen würde, um die Buddhas in Sekundenbruchteilen zu Staub zerfallen zu lassen? Welche Befehle hatte er? Wie gerne ich mit ihm geredet hätte. Vielleicht hätte er mir eine Antwort darauf geben können, wie es sich anfühlt, wenn man in Sekunden Tausende Jahre Geschichte vernichtet.

5

Noch immer halte ich meinen Finger auf der Karte, auf Bamiyan. Als ich ihn anhebe, stelle ich fest, dass der Name da steht. Das erscheint mir nicht selbstverständlich. Während mir die Erinnerungen an meine erste Reise nach Bamiyan gekommen waren, beschlich mich das Gefühl, dass auch der Name Bamiyan so wie die Buddhastatuten einfach von meiner Karte verschwinden könnte. Alles ist in diesem Land möglich. Dieser Satz geht breitbeinig durch meinen Kopf wie eine Gewissheit. Ich ärgere mich darüber, weil er nichts weiter ist als eine von diesen als Wahrheit verkleideten Banalitäten, die dem westlichen Publikum, das nach Verständnis um Afghanistan ringt, angeboten werden.

Als Malcolm, der Geologe, das Wort Bamiyan mit solch großer Ehrfurcht aussprach, verneigte er sich vor der Geschichte dieser Stadt. Es war eine schöne, eine in ihrer unprätentiösen Art angemessene Geste. Doch scheint mir Bamiyan, obwohl es Jahrtausende überlebt hat, fragil und zerbrechlich zu sein, eine zarte Pflanze geradezu, die hinter betörender Schönheit ihre große Verletzlichkeit verbirgt. Die Taliban mussten mehrere Anläufe nehmen, um die Statuen zu zerstören, doch das lag mehr an ihrer Inkompetenz als an der Widerstandskraft des Materials. Es brach kein Proteststurm los, als der Frevel begangen wurde, weder in Bamiyan noch irgendwo sonst auf der Welt. Freilich, wo sollten die Einwohner Bamiyans die Kraft zum Widerstand auch hernehmen? Sie waren blutig unterworfen worden. Außerdem nahmen die Buddhastatuen in ihrem kollektiven Bewusstsein keine besondere Stellung ein. Sie mögen Heiligtümer gewesen sein, doch sie sprachen nicht zu den Seelen der

Bewohner, die einem anderen Glauben anhingen, dem Islam. Die Buddhastatuen von Bamiyan, das Symbol kultureller Verschmelzung, liegen mitten in einer Landschaft, die ihnen keinen Schutz bot. Die Stadt Bamiyan wuchs zu ihrer Bedeutung, weil sie an der Seidenstraße lag. Sie bezog ihre Kraft aus dem Handel zwischen Europa und dem Orient, nicht aus der unmittelbaren Nachbarschaft.

Ich fahre mit dem Finger auf meiner Karte die Straße lang, den nächsten Orten entgegen: Yawkalang, Panjao, Waras, Sang-e-Talkh. Unbekannte Namen, deren Licht nicht wie das von Bamiyan durch die Jahrhunderte leuchtet. Es sind dunkle Punkte in einem dunklen Land. Sie waren nie im Licht der Geschichte aufgetaucht. Zwei Namen sind auf meiner Karte eingekreist, Sang-e-Talkh und Yawkalang. Als ich die Gelegenheit hatte, war ich aus dem Gefühl heraus dorthin gefahren, dass es entscheidend sei zu verstehen, was an diesen scheinbar geschichtslosen Orten geschieht. Denn hier drehten und wirbelten Tausende kleine Strudel, die zusammen einen gewaltigen Sog entwickeln und alles mit sich in die Tiefe ziehen könnten. Der Boden unter den Füßen war in den Provinzen brüchiger als anderswo. Darum war ich nach Sang-e-Talkh gefahren.

Das kleine Flugzeug hob ruckelnd vom Kabuler Flughafen ab und nahm Kurs auf Bamiyan, wo ein geländegängiger Wagen auf uns wartete, der uns weiterbringen würde nach Sang-e-Talkh, einen Marktflecken in der Provinz Day Kundi. Summend stiegen wir hoch in den Himmel. Eine Zeit lang konnte ich noch den Schatten unserer Maschine sehen. Er strich über die Bergrücken, flackernd, zitternd, wie jemand, der kurz davorsteht, eine Mutprobe zu bestehen, und dessen Körper bebt vor Angst und Aufregung. Erst als der Schatten sich aufgelöst hatte, glaubte ich, dass wir tatsächlich flogen. Die Berge unter uns schimmerten in allen Farben: braun, beige, gelb, schwarz, rot, grün; wie ein steinerner, stacheliger Teppich lagen sie da, gemacht für anspruchslose Riesen, nicht aber für Menschen, die dort nur leben konnten, wenn sie sich tief in die nassen Falten dieses Gebirges duckten. Sie waren geduldete Gäste, die jederzeit wieder aus diesem Reich verwiesen werden konnten. Der Flug dauerte keine Stunde, dann stürzte die Maschine auf die Berge zu, die uns gleichgültig ihre steinernen Gesichter entgegenstreckten. Wir konnten erst auf einer flachen Anhöhe außerhalb Bamiyans landen, nachdem ein paar Männer das Rollfeld abgeschritten und von größeren Steinen gesäubert hatten. Während wir noch über das Flugfeld fuhren, sah ich mehrere Jungen am Rande des Feldes. Sie versuchten, dem Flugzeug nachzulaufen. Ihre Kleider flatterten im Wind, ihre Körper waren nur schemenhaft zu erkennen, da sie eingehüllt waren von dem Staub, den die Propeller aufwirbelten. Als ich ausstieg, kniff ich die Augen unwillkürlich zusammen, so stark war das Sonnenlicht. Ich stolperte halbblind ein paar Schritte auf das Rollfeld, blieb dann stehen und öffnete langsam die Augen. Da sah ich einen Jungen vor mir stehen. Er betrachtete mich mit großen Augen und ernster Miene. Er war einer derjenigen gewesen, die dem Flugzeug nachgelaufen waren. Auf seinem Gesicht lag eine Schicht Staub, in seinen Haaren war Staub, seine Kleider waren bedeckt damit, und die Sandalen, die er trug, schienen sich schon in Staub aufgelöst zu haben. Ich lächelte, doch er starrte mich regungslos an wie einen Außerirdischen, den es hierher verschlagen hatte. Ich wandte mich kurz ab, um nach meinen Mitreisenden zu sehen, und als ich mich wieder umdrehte, war der Junge verschwunden. Ich blickte in alle Richtungen, doch sah ich ihn nicht mehr. Es bleibt mir bis heute unerklärlich, wie er es geschafft hatte, zu verschwinden, ohne dass ich es bemerken konnte. Wenn jemand behauptete, er sei vom Erdboden verschluckt worden, ich glaubte es sofort, weil ich dieser Erde alles zutraue. Sie hat Imperien verschlungen. Sie hat siegesgewisse Armeen zu sich in die Tiefe gezogen. Nie wieder sind sie aufgetaucht. Es gibt Menschen, die erzählen, man könne das Klagen der zahllosen Soldaten, die im Laufe der Jahrhunderte hier verschwunden sind, noch heute aus dem Inneren der Erde hören. Man müsse nur das Ohr anlegen auf diesen afghanischen Boden. Und die Hitze der Steine im Sommer, das sei nichts anderes als der Todesschmerz der hier Gestrandeten, ihr letztes Aufbäumen, das letzte Stückchen Leben, das in ihnen glühte, bevor es verlosch; und die Kälte, die im Winter die Felsen zum Knacken bringt, das sei die Todesangst, welche die Soldaten erstarren ließ, kurz bevor sich der Boden unter ihren Füßen öffnete. Die Katastrophe kam für diese Unglücklichen nicht plötzlich, sie kündigte sich an, durch leise Erschütterungen, durch ein Beben und ein Zittern, ein Knirschen und ein Knarzen, das sich unter ihren Füßen ausbreitete, die ganz wund waren vom Marschieren durch das unwirtliche, giftige Land. Die Soldaten wurden bedrängt von den schlechten Nachrichten, die sie aus allen Landesteilen erreichten. Tag um Tag, Stunde um Stunde verdichteten sie sich zu einem dunkel drohenden Chor, der ihnen ihr Ende voraussagte. Sie stellten sich vergeblich taub. Die Offiziere versuchten, den anschwellenden Todesgesang zu übertönen mit herausgeschrieenen Parolen: Durchhalten! Durchhalten! Durchhalten! Doch die Soldaten ließen die Waffen fallen und pressten verzweifelt die Hände flach an ihre Ohren. Da öffnete sich der staubige Schlund und zog sie nach unten. Nichts half mehr, kein Schreien, kein Jammern, kein Strampeln und kein Rudern. Ihr Schicksal war besiegelt, ganz egal, woher sie kamen, aus England, Russland, Persien oder Griechenland, egal, wer sie anführte, ganz egal, zu welchem Zwecke sie hier waren – ihr Leben versickerte wie Blut im Sand. Wenn das alles möglich war, warum sollte dieser Junge nicht auch auf diese Weise verschwunden sein? Warum sollte uns das nicht passieren? Ich bewegte mich auf unsicherem Boden.

Sang-e-Talkh liegt eine Tagesreise von Bamiyan entfernt. Die Straße führt über einen hohen Pass, den unser Wagen heulend wie ein wildes Tier erklomm. Im Winter ist der Pass tief verschneit. Wer sich nicht rechtzeitig mit genügend Nahrung versorgen kann, muss Hunger leiden, weil keiner über die Berge kommen kann, um zu helfen. Sang-e-Talkhs Bewohner warten nicht auf Ereignisse, sie warten auf den Wechsel der Jahreszeiten, auf das Ende des Winters, auf die ersten warmen Sonnenstrahlen, auf das Blühen der Bäume und vor allem warten sie auf das Wasser, von dem ihr Leben abhängt. Sang-e-Talkh, könnte man sagen, hat keine Geschichte, der Ort kennt nur die ereignislose, dahinfließende Zeit. Manchmal jedoch geschieht doch etwas, das wir als »Geschichte« bezeichnen können, zum Beispiel wird ein Krankenhaus eröffnet. Der Eröffnung beizuwohnen, das war der Grund für meine Reise. Ein Krankenhaus? Was ist das schon, könnte man einwenden. Lohnt es sich, deswegen eine so lange, beschwerliche Reise auf sich zu nehmen? Es lohnte sich, denn dieses Krankenhaus war der größte Bau, den Sang-e-Talkh je erlebt hatte. Wenn man möchte, ist seine Bedeutung für Sang-e-Talkh so einschneidend wie der Bau des Eiffelturms für Paris oder die Neugestaltung des Reichstages für Berlin. An diesem Tag werden sie alle kommen nach Sang-e-Talkh, die Mächtigen und die weniger Mächtigen des Ortes – und so wird die Geographie dieser Gemeinschaft offen zutage liegen, die Stränge, die sie verbinden, die Abgründe, die sie trennen, die Kontrahenten, die ihre Kräfte messen. Das hoffte ich sehen zu können.

Sang-e-Talkh ist auf den ersten Blick nicht mehr als eine ungeteerte Straße, die links und rechts von Läden und Teehäusern gesäumt wird. Die Bedeutungslosigkeit dieses Ortes sprang mir regelrecht ins Gesicht, sie zeigte sich in den schweren, gleichmäßigen Schritten, mit denen die Passanten über die Straße gingen, sie war sichtbar in den vor Schmutz starrenden Eseln, die mit gesenkten Köpfen Karren zogen, sie offenbarte sich in schmerzender Weise in den Männern, die vor dem Teehaus herumlungerten und warteten, dass auf dieser Straße, auf der nie etwas geschah, doch endlich etwas geschehe. An diesem Tag geschah etwas. Die Eröffnung des Krankenhauses wirkte wie ein Magnet. In großer Zahl kamen die Bewohner zusammen. Männer, Frauen, Jugendliche, Kinder liefen aus ihren Weilern, Höfen und Häusern herbei. Die Klinik lag etwas außerhalb des Zentrums, wenn man die Ansammlung von Läden überhaupt als Zentrum bezeichnen kann. Auf der Straße dorthin sahen wir Familien, die sich aufmachten, um dem Ereignis beizuwohnen, vielleicht aber dachten sie auch, sie könnten sich heute schon behandeln lassen. Die Klinik war von einer steinernen Mauer umgeben. Der Verputz schimmerte feucht in der prallen Sonne. Das große, eiserne Tor stand offen, als wir ankamen. Polizisten kontrollierten mit ernsten Mienen jeden, der hineinging. Im weiten Innenhof saßen bereits zahlreiche Gäste. Mehrere Schulklassen, die offensichtlich für die Eröffnung abkommandiert worden waren, kamen durch das Tor. Die weißen Kopftücher der Mädchen leuchteten so hell in der Sonne, dass man den Blick unwillkürlich abwendete. Die Lehrer ermahnten die Kinder, ruhig zu sein, was gar nicht nötig schien, denn sie folgten allen Anweisungen ohne Murren. Sie setzten sich nicht weit von einem erhöhten Rednerpult auf den Boden. Die Gäste hockten sich in der brennenden Sonne auf die Erde und warteten. Es war die allererste Klinik Sang-e-Talkhs. Die Kranken und Verletzten mussten in Zukunft nicht mehr über die Berge, um sich behandeln zu lassen, sie konnten hierherkommen. Die freudige Erwartung war mit Händen zu greifen, die Neugier und Spannung darüber, was nun geschehen würde. Bei all ihrem praktischen Wert hatte die Klinik auch symbolische Macht. Wer immer sich bei der Eröffnung auf der Bühne zeigen konnte, wem es gar gelang, eine Rede zu halten, der signalisierte seiner Gemeinde, dass er Einfluss hat, der begründete einen politischen Anspruch. Es war der Moment, in dem die Konturen der Macht sichtbar wurden. Die Honoratioren des Dorfes, die weltlichen und geistlichen Würdenträger, sie würden sich bald zeigen. Trotz aller Feierlichkeit des Moments herrschte Unruhe unter den Menschen. Denn in den Tagen zuvor hatten zwei Männer einen Kampf ausgetragen, der eine hieß Mohammed Akram Jakubi, der andere Scheich Hassan Akbari. Der Ausgang dieser Auseinandersetzung würde für das Schicksal Sang-e-Talkhs ganz wesentlich sein. Jakubi oder Akbari – spätestens bei der Eröffnungsfeier würde man wissen, wer den Machtkampf gewonnen hatte.

Als ich davon hörte, suchte ich Mohammed Akram Jakubi auf, am Tag vor der Eröffnung des Krankenhauses. Ich hatte noch Zeit, um zu begreifen, was die Menschen von Sang-e-Talkh beunruhigte. Jakubi wohnte nicht weit vom Basar der Stadt, am Abhang eines Berges. Vor seinem bescheidenen Haus plätscherte ein Flüsschen, das Weizen- und Kartoffelfelder bewässerte. Jakubi erwartete uns an der Türschwelle und geleitete uns dann in einen kühlen, angenehmen Gästeraum, wo er Tee servieren ließ. Sein Gesicht war voller Falten. In dem harten Kontrast aus Licht und Schatten, der im Gästezimmer herrschte, sah er aus wie eine Mumie. Er saß aufrecht da und blickte uns regungslos an. Nach dem Sturz der Taliban hatte sich Jakubi um seine Gemeinde verdient gemacht. Die internationale Gemeinschaft war damals zwar mit dem Versprechen ins Land gekommen, die Demokratie einführen zu wollen. Doch für Sang-e-Talkh und die Provinz Day Kundi bedeutete das nichts. Die Kriegsherren gingen wie immer ihrem Geschäft nach. Sie raubten, plünderten, vergewaltigten und mordeten. Es war keiner da, der ihnen in den Arm fiel. Keine afghanische Armee, keine Polizei, keine Truppen der Nato. Trotzdem, das Ende der Taliban und das Versprechen des Westens nährten den Glauben, dass eine neue Zeit angebrochen sei. Jedenfalls bei Jakubi. Er wollte die Chance nutzen.

Als Jakubi mit langsamen, gemessenen Worten zu erzählen begann, entfaltete sich das ganze verwirrende Tableau afghanischer Intrigen. Sie wirkten zunächst wie bedeutungslose Dorfgeschichten. Eine Auseinandersetzung wie diese fand nicht den Weg in die großen Nachrichten. Auch in Kabul beschäftigte sie nicht mehr als ein paar Eingeweihte. Doch nach und nach entdeckte ich, dass sich in diesen Geschichten die Richtung spiegelte, die das ganze Land nahm. In Sang-e-Talkh nämlich kämpfte das neue gegen das alte Afghanistan, das Afghanistan, das keinen Krieg mehr wollte, gegen das Afghanistan, das ohne Krieg nicht leben konnte.

»Da die Gesetzlosigkeit nach dem Sturz der Taliban nicht aufhörte, setzte ich einen Protestbrief auf«, berichtete Jakubi. »Ich überzeugte die anderen Ältesten, ihn zu unterschreiben.«

Mit dem Brief in der Tasche fuhr Jakubi an der Spitze einer Delegation nach Kabul. Sie suchten die großen, einflussreichsten Kriegsherren der Schiiten auf, Abdul Karim Khalili und Mohammed Mohaqiq. Die beiden waren über Nacht zu wendigen Politikern geworden. Sie saßen in ihren schicken Kabuler Büros, redeten über Demokratie und hielten für alle Fälle ihre Milizen unter Waffen. Sie hatten in Sang-e-Talkh immer noch Kontrolle über kleinere und größere Kriegsherren. Khalili und Mohaqiq – die beiden waren bittere Kontrahenten. Doch im Zeichen der neuen Zeiten hatte sie einen Burgfrieden geschlossen. Außerdem waren die Futtertröge, die nun mit Hilfe des Westens in Kabul eingerichtet wurden, groß genug für alle. Khalili war zum Vizepräsidenten Afghanistans aufgestiegen, Mohaqiq war Minister geworden. Es gelang Jakubis Delegation, die beiden zu überzeugen, ihren Kommandeuren in der Provinz Day Kundi die Zügel anzulegen. Auch für einen afghanischen Kriegsherrn durfte die Spanne zwischen hehren Worten und blutigen Taten nicht allzu groß sein. Das wusste Jakubi. Das nutzte er. So kehrte in Sang-e-Talkh der Friede ein. Die Menschen dankten es Jakubi. Bald nach seiner Rückkehr aus Kabul wurde er zum Vorsitzenden der Schura, der Ältestenversammlung Sang-e-Talkhs bestimmt. Er hatte die neue Zeit genutzt, die Versprechen auf Frieden ernst genommen und ihn erfolgreich eingefordert.

»Es waren gute Zeiten!«, sagte Jakubi. Die Armut blieb freilich unverändert, doch verschwanden die Milizen mit ihren Kalaschnikows. Das Morden nahm ein Ende. Die keimende Hoffnung der Menschen ließ sich in Zahlen ausdrücken. Mehr als neunzig Prozent der Bewohner der Provinz nahmen an Parlamentswahlen teil, den ersten freien Wahlen in Afghanistan überhaupt. Die Menschen hatten Vertrauen geschöpft. Jakubi hatte bewiesen, dass sich wirklich etwas ändern konnte, wenn man nur aktiv wurde und die feierlichen Versprechen des Westens ernst nahm. Die Wahlen in Day Kundi gewann Mohammed Mohaqiq, mit einer Zustimmungsrate von 83 Prozent der abgegebenen Stimmen. Das freilich gefiel seinem Gegner Khalili nicht, doch was sollte er tun? Er musste das Ergebnis akzeptieren. Außerdem war die Provinz nicht wirklich von Bedeutung. Früher, während des Bürgerkrieges und während der Herrschaft der Taliban, konnte Day Kundi als Rückzugsraum für Kriegsherren dienen. Sie war eine Bergfestung, in die man zur Not flüchten konnte, um sich dort zu erholen, zu Kräften zu kommen und die eigenen Milizen neu zu gruppieren. Die Taliban hatten hier nie die volle Kontrolle erreicht. Doch jetzt, nach dem Sturz der Taliban, spielte sich das große Spiel in Kabul ab. Dort floss das Geld. Dort war die Macht zu Hause. Day Kundi spielte keine Rolle mehr – vorerst.

Bei dem großen Fressen, das in Kabul nach der Befreiung ausbrach, war auch ein Mann namens Scheich Mohammed Akbari dabei. In Day Kundi erinnerten sich die Menschen an Akbari als einen grausamen Kommandeur, der sich für seine Milizionäre Mädchen einfach nahm und nicht davor zurückschreckte, die Väter zu töten, wenn sie sich wehrten. Akbari hatte eine Stelle im Verteidigungsministerium ergattert. Das war für ihn nicht schwer gewesen, denn er war ein Parteigänger Khalilis. Doch verlor Akbari seine Stelle. Jemand hatte ihn verdrängt. Der Kommandeur kehrte zurück nach Day Kundi, vermutlich im Auftrag oder mit Zustimmung seines Herrn Khalili. Immerhin hatte Khalili bei den Wahlen sein Stammland an Mohaqiq verloren. Das konnte er sich auf Dauer nicht bieten lassen. Auch wenn Day Kundi nichts weiter war als ein bitterarmes, bergiges Hinterland, sein »Verlust« konnte doch einen erheblichen symbolischen Schaden für Khalili mit sich bringen. Akbari konnte helfen, das verlorene Terrain wieder zurückzugewinnen. Die Gelegenheit würde kommen.

Am Abend vor der Eröffnung der Klinik landete Akbari seinen ersten Coup. Dutzende Männer versammelten sich im Raum der

Schura, hockten da mit einer Mischung aus Neugier und Erwartung in ihren Gesichtern. Der Leiter des Büros von Caritas International war angesagt, der Organisation, welche die Klinik finanziert hatte. Es war Zeit, ihm zu danken. Das Wort führte kein Geringerer als Scheich Mohammed Hassan Akbari. Einer seiner Gefolgsleute stellte ihn als den Schura-Vorsitzenden vor. Keiner widersprach, auch nicht Jakubi, der wirkliche Vorsitzende. Denn er wusste, dass Akbari die Versammlung mit eigenen Leuten durchsetzt hatte. Was hier geschah, war ein Putsch in aller Öffentlichkeit. Akbari redete mit bedeutungsvollen Worten: »Die Klinik ist ein erster wichtiger Schritt. Sie wird unseren Kindern und unseren Frauen helfen ...«, dann redete er sich hinein in seine neue, selbst gewählte Rolle des Schura-Vorsitzenden. Es war gar nicht wichtig, was er sagte. Er hatte seinen Anspruch deutlich gemacht. Keiner hatte sich widersetzt. Die Sitzung ging bald zu Ende, draußen dunkelte es. Die Männer machten sich auf den Weg.

Die Nacht vor dem großen Tag in Sang-e-Talkh brach an. Der Mond stand rund am Himmel und schüttete silbriges Licht über die Berge aus. Es war eine Nacht, in der man nicht schlafen wollte. Es war eine Nacht, in der viele in Sang-e-Talkh unruhig waren. Ein Flüstern ging durch die Häuser. »Akbari ist zurück! Akbari ist zurück!« Manchem lief ein Schauer über den Rücken, denn wenn Akbari zurück war, brachen die Zeiten der Kalaschnikows wieder an. Sang-e-Talkh mag von Afghanistan abgeschlossen sein, doch haben die Menschen hier einen sechsten Sinn für die Verschiebung der Machtverhältnisse im Land entwickelt. Sie hatten bei den Wahlen für Mohammed Mohaqiq gestimmt, doch nun kam ein Mann Khalilis nach Sang-e-Talkh und übernahm das Zepter. Einen Tag vor der Eröffnung der Klinik putschte er den Vorsitzenden der Schura, den verdienten Jakubi, aus dem Amt. Wie sollten die Menschen glauben können, dass ihre Stimme etwas zählte? Wie sollten sie denken, dass die Demokratie sie schützen konnte, wenn sie nur wählen gingen? War dieser Putsch nicht der Beweis dafür, dass Gewalt das einzig Entscheidende war?

Akbari hielt bei der Eröffnung der Klinik keine Rede. Vielleicht wäre das zu viel gewesen an Provokation, doch wahrscheinlich war es gar nicht mehr nötig, dass er auf die Bühne trat. Akbari ging selbstsicher auf dem Gelände der Klinik umher. Er gab den Menschen Gelegenheit, ihn zu sehen. Sie sollten wissen, dass er nun das Sagen hatte. Er hatte Jakubi verdrängt. Ein deutliches Zeichen dafür war, dass dieser nicht gekommen war. Er blieb auf seinem Bauernhof, murrend, verletzt, ein Zeichen des Protestes setzend.

»Nein«, sagte er zu mir, »ich gehe da nicht hin. Was soll ich da?«

Ich verabschiedete mich von ihm. Er ging mit mir zur Tür. Draußen plätscherte das Wasser des Flüsschens. Die Sonne schien. Ich wollte noch einmal versuchen, ihn umzustimmen Doch dann blickte ich in sein maskenhaftes Gesicht. Ob er mir die Wahrheit erzählt hatte? Ich konnte es nicht mit Gewissheit sagen. Doch etwas später, bei der Eröffnung der Klinik, traf ich seinen Widersacher Scheich Hassan Akbari. Wir setzten uns in das Wärterhäuschen der Klinik. Es roch nach frischer Farbe. Tee wurde gebracht. Akbari wirkte sehr entspannt. Ich fragte ihn nach Jakubi.

»Ach ja, diese Geschichte!«, sagte er nur beiläufig. Dann bestätigte er, dass er den Sturz Jakubis veranlasst hatte.

»Warum haben Sie das gemacht?«

»Weil er nicht populär ist«, antwortete Akbari knapp. Dann schilderte er mir im Detail, wie er im Distrikt Leute mobilisiert habe. Er habe einen Brief verfasst, in dem der Rücktritt Jakubis gefordert wird. Dann sei er nach Kabul gefahren, um sich den Segen Khalilis zu holen. Schließlich trat er in Sang-e-Talkh in Aktion. Jetzt war er an seinem Ziel angelangt. Alles an diesem Mann verströmte Selbstzufriedenheit. Lange blieb ich nicht bei Akbari, denn er war mir unangenehm. Er hatte etwas Lauerndes, wie ein Wolf, der auf ein Zeichen der Schwäche wartet, um zuzupacken. Er war satt in dem Moment, als ich ihn traf, und ich wollte ihn nicht erleben, wenn er hungrig wurde.

Jakubi gegen Akbari – eine Dorfgeschichte, zweifellos. Doch sie unterhöhlte das große Gebäude, das für Afghanistan errichtet werden sollte. Als wir wieder nach Bamiyan zurückflogen, überlegte ich, wie viele solche Machtkämpfe sich in diesem weiten Land wohl zutrugen. Tausende täglich. Als ich auf das Land unter uns blickte, auf die hell sich abzeichnenden Straßen, sah ich Hunderte Männer mit Briefen in der Tasche nach Kabul fahren. Hunderte Männer, die sich in Kleinbussen auf den Weg gemacht hatten, um ihre Eingaben,

Klagen, Bitten vorzubringen. Ich sah sie in Kabul beharrlich an Türen klopfen, in Vorräumen stundenlang warten, ich sah, wie sie sich verbeugend einem Mächtigen nähern, der sie freundlich empfing, ich sah, wie sie schließlich glücklich oder enttäuscht die große Stadt Kabul wieder verließen, um zurückzukehren in ihre vergessenen Provinzen, wo sie weiter die Kräfte mit ihren Gegnern maßen. Ein dumpfes, erbarmungsloses Ringen war im Gang, überall in diesem Land da unten, zu jeder Tages- und Nachtzeit. Die Gegner verbissen sich ineinander, drehten sich immer tiefer hinein in den Abgrund.

6

Zu meinen »Verbündeten« in meinem Hotel zählt ein schwarzer Schwede, den ich immer nur, egal bei welchem Wetter, in einer dicken roten Jacke sehe, auf der die schwedische Flagge prangt. Er ist Ingenieur und repariert Brücken, glaube ich. Doch genau kann ich es nicht sagen, denn er murmelt und nuschelt, sodass ich nicht einmal verstehe, wann er Schwedisch spricht und wann Englisch. Er dürfte über fünfzig Jahre alt sein, und seinem Gesicht nach zu schließen, hat er vieles auf dieser Welt gesehen. Ich habe mehrmals versucht, mit ihm über Afghanistan zu diskutieren, doch ist so eine Diskussion nie recht zustande gekommen. Sie versackte in seinem dahergenuschelten Unwillen, über Politik überhaupt zu reden.

»Ich repariere Brücken, nicht Regierungen!«

Diesen Satz glaube ich aus seinem Mund gehört zu haben. Er gefiel mir, auch wenn er nicht dazu beitrug, dass wir uns näher kamen. Doch schien er mir recht deutlich die Position Hunderter Männer und Frauen zu beschreiben, die nach Afghanistan gekommen waren, um es gegen gutes Geld wieder auf die Beine zu bringen. Weder nach links noch nach rechts blicken – den Auftrag erfüllen, der Rest wird sich von alleine ergeben. Es war die Borniertheit eines Ingenieurs, der seine Arbeit wegen des Geldes macht und nichts weiter damit verbindet, doch diese Haltung war weiter verbreitet, als man gemeinhin dachte. Brücken, Straßen, Schulen, Krankenhäuser müsste man nur in ausreichend großer Zahl bauen, und die Afghanen würden von selbst die Vorteile erkennen, unter der wohlwollenden schützenden Hand des Westens zu leben, dass sie nie wieder auf den Gedanken kämen, die Taliban zu unterstützen. Das ist die tragende Idee westlicher Hilfe. Sie setzt auf Quantität, auf materielle Überlegenheit. Es scheint logisch, dass die dreiundvierzig reichsten Länder der Welt eines der ärmsten Länder der Welt mittels massiver Hilfe wieder aufrichten können. Es ist der Optimismus der Milliarden.

Es gibt einen jungen Amerikaner in meinem Hotel, der noch mehr als der Schwede ein Repräsentant dieser Überzeugung ist. Er heißt John und hat so leuchtende Augen, dass man sie bei Stromausfall als Taschenlampen benutzen könnte. Er entspricht ganz und gar dem Klischee, das man von einem jungen Amerikaner hat. Ich habe mich sehr lange bemüht, in ihm mehr zu sehen als den ewig begeisterten, ewig optimistischen, ewig belehrenden Dummkopf, doch ist mir das nicht gelungen. Wenn er von seiner Arbeit für eine humanitäre Nicht-Regierungs-Organisation spricht, blitzen seine Augen regelrecht auf. Er steigert sich in einen nicht enden wollenden Redeschwall hinein, und man hat den Eindruck, dass er Afghanistan wirklich liebt, bis man merkt, dass er eher über seine eigenen Sehnsüchte spricht als über die Realität in diesem Land. Ihm steht der Sinn nach Abenteuer, nach Menschenbeglückung. Die Welt scheint ihm voller Möglichkeiten, ein Versprechen, das Afghanen für ihn einlösen sollten. Sie waren seine Projektionsfläche. »Wir müssen hier von Null anfangen. Das musst du dir klar machen: von Null!« So lautet der Refrain des jungen Amerikaners. Afghanistan ist für ihn ein Blatt weißes Papier. Und er will daran gehen, seine Handschrift zu hinterlassen.

Diese Null, wie sollte man sie beschreiben?

Nachdem die Taliban Kabul im November 2001 fluchtartig geräumt hatten, kam ich das erste Mal nach Afghanistan. Es war für alle überraschend gewesen, wie schnell Kabul fiel. Es gab ja all diese furchterregenden Geschichten über die afghanischen Krieger, ihre Zähigkeit, ihre Todesverachtung war Legende. Doch was geschah? Nach fünf Wochen Bombardement flohen die Taliban über Nacht aus der Hauptstadt. Selbst die amerikanischen Generäle, die den Krieg geführt hatten, konnten nicht glauben, dass das Regime der Taliban so schnell zusammengebrochen war. Erklärungen dafür wurden schnell gefunden. In den Medien erschienen nach dem Fall der Taliban viele Geschichten über den modernen, computergestützten Krieg. Man sah Spezialeinheiten der US-Armee in der kargen afghanischen Landschaft sitzen und einen Laptop bedienen, der via Satellit Signale in die Kommandozentrale aussandte. Danach folgte ein Schlag aus der Luft, der die anvisierten Stellungen der Taliban »punktgenau« traf. Es wurde der Eindruck erweckt, diese modernen, hoch ausgebildeten Krieger seien in einer Zeitmaschine zurück in das Mittelalter katapultiert worden, wo sie leichtes Spiel hatten mit dem zwar motivierten, aber vollkommen unterlegenen Feind. Das war ein sehr attraktives Bild, weil es nicht nur den Eindruck der eigenen Überlegenheit stärkte, sondern auch den Glauben nährte, der Westen könne Kriege dank seiner Technik ohne größere Verluste führen. Für die Rüstungsindustrie war der Zusammenbruch der Taliban eine goldene Gelegenheit, sich darzustellen, für die USA eine Möglichkeit, die erdrückende Macht zu beweisen. Kriegführen schien nur mehr mit sehr geringen Schmerzen verbunden zu sein. Software ersetzte das Blut.

In diesem technischen Rausch ging unter, dass trotz aller Schläge aus der Luft der Krieg am Boden entschieden werden musste. Dafür hatten die USA ihre Stellvertreter engagiert, die Nordallianz, den alten Feind der Taliban. Ihre Männer griffen die Stellungen der Taliban an, nachdem sie sturmreif geschossen worden waren, ihre Männer vergossen das Blut. Dafür wurden die Führer der Nordallianz mit Geld entlohnt, mit Posten und Pfründen – der Sieg war dank traditioneller Methoden errungen worden. Doch das ging damals unter. Die Illusion eigener Machtvollkommenheit überstrahlte diese Tatsache.

Kaum hatten die Taliban Kabul verlassen, versuchten Hunderte Journalisten, auf dem schnellsten Weg nach Kabul zu kommen, manche kamen von Osten über den Khyberpass, andere von Norden über den Salangpass, manche, wie die CNN-Reporterin Christiane Amanpour, ließen sich per Hubschrauber einfliegen. Die Welt gierte nach Informationen, nach Bildern und Geschichten aus einem Land, das jahrelang verschlossen geblieben war.

Der BBC-Mann John Simpson war einer der ersten, der am 13. November 2001 begriff, dass die Taliban aus Kabul geflüchtet waren. Er schnappte sich Kameramann und Tonmeister, zog sich eine Splitterschutzweste über, stieg aus seinem Auto und marschierte die letzten Meter, die ihm noch bis zum Stadtrand von Kabul fehlten, zu Fuß. Er kam von Norden her. Die Straße fällt hier steil in den Talkessel von Kabul ab, bevor sie flach auf das Zentrum zuläuft. Simpson ging schnellen Schrittes hinunter, das Kamerateam folgte ihm. Die Kabulis reagierten zuerst verdutzt. Sie hatten offensichtlich nicht damit gerechnet, nach der Flucht der Taliban einen Journalisten zu sehen, der ununterbrochen redend in ihre Stadt spazierte. Bald aber umringten sie Simpson neugierig. Sie winkten, lachten und jubelten in die Kamera. Simpson kommentierte diese Szene mit britischer Gelassenheit, doch war ihm die Aufregung anzumerken. Kabul war frei. Die Taliban waren geschlagen. Die Bilder, die Simpson in alle Welt lieferte, hatten etwas Triumphales. Sie weckten Erinnerungen an Befreiungsszenen aus dem Zweiten Weltkrieg, an die jubelnden Mengen von Rom oder Paris im Jahr 1944. Das war von Simpson durchaus beabsichtigt. Im Westen waren diese Analogien mehr als willkommen.

Nach den Attentaten des 11. September 2001 war es nicht schwierig gewesen, die Weltöffentlichkeit davon zu überzeugen, dass man in Afghanistan militärisch intervenieren musste. Der Sicherheitsrat der Vereinten Nationen segnete die Aktion ab, die NATO rief zum ersten Mal in ihrer Geschichte den Verteidigungsfall aus, in der ganzen Welt kam es zu Sympathiekundgebungen für die schwer getroffenen USA. Selten verfügte ein Krieg über so viel Legitimation. Trotzdem suchte die entfesselte Kriegsmaschine nach Begründungen, die weit über das Argument hinausgehen sollten, dass man sich nur selbst verteidige. Allein wegen eines – wenn auch gewaltigen – Attentates in einen Krieg zu ziehen, das würde auf Dauer nicht ausreichen, um die Öffentlichkeit einer demokratischen Gesellschaft bei der Stange zu halten. Es musste ein Überschuss an Argumenten her. Die Bilder der Befreiung Kabuls lieferten sie. Wir waren nicht nur wegen uns hier, sondern wir waren wegen der Afghanen hier. Das war die Kernaussage, die propagandistische Untermalung einer kriegerischen Aktion.

Simpson hatte allen anderen die Show gestohlen. Sein Meisterstück bestand darin, Bilder geschaffen zu haben, die weniger mit der Wirklichkeit Kabuls zu tun hatten, viel aber mit unserer Vorstellung, wie eine Befreiung auszusehen hatte. Die Kavallerie reitet ein, um ein geschundenes Volk von seinen Unterdrückern zu befreien. Dort ist das Böse, und hier, bei uns, ist das Gute. Das leuchtet jedem ein. Unterhalb dieser propagandistisch überzuckerten Schicht lag Kabul, eine zerstörte Stadt, deren Bewohner jahrelang in Vergessenheit gelebt hatten. Ab und an war Kabul in den vielen Jahren seiner Verlassenheit durch die westlichen Medien gehuscht wie ein graues, rachitisches Gespenst, das Blut hustete. Dann war es auch schon wieder verschwunden. Kabul war ein Nicht-Ort auf der Karte internationaler Politik – ein Loch.

Es gab noch einen anderen BBC-Bericht in diesen Tagen. Ein Reporter stieg in einem Kabuler Stadtviertel über Trümmer, Mauerreste und Müllhaufen und sagte, indem er mit der Hand auf das trostlose Bild wies: »Dies hier haben nicht die amerikanischen Bomben angerichtet. Dies hier haben Afghanen sich selbst angetan!«

Die Afghanen, das war die unverhohlene Botschaft, tragen selbst die Verantwortung für das Unglück, das sie befallen hat. Welche Rolle der Westen in der ganzen Geschichte spielte, blieb ausgeblendet. Was sollte er auch über sich selbst sagen können? Er sah sich als Befreier eines geschundenen Landes. Wer diese Rolle einnimmt, muss sich nicht hinterfragen. Afghanistan erschien wie eine Tabula rasa. Eine Fläche ohne Geschichte, die man nun nach dem eigenen Willen formen konnte. Da schwang Hybris mit, die typisch war für jene Zeit, in der der Westen so mächtig zu sein glaubte wie nie zuvor in seiner Geschichte. Sein einziger ernsthafter Gegner, die Sowjetunion, hatte sich schlichtweg aufgelöst und die USA als einzige Supermacht zurückgelassen. Groß, stark und lange Zeit ratlos, was nun zu tun sei mit all dieser Kraft, wohin man sie richten könne, gegen wen, wozu und warum. Es war der Herrscher eines kleinen balkanischen Landes, der dem Westen die Gelegenheit gab, einen Ausweg aus dieser Identitätskrise zu finden. Der Serbe Slobodan Miloševič drangsalierte die Kosovaren so lange, bis sich die NATO zum Eingreifen entschloss. Sie hatte ihre neue Rolle gefunden: selbsternannter Weltpolizist im Namen der Menschenrechte. 1999 bombte die NATO die Serben erfolgreich aus dem Kosovo. Die militärische Intervention wurde zur humanitären Aktion verklärt. In diesen Jahren entwickelte sich in den Vereinten Nationen eine

Denkschule, die unter dem Titel »Responsibility to protect« stand. Danach hatte die internationale Gemeinschaft bei massiven Menschenrechtsverletzungen die Verantwortung, zu intervenieren, um die Verfolgten zu schützen. Dieser Gedanke setzte zumindest punktuell die Souveränität der Staaten außer Kraft, die sich nach dem Westfälischen Frieden 1648 als Grundprinzip internationaler Ordnung durchgesetzt hatte. Antrieb bekam diese Denkschule durch den Völkermord in Ruanda, bei dem 1993 innerhalb kürzester Zeit 800 000 Menschen massakriert wurden und der nach allgemeinem Dafürhalten hätte verhindert werden können. Es gab allerdings nur eine Organisation, welche diese Verantwortung weltweit auch übernehmen hätte können: die NATO und ihre Führungsmacht USA. Das Kosovo war der erste Testfall. Er wurde als großer Erfolg der humanitären Intervention gefeiert. Nicht einmal die Tatsache, dass die von der NATO befreiten Kosovaren nach ihrer Befreiung sofort daran gingen, unter den Augen ebendieser NATO die Serben und andere Minderheiten aus dem Kosovo zu vertreiben, vermochte das Bild der »humanitären« NATO nachhaltig zu beschädigen. Die Zeiten waren nicht danach. Keine Macht der Welt schien dem Westen widerstehen zu können, nicht seinen Waffen und nicht seinen Werten, die er zu vertreten vorgab. B-52-Kampfbomber plus Menschenrechte plus Rechtsstaat plus Demokratie ist gleich das Paradies auf Erden. Die Attentate vom 11. September hatten diesen impliziten Glauben an die eigene Überlegenheit zur Entfaltung gebracht. Beschleunigt wurde dieser Prozess von den neokonservativen Kräften, die zu der Zeit in Washington das Sagen hatten. Sie waren beseelt von einem missionarischen Eifer, der sich aus dem Gefühl amerikanischer Allmacht speiste. Die Attentate waren für sie ein Anlass zur Umwälzung der internationalen Ordnung. Das alles machte Afghanistan zum neuen Gegenstand eines gewaltigen Experiments der Beglückung.

Nach dem Sturz der Taliban ergatterte ich mit viel Mühe ein Zimmer im Intercontinental, einem der wenigen Hotels, das damals noch funktionierte. Das 1967 erbaute Intercontinental liegt wie ein langgezogener, mehrstöckiger Riegel auf einem Hügel im Nordwesten Kabuls. Der Blick durchs Fenster ging auf einen terrassenförmig angelegten Park, auf dessen staubtrockener Erde ein paar wenige Bäume ihre dünnen Ärmchen Hilfe suchend in den Himmel streckten. Die Stadt lag zu meinen Füßen, ein zusammengewürfeltes Etwas ohne Konturen, eingehüllt in Staub. Nachts sank sie in schwärzeste Dunkelheit. Es gab kaum Strom. In meinem Zimmer schnitt eine große Uhr mit lautem Ticken die Zeit entzwei. Draußen, vor der Tür, hörte ich die trippelnden Schritte der Hoteldiener, Türeschlagen, Stimmen, Stille, dann wieder das Trippeln wie von Mäusen, die eilig ihre Beute in Sicherheit bringen, um sich sofort wieder hinauszustürzen in das Getümmel. Es war ein großes Fressen im Gange. Ein Hoteldiener, ausgestattet mit einer operettenhaften Uniform, hatte mich am Morgen so lange mit seinen Dienstbarkeiten bedrängt, bis ich mir nicht mehr anders zu helfen wusste, als mich freizukaufen. Ich zog ein paar Dollarscheine aus meiner Hosentasche und legte sie in seine Hand, die sofort zuschnappte. Er verneigte sich, sagte mir noch seinen Namen und dass ich ihn, Munir, ja Munir, jederzeit, bestimmt jederzeit, rufen könne. Er würde alles für mich erledigen, aber auch alles. Selbst Alkohol könne er organisieren. Er zwinkerte verschwörerisch, als er das sagte. Er verabschiedete sich mit den Worten: »Vertrauen Sie niemandem sonst! Nur mir! Munir, ich bin Munir!« Dann war er draußen, und ich hörte ihn davontrippeln.

Ich lauschte in die Nacht hinein. Mir schien, als könnte ich zwischen den Schlägen der Uhr, wenn es leise war, ein knarrendes Pfeifen hören, das aus dem Körper der Stadt kam. Wie wenn alle Bewohner zur selben Zeit denselben Alptraum träumten. Ein stilles Wehklagen lag über den zerschmetterten Gliedern Kabuls und begleitete mich in einen traumlosen Schlaf, aus dem ich erst wieder erwachte, als die Sonne in mein Zimmer schien und es mit einem Schlag erleuchtete. Die Stadt unter mir machte sich bemerkbar, mit Motorenlärm, den der Wind über den Hügel herüberwehte und an mein Fenster strich wie den knatternden Flügelschlag eines verirrten Vogels.

Im Hotel hatte ein Buchhändler in einer Ecke seinen kleinen Laden eröffnet. Er hatte schnell begriffen, dass die Gäste nach Literatur über Afghanistan gierten. Die Regale waren prall gefüllt. Der Buchhändler machte gute Geschäfte. In diesem Landen kaufte ich mir die Karte, die mich all die Jahre danach begleiten sollte. In eine Plastikfolie eingeschweißt hing sie auf einer Art Zeitungsständer.

Ich nahm sie in die Hand wie eine seltene Kostbarkeit. Der Buchhändler lächelte mich an, und als ich ihn fragte, woher er denn die Karte habe, sagte er nur: »Ich weiß eben, was Sie brauchen.« Ich steckte die Karte in meine Seitentasche, ohne bezahlt zu haben, denn ich hatte das dringende Bedürfnis, sie ganz eng an mir zu spüren. Sie gab mir vom ersten Moment an Sicherheit, das Gefühl, nicht verloren gehen zu können. Ich kaufte mir danach einen Stapel Bücher, teilweise aus Interesse, aber auch aus einem spontan empfundenen Gefühl der Dankbarkeit heraus gegenüber dem Mann, der mich mit dieser Karte versorgt hatte.

Ich platzierte den Stapel Bücher auf den Nachttisch, wo er gefährlich schwankte. Die nächsten Tage verschlang ich diese Bücher regelrecht. Ich vertraute ihnen, wie man guten Ratgebern vertraut. Wenn ich nur auf sie hörte, würde ich lernen, durch diese Welt zu navigieren und nicht blind und besinnungslos durch die Landschaft stolpern. Damals wusste ich noch nicht, dass die Klippen, die zu umschiffen gewesen wären, sich auf keiner Karte zeigten, durch kein Wissen und kein Studium sichtbar wurden. Damals wusste ich noch nicht, dass sie einen gewissermaßen von innen aufschlitzten, wie ein Teil von einem selbst. Ich begriff noch nicht, dass wir selbst uns die größte Gefahr waren. Es dauerte nicht lange, und ich sollte merken, wie verloren ich war mit all meinen Gewissheiten.

Ich nahm mir vor, Kabul systematisch zu erschließen. Unter den Büchern, die ich gekauft hatte, war ein Stadtführer aus dem Jahr 1972. Es war der letzte, der über Kabul geschrieben und publiziert worden war. Wenige Jahre später begann der Zyklus des Krieges, der immer noch andauert. *Kabul* lautet der schlichte Titel des Buches. Als ich es aufschlug, auf meinem Hotelbett liegend, breitete sich modriger Geruch aus. Wo mochte der Buchhändler diesen Führer wohl aufbewahrt haben? In einem Regal, in der Buchhandlung, die er in der Stadt betrieb? Oder in einem Keller, einem Dachboden, einem Zimmer? Dieses Buch war sicher nicht gefragt gewesen, denn es gab jahrelang keine Touristen in Afghanistan. Ich roch an den Seiten, als könnte ich die Spuren aufnehmen, die mich an den Ort führten, an dem sie gelagert gewesen waren, als könnte ich ihrer Geschichte nachspüren. Ich sog tief Luft ein und musste niesen. War es Staub, der mir in die Nase stieg? Oder war es etwas anderes, etwas viel Feineres? Waren es kleinste Partikel Erinnerung, die das Mahlwerk des Krieges überlebt hatten? Plötzlich schien mir, als sei ich von winzigen Gespenstern aufgeschreckt worden, die in meinen Körper eindrangen. Ich spürte, wie sie sich in mir ausbreiteten und binnen Sekunden heimisch wurden. Es war nichts Feindliches an ihnen. Sie saßen nur da, am Rande meines Herzens, und suchten einen besseren Schutz, als ihnen das Papier dieses Buches geben konnte. Darum waren sie bei der ersten sich ihnen bietenden Gelegenheit herausgesprungen, in mich hinein, wo sie nun hockten und geduldig auf Asyl warteten. Ja, sie wollten ausbrechen und sich verstreuen über die ganze Welt. Wie gerne ich sie wieder losgeworden wäre. Ich scheute vor der Verantwortung zurück. Ich wusste doch nichts. Und doch, vielleicht besteht die »maladie afghane« genau darin, dass sich die Hilfe suchenden afghanischen Gespenster bei den Besuchern dieses Landes einnisten und so lange bleiben, bis sie von ihrem Schicksal erlöst sind. Kaum hatte ich mich an diesen Gedanken gewöhnt, ihn sogar lieb gewonnen, fiel mir mit Schrecken ein, dass die russischen Besatzer die afghanischen Mujaheddin »duchi« nannten: Geister, eine Verballhornung des Wortes »duchman«, was auf Dari, der Amtssprache in Afghanistan, »Feind« heißt. »Duchi« war abwertend gemeint, aber auch anerkennend. Sie beschossen die sowjetischen Soldaten von den Berghängen herab und blieben dabei unsichtbar, weil sie ein Teil der Landschaft waren, wie Felsen, Steine und Geröll. Wenn die Soldaten ihnen nachsetzten, verschwanden die Kämpfer im Gelände, wie vom Erdboden verschluckt: »duchi«.

Der unbestrittene Meister dieser »duchi« war ein Mann namens Shah Ahmad Massud – in fast jedem Buch, das ich in diesen Tagen las, kam sein Name vor, meist wurde er wie ein Held beschrieben. Ich legte den Stadtführer weg, nahm meine Landkarte zur Hand und schlug sie auf. Panschir – das war der erste Name, den ich mit meinem Stift markierte. Panschir, die Heimat Shah Ahmad Massuds, ein Tal, rund fünfzig Kilometer im Norden Kabuls gelegen. Auf der Karte sieht es aus wie ein quer in der Landschaft liegender dicker Ast, von dem kleinere Äste abgehen. Doch ist dieser Ast nicht mit einem Stamm verbunden, sondern im Süden über eine äußerst enge Schlucht mit der Shomali-Ebene, im Norden wird er abgeschlossen durch den 3838 Meter hohen Khaiwakpass, den Alexander der Große 329 vor Christus überquerte, um den iranischen Usurpator Bessos zur Strecke zu bringen und sich selbst zum König ausrufen zu können. Insgesamt ist das Tal gerade mal 90 Kilometer lang. Trotz seiner relativen Kleinheit ist es aus strategischen Gründen für das gesamte Afghanistan von grundlegender Bedeutung. Wer es kontrolliert, kann Kabul in kürzester Zeit angreifen, gleichzeitig ist es ein Leichtes, die etwas östlich zum Panschirtal gelegene Straße, die über den Salangpass führt, zu unterbrechen oder empfindlich zu stören. Der Salang-Highway, auf dem der höchst gelegene Tunnel der Welt liegt, ist die wichtigste und schnellste Nord-Süd-Verbindung Afghanistans, eine Lebensader für das gesamte Land. Das Panschirtal ist der schlagende Beweis dafür, dass es in Afghanistan ausreicht, ein paar wenige, zentrale Stellen zu kontrollieren, um das Schicksal des gesamten Landes ganz wesentlich zu beeinflussen. Das ist die eigentliche Bedeutung von dem »Land ohne Zugang zum Meer« – wer hineingeht, begibt sich in einen Sack, der mit ein paar präzisen Handgriffen an wenigen Stellen zugemacht werden kann. Afghanistan ist eine Falle mit wenigen Ausgängen.

7

Im Dezember 1979 erhielt der in Potsdam stationierte Leutnant Wladimir Poljakow den Befehl, sich mit seinem Artilleriebataillon an die sowjetisch-afghanische Grenze in Marsch zu setzen. Dort sammelten sich bereits Tausende Soldaten. Als Poljakows Vater, ein hochrangiger KGB-Offizier, von dem Marschbefehl erfuhr, bot er seinem Sohn an, seine Beziehungen spielen zu lassen. Er könne es einrichten, dass Wladimir eine etwas sicherere Aufgabe zugeteilt bekäme. Freilich nur, wenn Wladimir es wünsche. Dieser lehnte den Vorschlag empört ab: »Du hast mich doch an die Militärakademie geschickt. Ich bin für den Krieg ausgebildet worden. Jetzt, da mich meine Heimat braucht, willst du, dass ich fernbleibe?« Der junge Wladimir verstand seinen Vater nicht. Es gingen Gerüchte um, wonach die USA planten, Afghanistan zu besetzen. Die Sowjets mussten dem zuvorkommen. Wladimir war ein glühender sowjetischer Patriot. Er wollte sein Vaterland schützen und den afghanischen Bauern helfen, sich zu verteidigen. Am 27. Dezember 1979 rollte eine sowjetische Armada über die Grenze nach Afghanistan.

Vier Monate später fuhr Leutnant Wladimir Poljakow mit seiner gepanzerten Kolonne in das Panschirtal. An einer engen Stelle kamen sie unter Feuer. Die Soldaten sprangen aus ihren Wagen und suchten Deckung. Stück für Stück kletterten sie die steilen Berghänge empor, um ihre Angreifer zu stellen. Sie hatten keine Wahl. Wenn sie sich nicht bewegten, würden sie früher oder später getroffen werden. Doch die Afghanen wichen ihnen aus. Sie stiegen immer höher und höher. Poljakow und die Seinen kamen erst wieder im Morgengrauen in den Talgrund zurück. Dort lagen fünfundzwanzig tote Kameraden. Die Russen drangen bis an das Ende des Panschirtals ein. Doch was hatte ihnen dieser Sieg gebracht? Sie hatten nichts anderes getan, als durch das ganze Tal hindurch und wieder zurück zu marschieren.

Immer wieder sollte Poljakow das in den folgenden Monaten erleben: Sie kriegten den Feind nicht zu fassen. Die Russen rächten sich, indem sie die Zivilisten wahllos erschossen. Sie feuerten auf Dörfer, warfen Handgranaten in Häuser, erschossen Gefangene kaltblütig und ohne jeden Grund. Sie wussten nicht einmal, wer gegen sie kämpfte. Poljakow empfand nichts mehr. *»Schuldgefühle würde er erst viel später empfinden, weit weg vom Konflikt. Damals fühlte er sich wie ein Zombie. Er zuckte ein wenig zusammen, als er hörte, dass Kinder und Frauen ermordet worden waren, aber die meisten Soldaten zeigten an solchen Vorfällen überhaupt kein Interesse. Sie waren nicht fähig, zwischen Mujaheddin und afghanischen Zivilisten zu unterscheiden. Der Wunsch, den Tod der Kameraden zu rächen, löschte den Unterschied sehr schnell aus.«* [36]

Ich begegnete einigen Russen an einem heißen Junitag nicht weit vom Dorf Ruha, am Ufer des Panschir, der an dieser Stelle gemächlich durch sein breites Flussbett fließt. Die Sonne brannte hoch am Himmel. Die Luft war klar. Die Russen standen in Uniformen der Sowjetarmee gekleidet am Ufer. Sie waren jung, gut aussehend, kräftig und blond. Einer von ihnen, eine hochgewachsener, breitschultriger Mann, hatte sich das Hemd ausgezogen. Seine weiße Haut leuchtete in der Sonne auf wie Schnee. Er hatte ein Kampfmesser in der Hand, mit dem er seinen Kameraden Tricks vorführte. Schnell ließ er das Messer von der einen Hand in die andere gleiten, er warf es hoch, fing es am Knauf auf, brachte es zum Wirbeln wie einen Propeller, wobei es im Sonnenlicht glitzerte, schließlich steckte er es mit einer präzisen, schnellen Bewegung in die lederne Scheide, die an seinem Gürtel hing. Sein Gesichtsausdruck verriet, dass er einen Applaus erwartete, doch seine Kameraden beachteten ihn nicht weiter. Ein paar von ihnen vertieften sich in eine Unterhaltung, andere saßen auf Flusssteinen und betrachteten versonnen den Panschir, das kristallklare Wasser, das durch diese völlig trockene Landschaft floss wie eine gläserne Ader über einen harten Körper. Die jungen Russen waren Schauspieler aus Moskau, engagiert, um im Panschirtal die Rolle der Soldaten zu spielen, die im Lauf der achtziger Jahre in mehreren Anläufen versucht hatten, dieses Tal unter Kontrolle zu bringen. Immer wieder befahlen die russischen Generäle Offensiven, Panschir-1, Panschir-2, Panschir-3 und so weiter und so weiter, doch niemals konnten sie das Tal für längere Zeit in ihre Gewalt bringen, auch nicht, als sie mehr als 20 000 Soldaten einsetzten, die von Panzern und Hubschraubern modernster Art unterstützt wurden. Das Panschirtal blieb nicht nur eine reale Bedrohung für die Nachschubwege der sowjetischen Armee, es gewann für den Kriegsverlauf enorme psychologische Bedeutung – denn es wurde das Symbol für die Unbeugsamkeit der Afghanen, ein weithin leuchtendes Beispiel dafür, dass die sowjetische Supermacht in die Knie gezwungen werden konnte. Vom Führer der Panschiris, Shah Ahmad Massud, ging eine ungeheure Faszination aus, insbesondere für Europäer. Laurence L'Aumônière, eine französische Ärztin, die bald nach der sowjetischen Invasion ein Hospital im Panschir errichtete, beschrieb den damals nicht einmal dreißigjährigen Massud mit folgenden Worten: *»Von allen afghanischen Kommandanten ist er der beste. Er ähnelt einem Adler. Er hat den Charme von Bob Dylan und die Anziehungskraft von Che Guevara!«*

Massud war der Grund, warum die russischen Schauspieler in diesem spätsommerlich heißen Monat September 2005 am Ufer des Panschir standen und versuchten, in einer Drehpause die Zeit totzuschlagen. Der französische Regisseur Christophe de Ponfilly hatte sie für seinen Film »L'Etoile du Soldat«, *Der Stern des Soldaten,* engagiert. Es war sein erster Spielfilm. Bis dahin hatte er vierzig Dokumentarfilme gedreht. Seine Karriere als Filmemacher hatte de Ponfilly hier in diesem Tal begonnen. Er war 1981 zum ersten Mal illegal und unter Lebensgefahr über die pakistanische Grenze gekommen. Ponfilly war einer von Hunderten Franzosen, Amerikanern, Deutschen, Italienern, die nach dem Einmarsch der Sowjets in die pakistanische Stadt Peshawar aufgebrochen waren. Glücksritter waren darunter, Abenteurer, Geheimdienstmänner, Waffenschieber, Antikommunisten, Zivilisationsmüde, Romantiker – Peshawar bot das gesamte Panoptikum menschlicher Leidenschaften. Der Krieg hatte eine ungeheure Anziehungskraft. De Ponfilly gehörte eher zu den Romantikern. Er ging über die Berge, 1000 Kilometer zu Fuß, im Zick-Zack-Kurs, weil er den sowjetischen Posten ausweichen musste. Er hatte von Shah Ahmad Massud gehört, dem Führer der Panschiris, der den übermächtigen Sowjets mit seinen paar Tausend Mann die Stirn bot. Seinetwegen ging er nach Afghanistan.

Ich traf de Ponfilly am späten Nachmittag zum Gespräch, im Innenhof eines Gebäudekomplexes, der aus mehreren einfachen Lehmhütten bestand. Er wohnte hier mit seinem aus Franzosen bestehenden Filmteam. Die russischen Schauspieler, die ich noch am Morgen am Fluss gesehen hatte, waren in einem anderen Weiler untergebracht. Als mir, kurz vor dem Gespräch mit de Ponfilly, die Französin des Teams über den Weg lief, die für die Russen übersetzte, fragte ich sie, was die russischen Schauspieler über den Einmarsch der Sowjets von 1979 denn dächten. Sie antwortete mit einem schmalen Lächeln: »Ach, für diese Jungs ist das alles nur eine ferne Erinnerung!« Die Sowjetunion war schon vor Jahren untergegangen, auch an Afghanistan war sie verblutet, besonders am Panschirtal. Nun standen diese jungen Russen da, in den Uniformen einer ehemaligen Weltmacht, der Heimat ihrer Väter, und spielten eine der vielen Niederlagen nach, die die stolze Rote Armee hier erlitten hatte. Sie führten ihre Arbeit professionell aus, sagte die Übersetzerin noch, auf meine Nachfrage hin. Damit wollte sie zum Ausdruck bringen, dass der Untergang der Sowjetunion diese jungen Männer ihres Wissens nach nicht weiter beschäftigte, jedenfalls nicht auf sichtbare Weise. Die patriotischen Gefühle des Leutnants Wladimir Poljakow für die Sowjetunion waren den Schauspielern wahrscheinlich fremd. Mir fiel ein, dass die Russen am Morgen schließlich ziemlich eilig das Flussufer verlassen hatten, als ein scharfer Wind von den Bergen in das Tal fegte und buchstäblich eine Staubwalze vor sich hertrieb, die den Himmel verdunkelte und höllisch in den Augen brannte. Sie suchten weiter oben an der Straße, im Schatten von Lehmmauern des Dorfes Schutz. Ich blieb am Ufer stehen, nicht um vor mir selbst eine Mutprobe abzulegen, sondern um empfinden zu können, wie einem dieses Land und sein Klima innerhalb von Minuten zusetzen konnten, denn davon hatte ich immer wieder gehört: Afghanistan raubt dir in kürzester Zeit die Kraft! Hier alterst du schneller als irgendwo sonst auf der Welt! Ich hielt mein Gesicht der sandigen Staubwalze entgegen, die in immer neuen Wellen aus den Tiefen des Tales auf mich zurollte. Es war, als scheuerte die Zeit selbst mit kratzbürstigen Händen mein Gesicht wund. Ich begriff, dass es diese mit rauem Sand und beißendem Staub gefüllte Zeit war, diese afghanische Zeit, welche die Sowjets hier zermürbt hatte – die Angriffe von Massuds Männern besorgten nur den Rest. Wie auch hätte man sich gegen diesen allgegenwärtigen Feind, der nicht zu fassen war, wehren können, außer durch Flucht? Die Schauspieler hatten richtig reagiert. Sie hatten sich schnell in Sicherheit gebracht. Sie wollten den Kampf gar nicht aufnehmen. Ihre Väter hatten diese Wahl nicht. Wladimir Poljakow hatte sie nicht.

De Ponfilly wirkte sehr verschlossen. Ich sollte erst später verstehen, warum. Er war gegenüber Journalisten grundsätzlich misstrauisch, er hielt sie für sensationslüsterne, der Wahrheit sich nicht besonders verpflichtet fühlende Wesen, denen man nur dann Auskunft geben sollte, wenn es unvermeidlich war. Diesmal war es unvermeidlich, de Ponfilly brauchte die Presse für seinen neuen Film. Es war ein mühsames Gespräch. Mir war, als müsste ich mich immer wieder verbeugen, um meine Ehrerbietung zu zeigen, um mich an einen Mann anzunähern, der auf seinem sehr hohen Thron saß. Es war nicht Arroganz, es war mehr: De Ponfilly fühlte sich im alleinigen Besitz eines ganz bestimmten Wissens – des Wissens, wie Massud wirklich war. Er war ein Gralshüter, sein Gral hieß Shah Ahmad Massud.

Die Begegnung mit Massud war für den Regisseur schicksalhaft gewesen. In unserem Gespräch wiederholte er die Worte der französischen Ärztin L'Aumônière: »Er sah aus wie eine Mischung aus Bob Dylan und Che Guevara.« Je länger ich mit ihm redete, desto deutlicher trat die tiefe Verehrung hervor, die de Ponfilly für Massud empfand. Das reizte mich, und ich versuchte dagegenzuhalten, indem ich Massud in die lange Reihe der afghanischen Kriegsherren stellte, die nach dem Abmarsch der Sowjets 1989 das Land in einen grausamen Bürgerkrieg gestürzt hatten. Er war, so sagte ich zu de Ponfilly, gewiss etwas besser als die anderen Kriegsherren, gebildeter als die meisten, doch auch er war an der Zerstörung Kabuls beteiligt, auch er wollte Macht um jeden Preis. Das sagte ich nicht aus reiner Provokation, sondern ich war davon überzeugt. Ich hatte ja die Geschichten über Massuds Männer gehört. Wie sie zwischen

1992 und 1996 in Kabul reihenweise Frauen vergewaltigten, plünderten, wie sie mordeten und raubten. Bittere Klagen waren mir in Kabul über diesen Mann zu Ohren gekommen. Er habe sich gebrüstet, er könne und werde Kabul gegen jeden Feind verteidigen. Als die Taliban sich den Toren der Stadt näherten, war er über Nacht zurück in das Panschirtal geflohen, samt seiner Armada aus Milizionären. Die Bevölkerung überließ er schutzlos dem Fanatismus der Taliban. De Ponfilly betrachtete mich mit unverhohlener Verachtung, als ich das sagte. Er schwieg lange. Es kostete ihn offenbar viel Überwindung, weiter mit mir zu sprechen. Schließlich wies er mich auf einen Dokumentarfilm hin, den er 1997 gedreht hatte: »Massud, der Afghane«. Allein in dem Titel sei die ganze Wahrheit enthalten. Massud sei ein afghanischer Führer, keiner, der nur die Sache seiner Volksgruppe, der Tadschiken verfolgte, sondern der einzige, der das ganze Land im Blick gehabt hätte, und der einzige, der es nach dem Sturz der Taliban hätte führen können. Außerdem war er nicht käuflich wie die anderen, wie der Mörder Gulbuddin Hekmatyar etwa, der im Sold der CIA gestanden habe. An diesem Punkt war es schwer, ihm zu widersprechen, denn Hekmatyar war tatsächlich ein Massenmörder, der nie etwas anderes im Sinn gehabt hatte, als die ganze Macht an sich zu reißen, und der dafür bereit war, über Leichen zu gehen. Im Vergleich zu den anderen Kriegsherren wirkte Massud tatsächlich gemäßigt und visionär. Er hatte im Panschirtal unter Kriegsbedingungen eine rudimentäre Verwaltung aufgebaut. Er setzte großen Wert auf Bildung. Doch macht ihn das zu dem Helden, den de Ponfilly beschrieb, den Retter Afghanistans, ohne Fehl und Tadel? »Warum«, fragte de Ponfilly mich, »glauben Sie denn, hat Osama bin Laden Massud zwei Tage vor dem 11. September umbringen lassen?«

Am 9. September 2001 trafen zwei arabische Journalisten Shah Ahmad Massud in seinem Hauptquartier Khwaja Bahauddin im Panschirtal zum Interview. In Kabul waren die Taliban an der Macht. Massud war der unbestrittene Führer der Nordallianz. Auch den Taliban, wie den Sowjets vor ihnen, war es nicht gelungen, die Bergfestung Panschir einzunehmen und zu besetzen. Sie beschränkten sich darauf, den Zugang zum Tal zu kontrollieren. Weiter wagten sie sich nicht vor, denn sie wussten, dass sie sich nur eine blutige Nase holen würden. Die beiden Araber filmten das Interview mit einer Kamera.

Nach wenigen Minuten explodierte das mit Sprengstoff gefüllte Gerät. Die Attentäter starben, Massud erlag wenig später seinen Verletzungen.

De Ponfilly veröffentlichte zu seinem Dokumentarfilm ein gleichnamiges Buch: *Massud, der Afghane* – und in der nach den Attentaten vom 11. September aktualisierten Ausgabe steht im Untertitel: »Auf ihn wollte der Westen nicht hören«. Im Nachwort schreibt er: *»Die Fehler der CIA haben Feuer an ein Pulverfass gelegt. Die Welt hat es zugelassen. Das Regime der Taliban hat sich in Kabul eingenistet. Niemand hilft denen, die sie bekämpfen. Niemand. Schweigen. Wüste. Ich werde verrückt. Der Zorn macht mich mindestens so krank wie meine Traurigkeit.«*[37]

Massud hatte tatsächlich immer wieder vor den islamistischen Extremisten gewarnt. Im Januar 2001 war er in Straßburg gewesen und hatte im europäischen Parlament mit eindringlichen Worten gesprochen, er war nach Paris gefahren – nicht nach Washington. Denn Massud war nie ein Mann der Amerikaner gewesen. Während der sowjetischen Besatzung hatte die CIA andere Mujaheddin mit riesigen Summen unterstützt, Gulbuddin Hekmatyar gehörte zu ihren Favoriten. Als Massud in Paris war, um den Westen vor den Taliban zu warnen, sagte er ironisch: »Ich bin Massud, der Mann der Franzosen!« Doch auch die Franzosen wollten nicht auf ihn hören.

Die sowjetischen Truppen zogen sich 1989, nach zehn Jahren Besatzung, geschlagen zurück. Afghanistan fiel vom geopolitischen Schachbrett. Der Westen interessierte sich nicht mehr dafür. Die CIA, die Milliarden Dollar via Pakistan an die Mujaheddin bezahlt hatte, wandte sich von ihren Ziehsöhnen ab und betrachtete mit Gleichgültigkeit, wie aus ihnen Monster wurden, die Afghanistan in Schutt und Asche legten. Warum sollte es eine Bedrohung für uns sein, wenn sie sich gegenseitig abschlachten? Das war die unausgesprochene Haltung. »Niemand«, sagte Ponfilly, »niemand wollte Massud unterstützen. Niemand schien die Gefahr zu verstehen, die er klar benannte.« Zwei Tage nach dem Attentat stürzte das World Trade Center in sich zusammen. Amerika erklärte dem Terror den Krieg. De Ponfilly hatte überhaupt keinen Zweifel daran, dass beide Attentate zusammenhingen. Massuds Ermordung war nur der erste Akt. Der dritte Akt ist der Krieg in Afghanistan, der immer noch andauert.

Ich konnte dem nicht widersprechen, doch die Aura, die Massud umgab, machte mich stutzig. Wie viel davon war den Sehnsüchten de Ponfillys und vieler anderer Europäer geschuldet, die diesen Mann getroffen hatten? Wie viel davon war das Ergebnis einer Projektion und wie viel davon dem Charisma dieses Kriegsherrn zu verdanken?

De Ponfilly sagte, dass er noch einer Generation angehöre, die etwas anzufangen wisse mit dem Begriff *Résistance*. Er meinte damit, dass er Gut und Böse sehr wohl auseinanderhalten könne und durchaus wisse, wann es Zeit sei, aufzustehen und zu widerstehen. Er verkniff es sich, hinzuzufügen: »Im Gegensatz zu Ihnen!« Es gelang ihm aber nur knapp. *Résistance* – das war der Schlüsselbegriff, um Massuds Popularität zu begreifen, die besonders in Frankreich grassierte. Der afghanische Kriegsherr wurde auf diese Weise in die europäische Geschichte integriert. Er setzte den Kampf gegen den Faschismus fort, der in der Gegenwart die Form fanatischer Gotteskrieger namens Taliban angenommen hatte. De Ponfilly verwendete das berüchtigte Wort vom Islamofaschismus nicht, weil er wohl wusste, dass dieser Begriff von den amerikanischen Neokonservativen geprägt wurde, und er wollte sich mit ihnen auf keinen Fall gemeinmachen. Doch Massud wie einen wiedergeborenen Résistance-Kämpfer zu betrachten, setzte voraus, dass man seinen Gegnern Faschismus unterstellte. Das lag in der Logik des Begriffs. In der Logik der Sache lag es, dass Massud auch deswegen in Frankreich populär war, weil er kein Büttel der Amerikaner war – das kommt nicht nur in Frankreich gut an.

De Ponfilly war nicht der einzige, der Massud wie einen Friedensfürsten darstellte, dem der Krieg aufgezwungen worden war, ein Mann, der die Poesie und das Leben liebte, doch leider zu den Waffen greifen musste. In dem Artikel »Ils ont assassiné Massoud« schrieben die beiden Journalisten Jean-Marie Pontaut und Marc Epstein folgende Geschichte auf, die sich am Vorabend des Attentats zugetragen haben soll: *»An diesem Abend trafen sich die beiden Freunde im Haus des Kommandeurs. Auf einer Matratze liegend blätterte Khalili in Gedichtbänden.*

›Lies‹, murmelte Massud, ›lies mir ein Gedicht vor.‹ Also las Khalili mehr als vier Stunden lang aus dem Diwan *von Hafis, der monumentalen Textsammlung des persischen Dichters. Der Kommandeur*

besaß die ganze Ausgabe, in Weiß gebunden, mit Anmerkungen und Erklärungen am Ende jeder Seite versehen.

Wie viele Tadschiken und Perser liebte Massud die Ghaselen des Dichters. Ghasele bedeutet wörtlich Gazelle und ist mit einer Ballade vergleichbar. Die Kunst der Ghasele besteht darin, den Moment zu beschreiben, im dem die Gazelle, vom Jäger verfolgt, versteht, dass ihr Tod kurz bevorsteht. Der Jäger, obwohl von der Schönheit der Gazelle geblendet, versteht seinerseits, dass sein traumähnliches Staunen nicht lange anhalten und enden wird, wenn er das Tier tötet. Die Ghasele besingt diese ewige Sekunde, wenn die Augen der beiden aufeinandertreffen, die des Jägers und die seiner Beute. Starr vor Angst kann die Gazelle nicht fliehen; überwältigt von der Grazie der Gazelle kann der Jäger nicht schießen. Beide verlieren sich im gegenseitigen Anblick, aber beide wissen, dass dieser Moment nicht andauern kann: Wenn er zu Ende geht, wird die Schönheit der Gazelle in Aas verwandelt werden. Die Ghaselen beziehen ihre gesamte Energie aus der Idee, dass dieser fatale Moment in jeder Hinsicht eine Analogie der Liebe ist.

Viele, die Hafis lesen, suchen dort nach Zeichen für ihre Zukunft. Sie öffnen Hafis' Bücher an irgendeiner Stelle, und den ersten Vers, den sie zu Gesicht bekommen, nehmen sie als Weissagung.

In dieser Nacht, erinnerte sich Khalili, schlug er eine Seite auf und übersetzte sie aus dem Altpersischen ins Tadschikische:

›Oh, ihr zwei, lobt euch diese Nacht,
Lobt euch, die Worte, die ihr wechselt,
Lobt euch, die Zeit, die ihr zusammen habt,
Denn viele Nächte werden vergehen,
Viele Tage werden vergehen,
Viele Monate werden vergehen,
Viele Jahre werden vergehen,
Bis ihr euch wiedersehen werdet.‹

Die beiden Freunde trennten sich um vier Uhr morgens.«[38]

Am nächsten Morgen schlugen die Attentäter zu.

Das sind die kraftvollen Geschichten, die sich um Massud ranken. Er muss von magnetischer Anziehungskraft gewesen sein, kein Zweifel. Alle, die ihn trafen, scheinen ihm anheimgefallen zu sein. Doch ich misstraue diesen Geschichten, ich misstraue ihnen, obwohl ich Massud selbst nie getroffen habe, dafür aber seine Männer. Ich war einige Male im Panschirtal gewesen, bevor ich de Ponfilly traf. Ich hatte Massuds Mausoleum besucht, ein prächtiges Grabmal, das an einer das Tal beherrschenden Anhöhe errichtet worden war. Es war eines Königs würdig. Damals war ich auf dem Weg dorthin von Milizionären angehalten worden. Sie nahmen mich zu einem Militärposten mit. Man unterzog mich einem peinlich genauen Verhör: Warum ich hier sei? Für wen ich arbeitete? Wie lange ich bleiben sollte? Zu wem ich im Tal Kontakt hatte? Wen ich besuchen sollte? Der Mann, der mir diese Fragen stellte, trug eine Uniformjacke, die nicht zu der afghanischen Nationalarmee gehörte. Er war von kleiner, gedrungener Statur, saß hinter einem Schreibtisch aus Eisen und hielt mir sein breites Gesicht drohend wie einen Hammer entgegen. Zu meiner Rechten und meiner Linken standen zwei Milizionäre, ebenfalls klein, kraftvoll und mit Kieferbacken wie Schraubstöcken. Mein Begleiter übersetzte die Fragen, und ich spürte am Zittern seiner Stimme, dass er Angst hatte. In diesem Raum begriff ich sofort, dass sich das Panschirtal nur deshalb erfolgreich gegen die Sowjets und gegen die Taliban wehren konnte, weil es ein engmaschiges Netz geknüpft hatte, durch das kein Fremder hindurchschlüpfen konnte. Das Tal war wie ein 90 Kilometer langes Dorf, in dem jede noch so kleine Bewegung registriert und protokolliert wurde. Die Kontrolle war absolut. Sollte man Massud das vorwerfen? Schließlich waren es Kriegszeiten. Konnte dieser Eindruck sein Bild vom aufrechten Kämpfer gegen die Invasion beeinträchtigen? Das allein nicht. Doch fiel mir sein Nachfolger ein, Marschall Mohammed Fahim. Nach dem Sturz der Taliban bekleidete Fahim nacheinander eine Reihe von einflussreichen Posten in der Regierung. Während in Kabul überall Poster und Bilder mit dem Konterfei des »Nationalhelden Massud« ausgestellt wurden, ging Fahim daran, sich und seinen Panschiris gute Plätze an den Futtertrögen der neuen Macht zu sichern. Die Tadschiken aus dem Panschirtal kamen zu Tausenden nach Kabul. Sie waren seit der sowjetischen Invasion 1979 bis zum Sturz der Taliban 2001 mit kurzen Unterbrechungen immer in ihrer Bergfestung verbarrikadiert gewesen. Niemals konnten sie ausbrechen, niemals konnten sie ins Offene, immer waren sie umgeben von ihren Bergen, die ihnen Sicherheit vor An-

griffen gaben und sie doch auch umstellten und belagerten. Als Kabul in die Hände der Nordallianz fiel, brach ein Damm. Die Führer besetzten die Schlüsselstellen in den Ministerien des neuen Afghanistan, die Panschiris folgten ihnen in der Hoffnung, eine Arbeit zu bekommen, ein alles in allem besseres Leben als das in dem harten Tal, aus dem sie kamen. Kriegsherren waren zwar auf den ersten Blick allmächtig, doch auch sie mussten sich um ihre Leute kümmern, auch ihnen war die Gefolgschaft der Ihren auf Dauer nur sicher, wenn sie ihnen Privilegien zuschanzen konnten. Heute ist ein ganzes, riesiges Stadtviertel hauptsächlich von Panschiris bewohnt. Es gehört zu den wohlhabenden Vierteln Kabuls, was freilich ein Beleg für die Macht von Männern wie Fahim ist. Der Marschall, wie er sich nennen ließ, machte sich die Hände schmutzig. Es gibt sehr glaubwürdige Berichte von Menschenrechtsorganisationen, wonach er sich der Folter schuldig gemacht habe und an der Spitze einer florierenden Entführungsindustrie stand. Der Mann, der mich im Panschirtal verhörte, war ein kleiner Fahim, ein absoluter Herrscher in seinem Bereich, der über das Wohl und Wehe der Menschen entscheiden konnte, die in seine Hände geraten waren. Ich fragte de Ponfilly nach seiner Meinung über Marschall Fahim, doch er tat die Frage mit einer wegwerfenden Geste ab: »Was kann Massud denn schon für seine Nachfolger?« Nein, de Ponfillys Verehrung war unanfechtbar. Wenn das Bild Massuds durch die Wirklichkeit in Gefahr geriet, reagierte er darauf, indem er Massud aus der Geschichte heraussezierte, in einen Raum ohne Zeit, ohne den Schmutz, den eine kriegerische Geschichte unweigerlich mit sich bringt.

Der Franzose und das Panschirtal, das ist die Geschichte einer leidenschaftlichen Liebe. De Ponfilly schien mir tatsächlich an der »maladie afghane« zu leiden. Im Zentrum dieser »maladie« stand Shah Ahmad Massud, doch er war tot, und das Afghanistan von heute ist nicht mehr das Afghanistan der achtziger und neunziger Jahre. De Ponfilly wusste das. Während er über das heutige Afghanistan sprach, schmolz seine anfänglich zur Schau gestellte Überheblichkeit dahin. Es zeigte sich, dass sie nur ein Schutzwall gewesen war gegen eine Welt, die nicht mehr die seine war, eine Welt, die ihn verwirrte und bitter machte. Er hätte nicht zurückkommen dürfen, er wusste das. Ein Mann, der sich mit Sehnsüchten wirklich auskannte, hatte ihm einen guten Rat fürs Leben mit auf den Weg gegeben. Anlässlich eines Dokumentarfilmes fragte de Ponfilly den Literaturnobelpreisträger Joseph Brodsky, ob er nicht nach Petersburg zurückkehren wolle. Die knappe Antwort des Exilrussen lautete: »Geh niemals an den Ort zurück, den du liebst!«

Das erzählte de Ponfilly mir an diesem Nachmittag. Sein Team bereitete sich inzwischen darauf vor, eine neue Szene zu drehen. Diesmal sollte sie unten am Fluss spielen, am kalten Panschir, der nachts im Mondschein leuchtet wie flüssiges Silber und tagsüber in der Hitze munter wirbelt und tanzt, dieser Fluss Panschir, der eine leise Ahnung davon geben kann, warum selbst der Rat eines Nobelpreisträgers manchmal folgenlos verpufft.

Wer in den domestizierten europäischen Landschaften aufgewachsen ist, wird überwältigt von diesem Tal, das anarchisch, kompromisslos und willensstark ist. Die immerzu wechselnden Farben der Bergrücken, der Wind, der überfallartig von Gipfeln herunterstürzt, der Überfluss an Licht, die Nacht, die sich senkt wie der Vorhang nach einer grandiosen Aufführung – der Mensch ist hier zum staunenden Zuschauer verdammt, die Vorstellung, er könne eingreifen in das Räderwerk Welt, verkommt in diesem Schauspiel allmächtiger Natur zu einer Illusion. Man musste dann noch über eine romantische Seele verfügen, die sich von der gerechten Sache einer Guerilla entflammen lässt und daher bereit ist, manche Untat zu übersehen. Wenn das alles gegeben war, konnte man der Obsession de Ponfillys leicht auf die Spur kommen.

De Ponfilly schlief nachts im Freien, auch wenn es mitunter empfindlich kühl war. Er hatte sich ein eisernes Bett auf das Dach eines Nebengebäudes stellen lassen. Er verabschiedete sich immer recht früh von seinem Team, einer fröhlichen Gruppe junger Franzosen. Ich hatte an einem Abend beobachtet, wie er unauffällig grüßend aus dem Raum ging, in dem alle aßen. Es wirkte, als schliche sich einer davon, der nicht dazugehörte. Jeden Abend also lag er im Freien und schaute auf den hell erleuchteten Sternenhimmel. Dieser Himmel war ein zentraler Protagonist in seinem Film. Mochte auch auf Erden das Böse wüten, dort oben herrschte Gerechtigkeit. Dort auch stand das Schicksal für jeden Einzelnen schon festgeschrieben. Ganz gleich, wer ihn befragte, der Himmel des Panschir sprach die Wahrheit.

»Siehst du viele Sterne?«, fragte der Mujahed Assad den sowjetischen Soldaten Nikolaj in einer Schlüsselszene des Films. »Siehst du sie? Jeder einzelne ist ein Märtyrer!« Beide blickten hinauf. Ein Stern verglühte vor ihren Augen. »Das ist der Stern des Soldaten!«, sagte Assad und wusste in dem Moment nicht, dass er das Schicksal Nikolajs vorwegnahm. Nikolaj würde sterben. Nikolaj, der in der Gefangenschaft Assads Freund geworden war. Der junge Russe, der in diesen Krieg gezwungen, dann gefangengenommen worden war und von nichts anderem träumte, als nach Frankreich zu emigrieren. Es war eine schöne Geschichte, sentimental gewiss, doch war sie kraftvoll wie die Landschaft, hart und gnadenlos. De Ponfilly wusste, dass es nicht einfach sein würde, hier zu drehen. Nachts, wenn er auf seinem Bett lag, dachte er bestimmt auch an die tausend Schwierigkeiten, die jeden Tag zu bewältigen waren, an die Sicherheit seiner Leute, für die er garantieren musste und es doch nicht mit hundertprozentiger Sicherheit konnte, denn auch er, der das Panschirtal gut kannte, auch er fand sich nicht mehr zurecht hier und irrte mitunter herum, nur durfte er es nicht zugeben, vor sich selbst nicht und vor seinem Team nicht. Trotzdem blieb er dabei. Er wollte hier drehen. Es gab für ihn keine Alternative. »Ich konnte es mir gar nicht anders vorstellen, als im Panschirtal zu arbeiten!« Zu eng waren sein eigenes Leben und das gesamte Projekt mit diesem Tal verbunden. Er musste es auch tun, weil das ein Akt der Loyalität gegenüber seinem Helden Shah Ahmad Massud war.

Im Herzen des Regisseurs sind die achtziger Jahre wie ein Schatz gespeichert. Einigkeit, Brüderlichkeit, Freiheit – diese urfranzösischen Sehnsüchte schwangen alle mit, wenn de Ponfilly von damals erzählte, vom Krieg gegen die hochgerüsteten Sowjets, den einfache Bauern führten, die nichts wussten von der Welt, so wenig sogar, dass viele glaubten, die Erde sei nicht rund, sondern flach. Diese Zeit lebte in ihm weiter, aber sie war nicht mehr. »Ich habe damals meinen Dokumentarfilm über Massud in jedem Dorf gezeigt. Alle sagten mir: ›Was immer du brauchst! Komm zu uns! Wir helfen dir!‹« Er erzählte dies mit Verachtung in der Stimme. »Und jetzt? Für alles verlangen sie Geld von mir, für alles. Geld, Geld, Geld!« Er spuckte diese Worte aus. Er konnte gar nicht fassen, dass diese Menschen, die er so geliebt hatte, nun scheinbar zu gierigen, korrupten Wesen verkommen waren. »Ich bin sehr traurig!«, sagte de Ponfilly. »Das ist das letzte Mal, dass ich hierherkomme. Mein letzter Film in Afghanistan!«

Wie leicht, dachte ich mir, wäre es, de Ponfilly Naivität vorzuwerfen, doch glaubte ich, dass man ihm damit nicht gerecht würde. Man würde aber vor allem die Wucht der Veränderungen unterschätzen, die nicht nur diesen Regisseur überwältigten. Ihn belächeln, hieße den Blick von Kabul abwenden, von diesem Moloch, der die Landschaft Stück für Stück erobert und sich dabei ein paar verglaste Shoppingcenter in sein immer noch vom Krieg verunstaltetes Gesicht setzt, als wollte er jetzt gleich und sofort Los Angeles werden. Kabul war die Hauptstadt des Wiederaufbaus geworden, angeblich Zentrum des neuen Afghanistans, Hort der Stabilität in einem unsicheren Land. Es war ein surrealer Ort, an dem sich alle gegenseitig belauerten: die Spekulanten, die Hilfsorganisationen, die Soldaten, die Drogenbarone, die Stammesfürsten, die Diplomaten. Kabul war eine Stadt, die tagsüber vibrierte und nachts erschöpft vom eigenen Hunger in tiefen Schlaf fiel. De Ponfilly empfand Abscheu vor diesem neuen Afghanistan, das sich in Kabul spiegelte. »Früher waren die Afghanen stolz darauf, Afghanen zu sein. Manchmal wussten sie zwar nicht, was das bedeutet. Aber sie hatten ein Gefühl für die eigene Würde!«

Je länger wir zusammensaßen, desto mehr schien de Ponfilly vor meinen Augen zu zerbröseln, bis der nackte Kern seiner Geschichte sichtbar wurde. Die Dreharbeiten zu seinem Film wurden für ihn zu einem langen, schmerzhaften, unerwarteten Abschied von einer großen Liebe. Das, schien mir, war ihm nicht klar gewesen, bevor er hierhergekommen war. Als er es nach und nach verstand, errichtete er eine hohe Mauer, von deren Zinnen er jeden mit Vorwürfen bewarf, der den Gegenstand seiner Liebe in Zweifel zog. Er gab sich wissend und stark, doch in Wahrheit unterspülte jeder Tag im Panschirtal seine eilig errichtete Festung.

Am Tag nach dem Gespräch fuhren wir in ein Seitental des Panschirtals. Es war bereits später Nachmittag. Die Szene sollte bei Dunkelheit gedreht werden. Wir waren zu früh dran, doch wollte ich die Gelegenheit ergreifen, mich umzusehen. Die Seitentäler nämlich hatten es den Männern von Massud immer wieder ermöglicht, davonzukommen. Wenn die Sowjets mit großer Übermacht ins Tal drängten, wichen die Mujaheddin aus. Sie waren wie Wasser, das in einer umgekehrten Bewegung vom Hauptstrom zu den Quellen zurückfloss. Die Straße führte uns Richtung Osten, zuerst durch eine enge Schlucht, dann einen steilen Hang entlang, und schließlich öffnete sich das Tal terrassenförmig, lief über mehrere Stufen einem Berg entgegen, der es abzuschließen schien. Auf der ersten großen Terrasse befand sich ein Dorf. Die Lehmhäuser waren in dichtes Grün eingebettet, Bäume, Felder, Gebüsch. Kein Mensch war zu sehen. Es herrschte völlige Stille. Das ist der Anblick, den Leutnant Wladimir Poljakow vor sich hatte, als er 1980 mit seinen Männern in das Panschirtal kam. Die Soldaten konnten niemanden sehen und wussten doch, dass irgendwo hinter den Lehmmauern, hinter Bäumen, im hohen Gras, hinter Felsen und Steinen die afghanischen Scharfschützen auf sie zielten und abdrückten, sobald die Soldaten ihren Kopf zu weit aus dem gepanzerten Wagen streckten. Selbst wenn Leutnant Poljakow das Dorf besetzte, hatte er nichts erreicht, denn nur wenige hundert Meter von den Häusern entfernt öffneten sich Schluchten, kleine Täler, die immer tiefer in den Berg führten, in ein steinernes Labyrinth ohne Ausweg.

Wir hielten außerhalb des Dorfes an einer Straßenbiegung an. Die Szene sollte hier gedreht werden. Ein russischer Mannschaftswagen würde in einen Hinterhalt der Mujaheddin geraten. Nikolaj, einer der zentralen Helden des Films, sollte hier gefangengenommen werden. Ein Teil des Teams hantierte mit allerlei Geräten herum. Die Aufnahmeleiterin machte sich Notizen, ein Wagen mit Essen kam, Trinkwasserflaschen wurden verteilt, die russischen Schauspieler saßen abseits auf einem Felsblock. Die Sonne stieß an die scharfe Kante der Bergspitzen, und aus ihrem Inneren ergossen sich blutrote Lichtströme in das Tal. Es würde nicht mehr lange dauern und sie würde hinter den Bergen verschwinden. Die Nacht kam hier schnell, sie sprang triumphierend aus der Erde, wo sie sich tagsüber vor der Übermacht des Lichtes verborgen gehalten hatte.

Ein Afghane erschien, ein großer, kräftiger Mann von vielleicht vierzig Jahren. Er trug traditionelle Kleider, eine Pakulmütze, Pluderhosen, ein weites, langes Hemd und eine Weste. Sein Haar fiel ihm tief auf die Schulter, sein langer Bart reichte ihm bis auf die Brust. Die Augen hatte er sich mit Kohlestift umrandet, sodass sie noch dunkler leuchteten, als sie ohnehin schon waren. Ich glaubte, er gehöre zu den Schauspielern, so übertrieben gepflegt war seine Erscheinung. Eine Französin aus dem Filmteam, die Dari sprach, unterhielt sich mit ihm. Er stellte sich als Dorfbewohner vor, der aus Neugier hergekommen sei. Er hätte gehört, hier würde ein Film über Massud gedreht, und er sei ein Mann Massuds gewesen, er habe ihn gut gekannt. Er trug ein traditionelles Saiteninstrument in einer Hand. Die Französin lächelte ihn an, dann wandte sie sich an mich und sagte: »Er fragt, ob wir nicht mit ihm ein Stück den Hang hinaufgehen wollen. Von dort oben gibt es einen wunderbaren Rundblick über die Berge.« Ich nickte. Der Afghane schritt aus, ich und die Übersetzerin folgten ihm. Der Hang war sehr steil. Je weiter wir hochkamen, desto schwieriger wurde der Anstieg, denn die Steine ragten zackenförmig aus der Erde. Sie waren spitz und scharf. Der Hang war stachelig wie der Rücken eines Igels. Ich setzte meinen Fuß vorsichtig zwischen Steine, darauf bedacht, nicht zu stolpern, denn ich war mir sicher, dass ich mir die Hand aufstechen würde, sollte ich mich am Hang festhalten müssen. Der Afghane lief voran, geschickt balancierte er über die Felsen. Wir kamen ihm kaum nach. Nach nicht einmal zehn Minuten hatten wir eine Stelle erreicht, wo der Hang sich zum Tal hin öffnete. Dort wartete er auf uns. Als wir ihn erreichten, forderte er uns auf, uns zu setzen. Es gelang uns mit Mühe, einen einigermaßen angenehmen Platz zu finden. Dann nahm der Afghane sein Instrument, stimmte es kurz und sang. Ich dachte noch, dass er ein wenig aussah wie das Klischee eines Afghanen, wie aus einem Katalog gesprungen, recht kitschig das alles, dachte ich, doch das war nur der instinktive und vergebliche Versuch, mich dem Schauspiel, das nun folgen sollte, zu entziehen. Die schöne Stimme des Sängers flog über den Hang hinaus, klagte, zitterte und vibrierte für einen langen Augenblick über dem Panschirtal, stieg dann höher und höher hinauf, bis zu den Sternen, die am Nachthimmel aufflammten. Wir saßen unbeweglich zwischen den Felsen, die schwarz aus der Erde wuchsen. Eine Windböe fiel plötzlich über den Hang. Die Felsen heulten auf. Der Sänger unterbrach sein Lied nicht. Er sang weiter. Er kannte das Geräusch. Es war der Chor der Toten von Panschir, die ihn begleiten wollten.

8

Ich lasse die Karte offen auf dem Schreibtisch liegen, greife zu meinem Stadtführer von Kabul und blättere darin, ohne zu lesen. Ich überfliege die Zeilen, manchmal lese ich ein paar Sätze. Es ist mühsam, weil die Druckschrift schon etwas angegriffen ist von der Zeit, manche Buchstaben sehen aus, als hätten Mäuse sie angeknabbert, andere sind schon regelrecht in sich zusammengebrochen wie ein längst baufälliges Haus. Ich schließe die Augen und streiche mit den Fingern über die Seiten. Mir ist, als könnte ich die kaputten Stellen in den Buchstaben spüren. Es fühlt sich an, als führe man durch eine Trümmerlandschaft in Miniatur. Manchmal holpern meine Finger über etwas Widerständiges, das ich nicht bestimmen kann, andere Male rutschen sie über eine Rampe in einen Keller, aus dem sie sich über wackelige Treppen mühsam wieder heraustasten. Ich spüre ein Kitzeln an meinen Fingerspitzen. Ich hebe die Hand hoch und betrachte meine Finger, denn ich glaube, dass die Buchstaben an ihnen kleben geblieben sind, doch das ist eine Sinnestäuschung. Sie haben geflüstert, und meine Finger haben es gehört.

Die Karte von Kabul in diesem Stadtführer lässt sich ausfalten. Ein großer Teil der Karte besteht aus Weißraum. Die eingezeichneten Straßen und Plätze wirken darin etwas verloren und provisorisch, als seien sie zwar sauber, aber doch sehr schnell eingetragen worden, wie auf dem Reißbrett, als sei Kabul nicht eine jahrhundertealte Stadt, sondern eine relativ neue Gründung. Dieser Stadtplan atmet den Geist der siebziger Jahre. Der Glauben an den Fortschritt ist den klaren Linien und Strichen anzusehen, ihnen liegt eine Rationalität zugrunde, die sich absetzten will vom Gewirr und

Gewusel eines orientalischen Basars. Die Karte verspricht eine lichte Zukunft. Ich denke an das Häusergewirr der Stadt und versuche das Bild in meinem Kopf zu vergleichen mit den klaren Linien und scharfen Konturen der Karte. Doch ich sehe nichts davon vor meinem geistigen Auge. Ich blicke wieder auf den Plan. Es ist, als würde er eine Stadt abbilden, die nicht existiert, die nur in der Vorstellung des Zeichners lebt und sich nur in diesem Buch verwirklichen konnte. Ich erinnere mich nun mit einer gewissen Beschämung daran, dass ich bei einer meiner ersten Reisen nach Kabul einem Fahrer namens Ahmad, der für mich arbeitete, den Stadtplan vorlegte und ihn bat, mir zu zeigen, wo er wohnte. Er schaute auf die Karte, drehte sie mal nach links, dann wieder nach rechts. Er blickte auf, schaute mich ratlos an, kratzte sich am Kopf, nahm sich wieder die Karte vor, fuhr mit seinem Zeigefinger darüber und las halblaut die Beschriftungen. Schließlich klopfte er mit dem Finger auf die Karte und sagte: »Hier? Ich denke, ich wohne hier?!«

»Was meinst du mit: ›Ich denke?‹ Wohnst du hier oder wohnst du nicht hier?«

Er zuckte mit den Schultern und ließ den Finger auf der Karte. Ich sah nun, dass er sie auf einem Weißraum hielt, der sich im Westen der Stadt ausbreitete, irgendwo dort, wo die Straßen im Nichts verliefen. Erst jetzt wurde mir bewusst, wie dumm meine Frage war. Der Stadtplan war dreißig Jahre alt. Er bildete etwas ab, das es nicht mehr geben konnte, der Krieg war wie ein Wirbelwind durch Kabul hindurchgefegt, Tausende Menschen waren umgekommen, Tausende waren aus der Stadt geflüchtet, Tausende waren vom Land hierhergekommen, Schutz suchend auch sie. Kabul füllte sich mit Menschen und es leerte sich mit Menschen, Kabul dehnte sich aus und schrumpfte, Kabul platzte aus allen Nähten und fiel in sich zusammen. Nie war Ruhe, seit dreißig Jahren hämmerte immerzu der Krieg an die Tore dieser Stadt, in allen Gassen und Straßen erklang sein schreckliches Donnern. In den Rinnsteinen sammelten sich das Blut und der Angstschweiß seiner Bewohner.

»Kabul, in fast 2000 Metern Höhe gelegen und von vielleicht 60 000 Einwohnern bewohnt, bot uns wenig Interessantes. Die Häuser der Altstadt waren fast durchweg aus Lehm oder luftgetrockneten Ziegeln erbaut, durch ein Holzfachwerk versteift und zum Teil zwei

Stockwerke hoch. Die Gassen waren eng und winkelig, mit Kopfsteinen belegt, in der Gegend des Basars oft ganz von den zu beiden Seiten vorgebauten oberen Stockwerken der Häuser überwölbt. Da aller Unrat in die Gassenrinnen floss, herrschte, besonders zur heißen Jahreszeit, in diesen Stadtteilen ein unglaublicher Gestank. Wir konnten nicht begreifen, dass der Amir, der selbst die Gesetze der Hygiene wohl erkannte, so wenig tat, der Bevölkerung seiner Hauptstadt, von der alljährlich mehrere hundert an Cholera starben, zu helfen. Hätte uns nicht das buntfarbige und geschäftige Leben des Hauptbasars angezogen, wir hätten gern auf weiteren Besuch verzichtet. Hier merkte man so recht, wie rückständig dieses von aller Welt abgeschlossene arme Land war.«[39]

Oskar von Niedermayer hatte lange ausgeharrt, bevor er endlich die Stadt Kabul sehen konnte. Der Amir hatte die Delegation, die von Niedermayer anführte, mit allen militärischen Ehren empfangen lassen. Er schickte einen herausgeputzten Generalstabsoffizier zum Empfang. Schmucke Soldaten präsentierten die Gewehre, eine Kapelle spielte auf. Doch all das geschah vor den Toren der Stadt. Das Empfangskomitee geleitete von Niedermayer in den prachtvollen Garten Bagh-e-Babur, der ein paar Kilometer außerhalb Kabuls lag. Danach mussten von Niedermayer und seine Delegation warten, warten und nochmal warten. Dabei brannte er vor Ungeduld.

Man schrieb 1915. Der Erste Weltkrieg war im vollen Gange. Während auf Europas Schlachtfeldern Hunderttausende verbluteten, war Oskar von Niedermayer im Auftrag des Kaisers nach Kabul aufgebrochen, um Amir Habibullah für den Kriegseintritt auf Seiten Deutschlands zu gewinnen. Der Kaiser glaubte an diese Möglichkeit, denn er hatte in den islamischen Ländern einen guten Ruf. Man nannte ihn liebevoll »Haji Wilhelm«. Außerdem war die Türkei mit dem Kaiserreich verbündet. Der türkische Sultan Abdul Hamid war formell der Kalif aller Muslime. In dieser Eigenschaft hatte er den »Heiligen Krieg« gegen die ungläubigen Alliierten ausgerufen. Der Amir Afghanistans war dem Aufruf nicht gefolgt, doch von Niedermayer könnte ihn durchaus davon überzeugen. Der Kaiser glaubte das, von Niedermayer glaubte das.

Er war sich der Schwere der Aufgabe durchaus bewusst, doch scheute er keine Mühen. Der Krieg in Europa war ihm schmerzlich präsent, auch hier, in dem von der Heimat Tausende Kilometer entfernten Kabul. Von Niedermayer blickte vom Garten Bagh-e-Babur aus auf das fruchtbare Tal des Kabulflusses und auf die gewaltigen, schneebedeckten Berge des Hindukusch: *»Lange betrachteten wir das prächtige Schauspiel der zwischen schwarz-blauen Wolken und zackigen, rot glühenden Berggipfeln untergehenden Sonne, die noch hoch über unserer fernen Heimat und den blutigen Schlachtfeldern von Frankreich stand.«*[40]

Doch Amir Habibullah spielte auf Zeit. Sein Vater, der eiserne Abdur Rahman, hatte die Lage Afghanistans sehr treffend mit der einer Ziege verglichen, die zwischen dem hungrigen russischen Bären und dem mächtigen englischen Löwen schnell zerrissen werden konnte, wenn sie nicht besonders vorsichtig war. Vorsicht hieß in diplomatische Worte übersetzt »Positive Neutralität«, das hieß abwarten und zusehen, wer in dem großen Kampf die Oberhand gewinnen würde, um sich dann rechtzeitig auf dessen Seite schlagen zu können. Afghanistan ging es immer um das Ganze, um das Überleben, um seine Existenz als Staat. Habibullah wollte sich nicht hineinziehen lassen in den großen Konflikt, musste aber gleichzeitig Unnachgiebigkeit demonstrieren, denn sein Volk, sosehr es ihm auch unterworfen war, würde es ihm nicht verzeihen, wenn er sich zu einer Marionette hätte degradieren lassen. Der Bär und der Löwe sollten also wissen, dass sie die Ziege zwar fressen konnten, der Preis dafür aber sehr hoch wäre – denn sie war unverdaulich. Sie würden sich an ihr verschlucken. Der Amir nutzte jede Gelegenheit, dies deutlich zu machen.

Nachdem Russland im Russisch-Japanischen Krieg 1905 eine vernichtende Niederlage erlitten hatte, bildete es mit England eine Allianz gegen das erstarkende deutsche Kaiserreich. Eines der Ergebnisse davon war eine Übereinkunft, welche die gesamte Region zwischen Persien, Afghanistan und Tibet in Einflusszonen aufteilte. Russland gab dabei die »Kontrolle« über Afghanistan an England ab. Diese Übereinkunft allerdings benötigte die Zustimmung des Amirs. Dieser verweigerte sie tapfer mit dem durchaus richtigen Argument, Afghanistan habe nicht mit am Verhandlungstisch gesessen. Die beiden Großmächte ignorierten die Einwände des Amirs und setzten die Übereinkunft einfach in Kraft. Der Amir hatte nicht die Möglichkeit, sich dagegen zu wehren, doch seine Weigerung hatte einen hohen symbolischen Wert – nach innen wie nach außen.

Das war die Lage des Amirs, als Oskar von Niedermayer nach Afghanistan kam. Der Amir wusste, dass ein offizieller Empfang einer deutschen Delegation die Engländer gegen ihn aufbringen würde. Er wusste auch, dass der Deutsche es gewiss schon als Erfolg verbuchen würde, wenn die Engländer durch seine Anwesenheit in Unruhe versetzt würden. Alles, was die Kräfte des Empires binden konnte, alles, was die Regierung in London und Vertreter in Kalkutta beunruhigte, war von Niedermayer recht. Es brauchte dazu nicht viel, denn die Engländer registrierten wie immer mit Argusaugen jede Bewegung in Kabul. Als sie sich auf dem europäischen Kontinent mit Napoleon bekriegten, hielten sie Ausschau nach französischen Agenten, die sich möglicherweise am Hof des afghanischen Herrschers tummelten; als sie mit Russland um die Vorherrschaft in Zentralasien konkurrierten, richteten sie ihren Blick auf russische Gesandte, und nun, da sie in Europa mit Deutschland in einem tödlichen Kampf lagen, würde jeder deutsche Zungenschlag in Kabul eine Erschütterung in Delhi auslösen. Afghanistan war der Spiegel für europäische Machtpolitik. Was sich dort abspielte, wurde hier sichtbar, klar und gleichzeitig schattenhaft. In seinen Erinnerungen hielt von Niedermayer mit stolzgeschwellter Brust fest: *»Der Leser wird es mir nicht als Unbescheidenheit anrechnen, wenn ich auch eine Stelle aus einem Bericht über General Mallesons Expedition (Persien) in der ›Morning Post‹ anführe, die lautet: ›Deutsche Intrige und Propaganda, die so emsig in den Jahren vor dem Krieg ausgeführt wurde, brachte, wie bekannt, Russland und Großbritannien in große Verlegenheit, aber es ist weniger bekannt, wie nah so geschickte und entschlossene Propagandisten wie Niedermayer (…) daran waren, ähnliche und gefährlichere Bedingungen in Afghanistan und durch Afghanistan in Indien selbst zu schaffen.‹«*[41]

Doch zunächst musste er sich in Geduld üben. Die Reputation von »Haji Wilhelm« reichte nicht einmal aus, seinem Gesandten die Tore des afghanischen Königspalastes zu öffnen. Von Niedermayer und seine Kameraden vertrieben sich die Zeit im Garten Bagh-e-Babur, so gut sie eben konnten. *»Wir ritten mangels anderer Bewegung täglich mehrere Stunden im Garten spazieren, bauten uns*

Hürden und andere Geländehindernisse und hielten wahre Reitjagden ab, wobei die grüne Rasenfläche und die wohl gepflegten Blumenbeete nicht immer geschont werden konnten, mit Entsetzen sah es der neue, zu unserer Bedienung und Bewachung bestellte langbärtige, verschlagene Mehmandar.«[42] Der »verschlagene« Mehmandar war vermutlich weniger über die beschädigten Rasenflächen irritiert als über die Tatsache, dass die Deutschen es überhaupt wagten, in diesem Garten wilde Galopprennen zu veranstalten, die Erde aufzuwerfen, Beete, Gras und Büsche niederzutrampeln. Der Garten Bagh-e-Babur war zwar kein religiöses Heiligtum, aber hier liegt einer der größten Herrscher Asiens begraben: Zahiruddin Babur Padscha, genannt Babur. Auf seinem Grabstein steht: »Ein Herrscher, von dessen Augenbrauen das Licht Gottes leuchtet, das Rückgrat des Glaubens Zahiruddin Muhammad Babur Padscha. Er eroberte die Welt und wurde zu seinem Licht.«

Bagh-e-Babur – wer immer einen Kabuli nach einem schönen Platz der Stadt fragt, den zu besuchen sich lohnte, der erhält zur Antwort: »Bagh-e-Babur. Sie müssen Bagh-e-Babur sehen!« Seit meinem ersten Aufenthalt in Kabul fahre ich jedes Mal dorthin. Auf der Stadtkarte der siebziger Jahre ist er eingezeichnet, ein grünes Rechteck, am Fuße eines Berges. Der Garten liegt schon lange nicht mehr außerhalb der Stadt wie zu den Zeiten von von Niedermayers Besuch. Er ist Teil des Molochs Kabul geworden. Der Weg vom Stadtzentrum führt über eine große Ausfallstraße Richtung Westen, dann geht es über schlaglochübersäte Straßen, durch ein Häusermeer bis zu den Ufern des Kabulflusses, der die meiste Zeit des Jahres nichts weiter ist als ein trauriger, kraftloser, von Müll gesäumter Wasserlauf, der vom vielen Missbrauch stumpf und schwarz geworden ist. Der Garten ist von hohen Lehmmauern umgeben, die festungsgleich allen Lärm und Schmutz der Stadt abwehren. Während der Bürgerkriegsjahre zwischen 1992 und 1996 war dieser Teil der Stadt besonders schwer getroffen. Auch Bagh-e-Babur erlitt bittere Verluste, fast alle Bäume wurden von den Einwohnern gefällt. Sie verfeuerten das Holz in ihren Öfen, kochten damit das wenige Essen, das sie in diesen Jahren hatten, wärmten sich in den bitterkalten Wintern, in einsamen Kriegsnächten. Menschen, die hungernd und frierend mit Beilen und Sägen bewaffnet durch den Garten streifen und sich an den Bäumen vergehen – für Babur wäre dieser Anblick das pure Grauen gewesen. Denn er war ein Liebhaber der Pflanzen, ein kenntnisreicher, leidenschaftlicher Gärtner, der die Pläne für Bagh-e-Babur selbst entworfen hatte. Für diesen König gab es keinen besseren Platz, um einen Garten anzulegen, als Kabul, für ihn gab es keine schönere Stadt auf Erden. Babur und Kabul, das ist die bewegende Liebesgeschichte zwischen einem großen Herrscher und einer betörenden Stadt, einem Krieger und einer Schönheit.

Im Alter von zwölf Jahren wurde Babur in seinem heimischen Ferghana-Tal, das sich über die drei Staaten Usbekistan, Tadschikistan und Kirgistan erstreckt, zum König gekrönt. Bald stürzten ihn Verwandte vom Thron. Er flüchtete, wanderte jahrelang um sein Leben fürchtend im Ferghana-Tal von Haus zu Haus, lebte bei einfachen Bauern, die ihn vor seinen Verfolgern schützten, lernte ihre Sitten und Bräuche kennen. Und er erfuhr in diesen Jahren der Flucht, dass jeder Mensch von der Güte und Treue anderer abhängt. Babur war ein Liebhaber der Frauen, der Poesie und ein Feldherr, der seinesgleichen suchte. Er gewann seinen Thron zurück und eroberte 1504 Kabul, die Stadt, der er alsbald in großer Leidenschaft verfiel. In seinem wundervollen, über tausend Seiten umfassenden Tagebuch, dem *Babur-Nama*, schreibt er über die Stadt: *»Im Land von Kabul gibt es dicht beieinander heiße und kalte Gegenden. An einem Tag kann ein Mann außerhalb der Stadtgrenzen einen Ort erreichen, wo niemals Schnee fällt, oder er kann von der Stadt aus in wenigen Stunden eine Gegend erreichen, wo der Schnee niemals schmilzt.*

Früchte warmer und kalter Jahreszeiten kann man in dem Distrikt rund um die Stadt bekommen. Unter den Früchten kälterer Jahreszeiten gibt es Trauben, Granatäpfel, Aprikosen, Äpfel, Quitten, Birnen, Pfirsiche, Pflaumen, Walnüsse. Unter den Früchten der warmen Jahreszeit bekommt man hier Orangen, Zitronen, Zuckerrohr. Und schließlich Kabuls Wein: Er steigt einem zu Kopf. (...)

Das Klima ist sehr angenehm. Sollte es eine andere Stadt auf dieser Welt mit so einem Klima geben, sie ist nicht bekannt. Selbst in der Hitze kann man nachts ohne ein Fell nicht schlafen. Auch wenn der Schnee im Winter sehr hoch liegt, so ist die Kälte nicht allzu stark, während in Samarkand und Tabris, den beiden Städten, die wie Kabul für ihr angenehmes Klima bekannt sind, die Kälte extrem ist. (...)

Elf oder zwölf Sprachen werden in Kabul gesprochen – Arabisch, Persisch, Türkisch, Moghul, Hindu, Afghanisch, Pashai, Paraj, Gibri, Birki und Lamghani. Wenn es ein anderes Land auf Erden mit so vielen verschiedenen Stämmen und solch unterschiedlichen Sprachen gibt, dann ist es nicht bekannt.«[43]

Kein Zweifel, Babur war der Stadt verfallen, über seinen Tod hinaus sollte er von ihr träumen. Seine poetische Seele hätte nichts lieber getan, als sich hier niederzulassen, doch sein kriegerisches Herz, seine Ambition, seine Lust auf Eroberungen trieb ihn weiter über den Khyberpass nach Indien. Er eroberte 1526 Agra und legte die Grundlage für das Mogulreich, das den Subkontinent knapp drei Jahrhunderte lang beherrschen sollte. Kabul sollte er nie wiedersehen, doch immerzu davon träumen. Das indische Agra wurde zur Hauptstadt des Mogulreiches, doch Babur liebte Agra nicht. Er sehnte sich nach Kabul wie ein Mann, der sich nach Vollkommenheit sehnt. *»Trink Wein im Schloss von Kabul und lass den Becher ohne Unterlass herumgehen, denn Kabul ist Berg, ist Fluss, ist Stadt, ist Ebene in einem.«*[44]

Als er im Jahr 1530 auf dem Sterbebett lag, ließ er seinen Sohn Humayum sowie alle seine Generäle rufen: *»Jahrelang war es mein Wunsch gewesen, den Thron Humayum zu übergeben und mich in meinen goldenen Garten zurückzuziehen. Durch die Güte Gottes habe ich alle meine Wünsche erfüllt bekommen, nur diesen letzten Wunsch nicht.«*[45] Seine Söhne aber sollten ihn erfüllen. Es ist nicht bekannt, wann genau Baburs Leichnam von Agra nach Kabul überführt wurde, vermutlich irgendwann zwischen 1539 und 1544. Das Grab wurde ganz nach seinen Wünschen gestaltet: Es sollte einfach sein, unter freiem Himmel stehen, kein Wächter sollte es bewachen müssen.

Das Grab Baburs liegt am höchsten Punkt des Gartens. Der Weg zu ihm führt über mehrere Terrassen, die gesäumt sind von duftenden Rosenbeeten und von dicht belaubten Bäumen. Wasser plätschert fröhlich die Stufen eines treppenförmig angelegten Kanals entlang, fächert den Besuchern Kühle zu und lockert ihre Gedanken auf. Tatsächlich ist Baburs Grab im gesamten Garten auf den ersten

Blick bei Weitem das Unspektakulärste. Doch bemerkt jeder Besucher, dass all die Pracht und Schönheit, all das Zarte und Lebendige des Gartens ihren Ursprung in der Sehnsucht des Herrschers hat, der hier unter einer einfachen weißen Marmorplatte begraben liegt.

Es hat einige Jahre gedauert, bis in Bagh-e-Babur wieder Rosen blühten, Bäume wuchsen, Wasser fröhlich in den Kanälen plätscherte. Nach dem Sturz der Taliban war der Garten ein trostloser Ort gewesen, verfallen, verwüstet, vergessen von den Bewohnern Kabuls, die in ihrer Not keine Zeit und keinen Sinn hatten für Baburs Träume. Doch nach und nach erholte sich der Garten, gehegt und beschützt von Architekten, Restauratoren, Archäologen und Gärtnern, die eine Gewissheit und ein Wunsch einte: Wenn die Kabulis die Kraft finden sollten, den Krieg zu überwinden, dann liegt die Quelle dafür hier, denn hier triumphiert die Schönheit über den Tod.

Oskar von Niedermayer preschte im Oktober 1915 mit seinen Kameraden durch den Garten, weil er sich langweilte und wohl auch, weil er zornig war über die Behandlung, die ihm der Amir zuteilwerden ließ. Tausende Kilometer hatte er hinter sich gebracht. Er war durch die glühenden Wüsten Irans geritten, über eisige, windgepeitschte Pässe, er hatte Entbehrungen aller Art auf sich genommen, Abenteuer bestanden und sein Leben riskiert, und nun war er dazu verbannt, hier endlose Tage zu warten. Schließlich griff von Niedermayer zum Äußersten: Er und die Seinen traten in den Hungerstreik. Der Amir gab nach. Er ließ wissen, dass er die Delegation gerne empfangen werde, ließ dann aber wieder mehrere Tage untätig ins Land gehen.

Schließlich kam der große Augenblick. Der Amir empfing die Delegation, die neben den deutschen auch türkische Mitglieder hatte. Die Türken sollten den Amir im Namen des Sultans an seine heilige Pflicht als Muslim erinnern, den Heiligen Krieg gegen die ungläubigen Alliierten zu führen. Die ersten Verhandlungen dauerten stundenlang. Der Amir war ein recht illusionsloser, sehr pragmatischer Charakter: *»Er verglich uns mit Kaufleuten mit allerlei Waren, von denen er sich die ihm gut und nützlich erscheinenden aussuchen wollte. Alles schien für ihn Geschäft zu sein. Dazu machten unsere Mohammedaner* (die türkischen Mitglieder der Delegation – U. L.) *mit ihren wohl präparierten Vorträgen über den Heiligen Krieg* *lange Gesichter.«*[46] Nein, mit religiösen Pflichten war dem Amir nicht zu kommen. Er kannte die Machtverhältnisse sehr genau. Er wusste, wie weit entfernt Deutschland lag. Die Kraft, der Stolz und das Selbstbewusstsein des deutschen Kaiserreiches waren eindrucksvoll, doch das Klirren der kaiserlichen Waffen kam am Hindukusch nur gedämpft an wie der parodistische Nachklang eines alles europäisches Porzellan zerschlagenden Riesen. Europa mochte zittern, wenn die Armeen des Kaisers sich in Bewegung setzten, der Amir aber konnte sich Zeit nehmen zu überlegen, ob er sich davon beeindrucken lassen sollte. Wem hatte man ihm schon geschickt? Einen Artillerieoffizier namens Oskar von Niedermayer, der sich nicht anders zu helfen wusste, als sich mit einem Hungerstreik Zugang zum Hof zu verschaffen? Was hatte er anzubieten? Geld, Waffen, Güter? Wenn er das hatte, wie wollte er das alles herbeischaffen, wenn er selbst doch schon größte Mühe gehabt hatte, lebend über Iran nach Kabul zu kommen? War ihm die Sorge nicht anzusehen, dass er von den Engländern, die jeden seiner Schritte beobachteten, gefasst werden könnte? All das wird sich der Amir gefragt haben, als er von Niedermayer empfing. Auch die türkischen Gesandten beeindruckten ihn nicht mit ihrem Gerede vom Heiligen Krieg. Die Ottomanen waren schwach, seit Jahrzehnten siechte ihr Reich dahin. Nun lag der sprichwörtliche kranke Mann vom Bosporus auf dem Sterbebett. Und der Amir sollte seine Hand ergreifen? Im Namen islamischer Solidarität? Wie stark war im Vergleich dazu England! Wie real die Bedrohung, die vom Empire ausging! Seine Truppen standen gleich hinter dem Khyberpass. England würde nicht zögern. Es hatte bereits zweimal gegen Afghanistan Krieg geführt.

Es brauchte also sehr überzeugende Argumente, damit der Amir sich in einen Krieg gegen England stürzte. Der Amir hörte sich an, was ihm angeboten wurde, traf aber keine voreilige Entscheidung. Für einen Mann in seiner Position eine durchaus kluge Vorgehensweise. Er wollte zunächst einmal abwarten, wie der Krieg in Europa sich entwickelte. Zu dem Zeitpunkt des Zusammentreffens mit von Niedermayer, im Oktober 1915, konnte noch niemand sagen, ob die Mittelmächte unter der Führung Deutschlands oder die Alliierten siegreich sein würden. Von Niedermayer erkannte die vorsichtige Klugheit des Amirs sofort: *»Er war gewiss nicht der Negerhäuptling,* *den man mit einigen Glasperlen in einen wilden, fanatischen Kampf gegen unsere Feinde treiben konnte.«*[47]

Aus welchem Holz Amir Habibullah geschnitzt war, zeigt sein Verhältnis zu dem Journalisten und Schriftsteller Mahmud Tarzi. Dieser Mann war ein begnadeter Satiriker, Pamphletist, Reformer und Freigeist, ein Afghane, der zwanzig Jahre in Damaskus im selbst gewählten Exil gelebt hatte. Damaskus vibrierte damals vor intellektueller Energie. Nationalismus, Islam, das Kalifat, das Verhältnis zum Westen – eine ganze Generation suchte im Schatten des langsam, aber sicher dahinsterbenden Reiches der Ottomanen nach neuen Ideen und nach Orientierung in einer Welt, die für alle sichtbar aus den Fugen geriet. Tarzi befand sich mittendrin in diesem brodelnden, intellektuellen Leben. Er stürzte sich in die Debatten, schärfte seine Argumente, entwickelte Pläne und träumte davon, seine Heimat Afghanistan auf den Pfad der Moderne zu bringen. Die Gelegenheit dazu kam. Als der eiserne Amir Abdur Rahman 1901 starb und sein Sohn Habibullah ihm auf den Thron folgte, kehrte Tarzi mit seiner syrischen Frau und seinen Kindern nach Kabul zurück. Amir Habibullah ernannte ihn als Erstes zum Chef des staatlichen Übersetzungsbüros. Er beauftragte ihn vor allem damit, die fantastischen Romane des französischen Schriftstellers Jules Verne aus dem Türkischen ins Persische zu übersetzen. Habibullah liebte Verne, er konnte sich verlieren bei der Lektüre von *In 80 Tagen um die Welt,* er war hingerissen von *Von der Erde zum Mond,* und *20 000 Meilen unter den Meeren* versetzte ihn in ungläubiges Staunen. Die Liebe des Amirs zu Jules Verne verriet seine Aufgeschlossenheit gegenüber technischem Fortschritt, Offenheit gegenüber neuen Ideen, eine allgemeine, unvoreingenommene Neugier. Der Amir suchte sich eben, wie von Niedermayer nach der ersten Audienz niedergeschrieben hatte, »unter allerlei Waren die ihm gut und nützlich erscheinenden aus«. Für Tarzi war das Temperament des Amirs eine große Chance. Denn er war mit der fixen Idee nach Kabul zurückgekommen, eine wichtige Rolle bei der in seinen Augen nötigen Modernisierung des Landes zu spielen. In seiner alle zwei Monate erscheinenden Zeitschrift *Seraj-ul-Akbar* (Leuchte der Nachrichten) attackierte Tarzi den europäischen Imperialismus genauso heftig wie den Unwillen des orthodoxen muslimischen Klerus zur Reform. Er ging sogar so weit, die weit verbreitete Überzeugung anzugreifen, wonach Muslime vom Westen, diesem Hort der Ungläubigen, nichts lernen konnten. Tarzi legte sich mit allen an, und es gab nicht wenige in Kabul, die ihn zum Teufel wünschten. Doch der Amir hielt seine schützende Hand über ihn. Er machte ihn zu seinem Berater. Tarzi dankte es ihm mit gewohnter satirisch unterfütterter Unbotmäßigkeit. In einem Leitartikel seiner Zeitung schrieb er: »*Der Amir ist der einzige Förderer moderner Bildung und Wissenschaft in Afghanistan. In meinem unglücklichen Land gibt es keine moderne Erziehung und Wissenschaft!*«[48] Zeilen wie diese erbosten den Amir, wie ihm überhaupt der wilde, unbändige Drang seine Beraters Tarzi, Politik und Gesellschaft in Afghanistan von Grund auf umzukrempeln, fürchterlich auf die Nerven ging. Mehrmals soll der Amir gedroht haben, ihn hinrichten zu lassen. Doch diese Drohungen setzte er nicht um. Er hat sie wohl auch nicht allzu ernst gemeint, denn Habibullah begann sein Land durchaus im Sinne Tarzis zu reformieren, wenn auch in kleinen Schritten. Tarzi hatte immer das große Ganze im Blick, wenn er von Reformen sprach, der Amir freute sich an den kleinen Dingen des Fortschritts. Er förderte ihn besonders dort, wo er seinen Hobbys entgegenkam. Er ließ beispielsweise die Straße von Kabul zum Khyberpass ausbauen, weil er Autos liebte und gerne schnell dahinraste. Er entwickelte eine Leidenschaft für Fotografie, importierte zahlreiche Kameras aus Europa und fotografierte viel. Es lässt sich leicht vorstellen, wie er mit seinen Fotos seine vier Frauen und seine 35 offiziellen Konkubinen unterhielt, wie er fachsimpelte und ihnen die neuesten Fotoapparate vorführte, wie er ihnen begeistert die Fotos präsentierte, die er damit geschossen hatte, und wie ihm die Schar seiner vielen Frauen pflichtschuldig zuhörte, um ihn zu erfreuen.

Oskar von Niedermayer war wahrscheinlich schon vor der Audienz über die Neigungen des Amirs und das fruchtbare, wenn auch stürmische Verhältnis zu seinem Berater Mahmud Tarzi informiert. Nach dem ersten Gespräch mit dem Amir ging von Niedermayer daran, ihn mit deutschem Erfindungsgeist zu beeindrucken. Auf seinem Rundgang im großen Basar stellte er schnell fest, dass die meisten der verarbeiteten Waren aus Indien stammten und es so gut wie keine originellen afghanischen Fabrikate gab. Das war seiner Meinung nach weder verständlich noch nötig. Denn Kabul verfügte über eine gute Tuch-, Leder- und Schuhfabrik und importierte doch alle entsprechenden Fertigprodukte. Viel Geld floss auf diese Weise aus dem Land und konnte nicht dafür verwendet werden, im Inneren eine Infrastruktur für eine brauchbare Industrie aufzubauen. Von Niedermayer entschloss sich dazu, dem Amir Anschauungsunterricht zu geben: *»Um ihm zu beweisen, wie gut man sich mit den im Land selbst hergestellten Produkten kleiden kann, ließen wir uns daraus Unterwäsche, Anzüge, Kopfbedeckung und Schuhe anfertigen, selbst die Manschettenknöpfe waren aus afghanischen Münzen und den im Land in großer Menge und besonders schöner Beschaffenheit vorkommenden Lapislazuli-Steinen von einem der Österreicher, der Goldschmied war, hergestellt.*

Bei Hof gab es da manch beschämtes Erstaunen. Uns, die wir ohne Hilfsmittel ins Land gekommen waren, kam es hier wie bei andren Dingen darauf an, zu beweisen, dass allein schon technisches Wissen aus den im Land schlummernden Kräften wertvolle Hilfsmittel zu machen in der Lage ist.« [49] Von Niedermayer hatte freilich immer den Kriegsgegner England im Blick. Wo er nur konnte, versuchte er ihn zu beunruhigen. So setzte er sein Wissen dazu ein, »Maschinchane«, wie der Komplex von Waffen- und Munitionsfabriken auf Dari heißt, zu verbessern und ihre Leistungsfähigkeit zu erhöhen. Die Engländer registrierten das mit einer gewissen Sorge. Der deutsche Agent und seine Begleiter arbeiteten in alle Richtungen. Als der Amir die Stämme des Landes zu einer *Jirga*, einer großen Versammlung, zusammenrief, knüpfte von Niedermayer zu ihnen Kontakte und versuchte, wie er sich ausdrückte, manch *»Samenkorn in ihre Herzen zu pflanzen«*. Das war nicht besonders schwer, denn antienglische Ressentiments grassierten unter den afghanischen Stämmen, und Deutschland kämpfte gegen England. Es hatte keine koloniale Geschichte in der ganzen Region, weder in Afghanistan noch im Iran. Es hatte keine Gelegenheit gehabt, in diesem Teil der Welt Schuld auf sich zu laden. Von Niedermayer vertrat eine jungfräuliche Macht. Neben dieser intensiven Kontaktpflege versuchte von Niedermayer, die afghanische Armee auf Vordermann zu bringen. Er erweiterte und reformierte eine Offiziersschule, ließ entlang der Straße Kabul–Peshawar Befestigungsanlagen bauen und leitete eine Aufstockung der Armee von 50 000 auf 70 000 Mann ein. Der Amir ließ ihn gewähren. Eine starke Armee war ihm durchaus recht. Auch sein Berater Mahmud Tarzi glaubte insgeheim, eine loyale, disziplinierte Armee könne eine wichtige Rolle bei der grundlegenden Reform einer im Kern konservativen Gesellschaft spielen. Von Niedermayer hingegen hatte Träume von geostrategischen Ausmaßen. Er wollte aus der afghanischen Armee eine schlagkräftige Truppe bilden, die über den Khyberpass England angreifen sollte. Wenn es ihr gelänge, den englischen Truppen Niederlagen beizubringen und sie in Bedrängnis zu bringen, bliebe das nicht ohne Wirkung auf die indischen Untertanen. Sie würden sich gegen das Empire auflehnen und es zum Einsturz bringen. Das war von Niedermayers großer Plan.

Je länger er aber in Kabul blieb, je mehr Monate ins Land gingen, desto mehr sah er ein, dass seine Ideen möglicherweise etwas zu kühn waren. Sie zerschellten an den Realitäten Afghanistans. Über die afghanischen Truppen schrieb er in seinem Tagebuch: *»Wenn sie auch keinen besonderen Gefechtswert hatten, so konnten sie doch im Verein mit den kriegerischen, einige hunderttausend Mann starken Grenzstämmen Gutes leisten, solange sie sich auf vertrautem Gebirgsboden befanden.«*[50] Doch von Niedermayer verzweifelte vor allem am Amir, dem *»überängstlichen, die Zeichen der Zeit nicht erkennenden Herrscher, den ich nicht zu einem offenen feindseligen Auftreten gegen Indien bewegen konnte«.*[51] Der Amir aber erkannte die Zeichen der Zeit sehr wohl. Er wollte sich auf keine Abenteuer einlassen. Der Deutsche hatte den afghanischen Soldaten viel Nützliches beigebracht, er hatte bewiesen, dass in Afghanistan viel Potenzial steckte, wenn man es nur zu nutzen wusste, alles in allem hatte er sich in wenigen Monaten um das Land verdient gemacht. Doch nun war es an der Zeit, ihn zu verabschieden, denn der Amir wusste, dass ein noch längerer Aufenthalt des Deutschen Afghanistan Schaden zufügen würde. England würde diese Provokation nicht ewig dulden. Als von Niedermayer den Amir wieder einmal bedrängte, endlich aktiv zu werden, ließ dieser ihm eine Antwort zukommen, die deutlich machte, dass seine Anwesenheit in Kabul nicht mehr erwünscht war. Von Niedermayer entschloss sich, abzureisen. Der Amir aber beteuerte in dem letzten Gespräch mit von

Niedermayer, es sei durchaus nicht zutreffend, dass er ihn zur Abreise zwinge, das sei eine gezielt gestreute Lüge seiner Feinde. *»›Ihr haltet mich für einen Englandfreund‹, sagte er zu mir und zog mich ans Fenster, wo er auf die zerstörte Burg hinter der Stadt zeigte – ›das Volk, das uns dieses Erinnerungszeichen gesetzt hat, betrachtet kein Afghane als seinen Freund. Wenn ich gehandelt habe, wie ich es tat, glaubt mir, ich konnte nicht anders. Mag sein, dass die Geschichte mir unrecht geben wird.‹ Wir waren überzeugt, dass sie es tun würde.«*[52] Am 21. Mai 1916 verließ von Niedermayer Kabul. In Europa tobte immer noch der Krieg. Der Amir wartete geduldig darauf, wer ihn gewinnen würde.

Die Aufzeichnungen von Niedermayers wirken heute verwegen, ja geradezu illusorisch, doch spiegeln sie getreu die weltumspannende Auseinandersetzung des Ersten Weltkrieges wider. Als die europäischen Imperialmächte aufeinanderprallten, wurde kaum ein Winkel der Erde verschont. Afghanistan war nur ein Nebenschauplatz, doch in den Augen der Geostrategen war es auch das Nadelöhr, durch das der Virus der Vernichtung in den wertvollsten Körper des britischen Empires gelangen konnte: Indien. Aus der Sicht Englands hatte Afghanistan für seinen gesamten Herrschaftsbereich potenziell destabilisierende Wirkung. Von Niedermayer wollte den Amir dazu bringen, die Engländer anzugreifen, aber es wäre ihm genauso recht gewesen, wenn England sich zu einer Intervention in Afghanistan entschlossen hätte. Es gab damals gewichtige Stimmen in England, die zu diesem Schritt rieten. Doch die Erfahrung, wie schwierig es war, gegen die Afghanen Krieg zu führen, und die Tatsache, dass der Krieg in Europa die Kräfte des Empires band, ließen England zögern – soviel auch von Niedermayer in Kabul provozieren mochte, sosehr er sich auch aufplusterte und drohen mochte, so wenig war England bereit, sich auf dieses Spiel einzulassen. Die Engländer wussten auch, wie vorsichtig der Amir war. Sie kannten seinen Sinn für die Realitäten. Der Amir wusste, wie von Niedermayers Ambitionen einzuordnen waren.

Trotzdem, die Mission des bayerischen Artillerieoffiziers bewies, dass Afghanistan von einer Weltmacht als existenzielle Bedrohung wahrgenommen wurde. In diesem Land, das *»von der Natur so wenig gesegnete, an Hilfsmitteln und Rohstoffen so arme Afghanis-*

tan, dem es unmöglich war, eine größere, leistungsfähige Industrie einzurichten«,[53] konnte die Lunte gezündet werden, die zur Vernichtung eines Weltreiches führen würde. England spürte das deutlich. Afghanistan blieb eine offene Flanke. Etwas mehr als achtzig Jahre nach von Niedermayers Mission glaubte auch eine andere Weltmacht an den lebensbedrohlichen »afghanischen Virus«: die Sowjetunion. Ihre Führer kamen Ende der siebziger Jahre des vergangenen Jahrhunderts zu dem Schluss, die Zukunft ihres Riesenreiches werde auch in Kabul entschieden. Die Sowjets setzten im Winter 1979 die Panzer in Marsch. Sie besetzten das Land, erstaunlicherweise ganz entgegen ihren ursprünglichen Absichten und wider besseren Wissens. Das Politbüro der Sowjetunion sprach sich noch im März 1979 eindeutig gegen eine militärische Intervention aus, um das wankende kommunistische Regime in Kabul zu stützen. Jurij B. Andropow, der Chef des Geheimdienstes KGB, sagte sehr klar: »Wir können eine Revolution in Afghanistan mit unseren Bajonetten unterdrücken, aber das ist für uns inakzeptabel. Wenn wir nämlich in Afghanistan einmarschieren, sind wir die Aggressoren.« Premierminister Alexej K. Kossygin fügte hinzu: »Wir können keine Truppen entsenden. Das wird uns nur gewaltige Nachteile bringen und keinen einzigen Vorteil.« Der Verteidigungsminister Dmitrij F. Ustinow warnte vor einer Intervention mit den Worten: »Das afghanische Volk würde uns nicht vergeben!« Trotzdem marschierten sie ein, die Angst hatte sie gepackt, eine diffuse Angst vor Afghanistan, wie vor einem schwarzen Loch, das sie verschlingen könnte. Von Niedermayer wäre sehr zufrieden gewesen, wenn England Jahrzehnte vorher denselben Fehler gemacht hätte und sich hätte hineinziehen lassen in dieses von der »Natur so wenig gesegnete« Land. Im 21. Jahrhundert gab es einen Mann, dem genau dies gelang: Osama bin Laden. Er lockte die Weltmacht USA nach Afghanistan. Darüber war er gewiss glücklich.

Amir Habibullah starb drei Jahre nach von Niedermayers Abreise durch die Hände eines Attentäters, der ihm bei einer Jagdpartie in Jalalabad aufgelauert hatte. Sein drittältester Sohn Amanullah wurde zum Amir ernannt. Nach dem tödlichen Anschlag auf den Amir traf Amanullah mit Mahmud Tarzi zusammen. Die beiden umarmten sich, und Tarzi, der unermüdliche intellektuelle Aktivist, sagte zu Amanullah: »Weine nicht, jetzt ist die Zeit zu handeln gekommen!« Der neue Amir nahm Tarzi beim Wort. Er ging von Beginn an daran, das Land zu reformieren. Doch die Reformen kamen zunächst nur stockend voran, denn Amanullah musste sich gegen Konkurrenten aus der eigenen Familie wehren, was ihm schließlich dennoch gelang. Er ernannte Tarzi zum ersten Außenminister, den Afghanistan je hatte. In dieser Funktion drängte er den Amir zum Krieg mit England, denn das Empire, so Tarzi, sei geschwächt und man könne sich »besetztes Land« zurückgewinnen. Im Mai 1919 marschierten afghanische Einheiten in die von den Engländern kontrollierten Stammesgebiete an der Grenze zu Indien ein. Sie errangen überraschend eine Reihe von Siegen. Doch die Engländer schlugen mit einer neuen Waffe zurück. Piloten der Royal Air Force flogen Doppeldecker über die hohen Berge des östlichen Afghanistans und warfen Bomben auf Kabul und Jalalabad. Es war das erste Bombardement aus der Luft in der Geschichte Afghanistans. Der Flugzeuglärm am Himmel, die folgenden Explosionen, der Feuerblitz, der Rauch, die Zerstörung – dies löste unter den Afghanen einen tiefen Schock aus. Ein Angriff aus der Luft? Die Militärs wussten um diese neuen Kriegsmaschinen, doch die Masse der Einwohner hielt es nicht für möglich, dass es Bomben regnen konnte. Sie fühlten sich diesen Höllenmaschinen, die plötzlich am Himmel erschienen, hilflos und schutzlos ausgeliefert. So weit also reichte der Arm des Empires, über die Gipfel des Hindukusch hinweg. Selbst wenn die Soldaten des Amirs in den Bergen östlich von Kabul erfolgreich gegen die Engländer kämpften, bedeutete dies offensichtlich nicht viel für die Sicherheit der Hauptstadt. Nach den ersten Bombardements nahmen beide Seiten schnelle Verhandlungen auf. Die Engländer, weil sie nach zahllosen Verlusten, die sie im gerade eben zu Ende gegangenen Ersten Weltkrieg erlitten hatten, kein Verlangen verspürten zu kämpfen; der Amir, weil er einsehen musste, dass er sich gegen die waffentechnische Überlegenheit der Engländer nicht wehren konnte. Dabei waren nicht die Bomben das unmittelbar Gefährlichste, sondern die schnell wachsende Opposition gegen seinen Kriegskurs. Seine eben erst errungene Machtposition war noch nicht gefestigt genug, um diese Kritik ignorieren zu können. Er brauchte einen Waffenstillstand und bekam ihn von den erschöpften Engländern, wenn es auch mehr als ein Jahr dauern sollte, bis ein Abkommen zustande kam. Dabei entwand sich Afghanistan Schritt für Schritt seiner alten kolonialen Herren. Amanullah führte Afghanistan 1919 in die Unabhängigkeit. Es war frei, mit wem auch immer in der Welt Beziehungen einzugehen, ohne die Engländer um Erlaubnis bitten zu müssen. Als erstes Land der Welt nahm das bolschewistische Russland 1919 offizielle diplomatische Beziehungen zu Afghanistan auf – unmittelbar danach flossen die ersten russischen Hilfsgelder nach Kabul.

Amir Amanullah liebte das Spiel mit hohem Einsatz. Was er anfasste, tat er mit höchster Energie, Entschlossenheit und ohne viele Gedanken darauf zu verschwenden, ob seine Entscheidungen auf einem soliden Fundament standen oder nicht. Im Dezember 1927 brach er als erster afghanischer Amir überhaupt zu einer Reise nach Europa auf. Er sollte erst im Juli 1928 wiederkehren. In den europäischen Hauptstädten staunte man über diesen Herrscher aus einer anderen Welt. Afghanistan, das war der Inbegriff eines exotischen, fernen, wilden Landes. Jahrhundertelang war es abgeschlossen gewesen, die Grenzen eifersüchtig bewacht von England und Russland, aber genauso heftig von den eigenen Herrschern in Isolation gehalten, weil sie äußeren Einflüssen misstrauisch gegenüberstanden. Nun kam der Amir von Afghanistan, bestens gekleidet, in Begleitung seiner schönen Frau Soraya und traf sich mit den Spitzen der Staaten. Man empfing ihn mit allen Ehren. Amanullah wusste sich elegant zu bewegen. Die Gazetten berichteten begeistert über diesen König. Sie hungerten nach bunten, unterhaltenden Geschichten dieser Art. Der Erste Weltkrieg hatte drei Kaiserreiche hinweggefegt: das deutsche, das russische und das habsburgische. Für Klatschzeitungen waren die grauen Zeiten der Republiken angebrochen. Geschichten von königlichen Höfen, von Prinzen und Prinzessinnen, von höfischen Intrigen, Liebschaften und Skandalen waren rar geworden, da kam dieser exotische Herrscher gerade recht. Man räumte ihm Platz ein. Er genoss es. Berlin, Paris, Moskau, London, Brüssel, Bern, Warschau standen auf dem Programm. Er besuchte Ägypten, die Türkei und Teheran. Er feierte nicht nur gesellschaftliche Erfolge, sondern auch politische. Er schloss diplomatische Beziehungen mit einer Reihe von Staaten, zum Beweis dafür, dass Afghanistan endlich die Arena der internationalen Staatengemeinschaft betreten hatte.

Die Feinde des Amirs nutzten seine monatelange Abwesenheit, um gezielt Gerüchte zu streuen und seine Reformpolitik zu torpedieren. Konservative religiöse Kreise echauffierten sich über die mondäne Reise des Monarchen, die angeblich alle Sitten und Gebräuche des Landes mit Füßen trat. In Kabul zirkulierten Fotos, die zeigten, wie Amanullah und seine Frau Soraya sich bei gesellschaftlichen Anlässen vergnügten. Die wildesten Geschichten gingen um. So hieß es plötzlich, der Amir werde aus Europa Maschinen mitbringen, mit denen man aus menschlichen Leichen Seife herstellen konnte. In den Moscheen, in den Gassen des Basars, in den Gebetshäusern, auf Straßen und Plätzen hieß es immer lauter: »Der Amir hat sich gegen Allah und den Islam gewandt!«

Mahmud Tarzi, sein Berater, verfolgte dies alles in größter Sorge. Er hatte Amanullah gewarnt, auf eine so lange Reise nach Europa zu gehen. Der Amir, so Tarzi, sollte zuvor seine Macht festigen. Er sollte nach dem Modell des türkischen Führers Kemal Atatürk eine schlagkräftige, treu ergebene Armee aufbauen. Sie konnte den Amir in allen innenpolitischen Stürmen, die sein Reformeifer gewiss auslösen würde, beschützen. Ohne Armee war sein ganzes Programm nichts wert, weil er es nicht durchsetzen konnte. Das dachte Tarzi, und dass es Zeit bräuchte, viel Zeit, damit dieses Afghanistan die anvisierten Reformen verdauen konnte. Er selbst platzte vor Ungeduld, doch sie provozierte oft nur das Gegenteil von dem gewünschten Ergebnis: wachsenden Widerstand.

Amanullah wollte nicht hören. Er kam aus Europa zurück, entschlossener denn je, aus einem Land der Stämme, wie es Afghanistan war, einen modernen einheitlichen Nationalstaat zu formen, eine Flagge, eine Hymne, eine Armee, ein Nationalgefühl, einen Präsidenten. Amanullah entwarf sein Afghanistan buchstäblich auf dem Reißbrett. Er ließ eine neue Hauptstadt bauen. Sie sollte gerade mal acht Kilometer von den verschlungenen, übel riechenden Gassen der Altstadt Kabuls entfernt entstehen, eine moderne, funktionale Stadt, nach den Kriterien eines vernunftgeleiteten Gemeinwesens ausgerichtet, das sich verabschiedet hatte von dem Dunkel des Aberglaubens. Dar-ul-Aman hieß die Stadt.

Auf meinem Stadtplan von Kabul ist Dar-ul-Aman deutlich zu sehen. Eine gerade Linie durchschneidet diese »Stadt«, die heute ein großes Viertel Kabuls bildet. Entlang dieser Straße entstanden repräsentative Bauten jenes neuen Afghanistans: Parlament, Schulen, Botschaften. Abgeschlossen wird die Straße von einem quadratischen, mehrere Stockwerke hohen Gebäude von riesigen Ausmaßen: Amanullahs Palast. Es ist ein Denkmal der Vergeblichkeit.

Während des Bürgerkrieges 1992 bis 1996, als sich die verschiedenen Kriegsherren die Hauptstadt streitig machten, tauchte immer wieder das Bild dieses Königspalastes in den westlichen Medien auf. Es war das sprechende Beispiel für die grausame, unaufhaltsame Selbstzerfleischung der Afghanen. Bomben, Granaten, Raketen, Minen, Handfeuerwaffen – der Palast hat von allem abbekommen. Nichts ist ihm erspart geblieben. Die afghanischen Krieger rissen ihm das Dach vom Kopf, schlugen tiefe Wunden in seinen mächtigen Körper, beschossen seine feste, harte Haut, bis sie übersät war mit Einschusslöchern, sie verrichteten ihre Notdurft in dunklen Ecken, beschmierten die Mauern mit ihren Parolen, mit ihrem Kot und ihrem Blut. Sie raubten alles, was sie in seinem Inneren finden konnten, dann legten sie Feuer. Es fegte fauchend und zischend durch die schutzlosen Räume, über Treppenaufgänge, durch Keller und Dachböden, es wütete und drang immer tiefer in das Innere dieses steinernen Riesen, bis es an seiner eigenen Gier erstickte und erlosch. Als die Krieger mit ihrem Werk der Zerstörung fertig waren, kam der Regen, es kam die Hitze, es kam der Schnee. Das Wasser weichte den Palast auf, rann in alle Ritzen und Falten, unterspülte seine Fundamente, es floss die Wände entlang, die Treppen hinunter, sammelte sich in Tümpeln, aus denen bald beißender Gestank aufstieg. Die Hitze des Sommers schrubbte mit flammenden Besen an den Wunden des Palastes, so lange, bis die gequälten Wände in stummer Verzweiflung aufschrieen, so laut, dass es die ganze Stadt hätte hören müssen, doch die Einwohner Kabuls waren mit Taubheit geschlagen, ihre Ohren waren verstopft von den Jahren des Elends und der Verzweiflung. Niemand fiel den Kriegern in den Arm, niemand bremste die Sonne in ihrer rasenden Wut, niemand mäßigte den trommelnden Regen. Schnee fiel durch die Trümmer des Daches auf die schwarzen, verkohlten Gerippe des Palastes, begrub sie mit kaltem Tuch. Nie war Ruhe in diesem Palast. Es krachte, brodelte, knirschte, knackte, rauschte, und selbst im Winter war durch den Schnee noch ein Pochen zu hören, wie von jemandem, der in einem tiefen Stollen begraben ist und Hilfe suchend mit den Fäusten gegen das Innere der Erde hämmert. Er lebte noch, irgendetwas im Königspalast lebte noch.

Vielleicht waren es die Flüchtlinge, die nach dem Sturz der Taliban hierhergekommen waren, die Flüchtlinge, die man mit einer Mischung aus Drohungen und Lockung zurück in ihre Heimat gezwungen hatte. Sie lungerten im Schatten des Palastes herum. Der vielfach geschundene Riese hatte immer noch Kraft, diesen armen Ausgestoßenen Schutz zu bieten. Ich traf diese Flüchtlinge auf einem meiner Streifzüge durch die Stadt, die ich immer wieder unternahm. Um Dar-ul-Alam von meinem Hotel aus zu erreichen, gibt es zwei Möglichkeiten. Eine Straße führt durch die Altstadt, am Kabulfluss entlang durch einen Einschnitt zwischen zwei felsigen Bergen, an denen noch Reste der historischen Stadtmauer Kabuls zu sehen sind. Die andere Straße macht einen Bogen um diesen schluchtartigen Einschnitt, führt über die Anhöhe, auf der das Hotel Intercontinental steht, und fällt dann eine Kurve beschreibend in das weite Kabultal ab. Beide Wege eröffnen Besuchern ein unterschiedliches Verständnis von Dar-ul-Alam. Wer über den Kabulfluss kommt und sich durch das alte, wirre, enge Kabul quälen muss, empfindet anschließend die Magistrale Dar-ul-Alams wie einen Lichtstrahl, der ihm große Erleichterung verschafft. Amanullah wollte den Abschied von der Vergangenheit physisch erlebbar machen. Das neue Afghanistan wand sich aus dem schlaffen, trockenen Bauch des alten heraus und trat dann in die Offenheit einer lichten Zukunft. Die zweite Straße nach Dar-ul-Alam ist neueren Datums. Ruhig führt sie über die Anhöhe des Hotels Intercontinental und schwingt sich in einer sanften Bewegung hinunter nach Dar-ul-Alam. Amanullahs Stadt wirkt, wenn man diesen Weg nimmt, nicht wie ein plötzlicher, erzwungener Aufbruch aus einer dunklen Vergangenheit, sondern wie das Ergebnis eines natürlichen Wachstums der Stadt. Dar-ul-Alam hat während des Krieges schwer gelitten, nicht nur der Königspalast, das gesamte Viertel ist zerschlagen worden. Die Magistrale war bei unserer ersten Ankunft in Kabul nach dem Sturz der Taliban gesäumt von einem Trümmerfeld, das sich bis an den Horizont erstreckte. In Dar-ul-Alam stießen zeitweise die Milizen von drei, manchmal sogar vier Kriegsherren aufeinander. In ihrem Kreuzfeuer starben Tausende Zivilisten, Hunderte Gebäude stürzten ein, brannten aus und verkohlten bis auf die Grundmauern.

Doch wer durch die schmutzige Schicht des Krieges hindurchblickt, wer vor seinem geistigen Auge die Trümmer wegräumen kann, der wird in Dar-ul-Alam ein selbstsicheres, gelassenes Kabul erkennen, das sich seiner Zukunft gewiss war. Amanullah stieß seine Landsleute wie störrische Tiere über den Pfad der Modernisierung, Tritte austeilend, wenn sie vor Angst nicht vorangingen, schimpfend, schreiend und die Peitsche schwingend. Er schien keine Selbstzweifel zu haben. Kemal Atatürk in der Türkei war die gewaltsame Modernisierung gelungen, warum sollte es ihm nicht gelingen? Hatte er weniger Willenskraft? Weniger Macht? Deutsche Ingenieure bauten eine Straßenbahnverbindung zwischen Kabul und Dar-ul-Alam. Das sollte bis heute die einzige Zuglinie bleiben, die in Afghanistan je gebaut wurde. Die Passagiere fuhren im offenen Waggon durch die Stadt, genossen den Fahrtwind und die herrliche Aussicht auf das grüne Tal und die schneebedeckten Berge. Doch die Straßenbahn ruckelte längst schon durch eine Stadt, die zum Bersten gespannt war. Amanullah erließ Gesetze, welche nahezu sämtliche gesellschaftlichen Gruppen frontal angriffen. Er verbot das Tragen des Schleiers. In einer dramatischen Geste nahm er seiner Frau in aller Öffentlichkeit den Schleier vom Gesicht. Er verbot die Polygamie und führte die Schulpflicht ein. Das politische System versuchte er nach westlichem Vorbild umzubauen. Seine Reformen sahen die Bildung eines Oberhauses vor, dessen Mitglieder ernannt werden sollten, sowie eines Unterhauses, dessen Mitglieder gewählt werden sollten. Außerdem wollte er eine Trennung von Staat und Religion durchsetzen. Afghanistan sollte zu einer konstitutionellen Monarchie werden. Amanullah eröffnete koedukative Schulen und schrieb allen Afghanen in Kabul vor, westliche Kleidung zu tragen. Stolze Stammesangehörige mussten nun auf den Markt gehen und sich dort in westliche Anzüge pressen lassen. Zu der Demütigung kam der Spott. Denn die Schneider witterten ein großes Geschäft. Sie verlangten für westliche Kleidung überteuerte Preise. Das trug dazu bei, dass die Wut auf Amanullah weiter anstieg.

SKATEISTAN

In den Bergen östlich von Kabul sprach sich herum, dass man sich in der Hauptstadt wie die Ungläubigen kleiden und dafür viel Geld zahlen müsse; es sprach sich herum, dass Mädchen gemeinsam mit Jungen die Schulbank drückten, Frauen ihr Haar nicht mehr bedecken durften und sich so den gierigen Blicken fremder Männer freigeben mussten – und in den Bergen östlich von Kabul brach im November 1928 der erste Aufstand gegen Amanullah los. Die Paschtunen des Shinwari-Stammes brannten den Königspalast in Jalalabad nieder. Die Armee, die Amanullah schickte, um die Shinwaris zu bestrafen, zerbröselte vor seinen Augen. Die Soldaten desertierten. Die Lawine war ins Rollen gekommen. Das Gebäude, das Amanullah entschlossen und schnell, zu schnell errichtet hatte, brach zusammen. Amanullah gelang die Flucht. In einem Rolls-Royce raste er nach Kandahar, immer noch in der Hoffnung, den Weg zurück auf den Thron zu finden – doch das war eine vergebliche Hoffnung. Amanullah sollte Afghanistan nie wieder regieren. Er floh nach Indien und fand schließlich Exil in Italien. König Viktor Emanuel gab es ihm sehr ungern, wie berichtet wird. Doch abweisen konnte er ihn nicht. Viktor Emanuel nämlich hatte Amanullah bei seiner aufsehenerregenden Tour durch Europa bei seinem Besuch in Rom eine Kette umgehängt. Darauf stand zu lesen: »Cousin des Königs« – und einem Cousin konnte selbst Viktor Emanuel nicht die Tür weisen. Amanullah starb in der Schweiz, wo er sein endgültiges Exil gefunden hatte.

9

In den ersten Wochen und Monaten nach dem Sturz der Taliban streifte ich durch die Stadt und sammelte Geschichten ein. Es war eine reiche, verstörende Ernte. Ich staunte und wurde bestaunt von den Kabulis, die schon seit vielen Jahren kaum oder überhaupt keine Ausländer mehr gesehen hatten. 1989 hatten die sowjetischen Besatzer das Land verlassen, die von ihnen hinterlassene Regierung hielt sich noch drei Jahre lang, zwischen 1992 und 1996 herrschte Bürgerkrieg und 1996 übernahmen die Taliban das Regiment und schotteten Afghanistan ab. Für viele Kabulis war der Westen so weit weg wie der Mars, und ich war so unwirklich wie ein Marsmensch. Manche Kabulis zogen sich misstrauisch zurück, anderen wagten sich vor, um ihre Geschichten zu erzählen, die voller Entbehrungen und Leid waren. Die agilen Händler in der *Chicken Street* passten sich schnell an. Sie wussten um die westlichen Vorstellungen von Afghanistan und nutzten sie, um Teppiche mit eingenähten Kalaschnikows zu verkaufen, mit Sowjetpanzern, mit Helikoptern und schießenden Soldaten. Sie sprachen mit den Ausländern, beobachteten genau, welche Kleidung sie trugen, welche Kopfbedeckungen und Schuhe, welche Taschen und Koffer. Es dauerte nicht einmal zwei Wochen, dann gab es etwas grob genähte, aber aus feinem Leder gearbeitete Taschen für Laptops zu kaufen. Und das in einer Stadt, deren Einwohner bis zum Sturz der Taliban kaum je einen Laptop gesehen haben dürften. Es kamen handgearbeitete Rucksäcke und Koffer in den Handel, die ihren westlichen Vorbildern bis zur Perfektion glichen. Die Modelle dafür stammten, wie ich vermutete, vom Flughafen, an dem immer wieder das eine oder andere Gepäckstück verschwand. Ein Händler bot mir eine Mini-Burka an, die man als Schutzhülle über eine Weinflasche ziehen konnte. »Unter der Burka: Alkohol!«, sagte der Mann, lachte lauthals und stopfte die Burka als Geschenk zu all den anderen Dingen, die ich gekauft hatte. Es waren chaotische Tage, voller Freude, Entsetzen und Überlebenswillen.

Damals gab es nur sehr wenige, die der Meinung waren, dass dieser Krieg falsch sei, ein Verbrechen geradezu. Wir Journalisten fungierten in unserer großen Mehrheit als propagandistisches Begleitkommando einer militärischen Mission, die sich das Kleid der Humanität angezogen hatte. Oder war es umgekehrt? Hatte sich die Humanität bewaffnet, weil sie glaubte, nur so wirksam sein zu können? War das alles das Ergebnis der »responsibility to protect«?

Wir schrieben uns die Finger wund, und doch irgendwie immer das gleiche: Die Afghanen haben noch nie Fremdherrschaft akzeptiert, die Afghanen haben mit der Zeit noch jeden Eindringling vertrieben, die Afghanen sind stolz, unbeugsam, ungezähmt. *»Ein Zufluchtsort für die grausamen und wilden Stämme (...), die ihrem eigenen Leben ebenso wenig Wert zuschrieben wie dem Leben anderer. Sie bestritten ihren Lebensunterhalt mit Raub und Mord, den sie mit großem Vergnügen praktizierten (...).«*[54] Diese Zeilen, welche der britische Autor C. Grey 1929 schrieb, um die Stämme des Khyberpasses zu charakterisieren, fanden auch im Jahr 2001 ihren Widerhall. Auch wir waren und sind gefangen in den Klischees. Es ließe sich einwenden, solche Klischees – abgesehen davon, dass sie ganz falsch seien – seien alles in allem doch recht harmlos, Folklore eben. Doch die Folklore über Afghanistan gebiert mitunter Ungeheuer. Grey entwarf das Bild der furchteinflößenden Stämme vom Khyberpass, weil sie die grausame Herrschaft des Söldners Paolo Avitabile über Peshawar rechtfertigen wollten. Menschen wie diese bräuchten einen Mann, der *»mindestens so grausam und brutal sein konnte wie sie selbst«*[55] – einen Paolo Avitabile eben.

Auch unsere Zeit, die Zeit der angeblich so humanitären Interventionen, kennt Männer vom Schlage Avitabiles. Sie sind getrieben von derselben Gier nach Geld, Ruhm und Ehre wie der Neapolitaner, der im 19. Jahrhundert die Stämme vom Khyberpass mit grausamer Hand zähmte. Am 5. Juli 2004 wurde ein Avitabile unserer Zeit in Kabul verhaftet. Sein Name ist Jonathan Idema, ein Amerikaner, der bei seiner Verhaftung behauptete, im Auftrag des Pentagon nach Afghanistan gekommen zu sein. Idema hatte Kontakte zum Pentagon und zu der US-Botschaft in Kabul. Doch stellte sich bald heraus, dass Angehörige der Botschaft wie auch Offiziere der US-Armee von einer Zusammenarbeit mit Idema mit klaren Worten abgeraten hatten. Zu unzuverlässig war dieser Mann, zu durchsichtig seine Interessen, zu unglaubwürdig die Geschichten, die er auftischte. Idema arbeitete auf eigene Faust und auf eigene Rechnung. Er war ein Kopfgeldjäger mit schillernder Vergangenheit. Afghanistan war für ihn ein Jagdgrund mit vielversprechender Beute. Er träumte davon, Osama bin Laden zu fassen und dafür Millionen einzustreichen. Dafür waren ihm alle Mittel recht. Als er verhaftet wurde, fanden die afghanischen Polizisten heraus, dass er ein privates Gefängnis in Kabul betrieb. Dort folterte er seine Gefangenen, um ihnen Geständnisse und Informationen abzupressen. Idema hatte, als er nach Kabul kam, in einem Hotel gewohnt, das dem meinen sehr glich. Als Bilder Idemas in der Presse erschienen, beschlich mich das Gefühl, diesen Mann schon einmal gesehen zu haben. Doch das war eher der Tatsache geschuldet, dass Idema so aussah wie viele Männer, die sich unmittelbar nach dem Sturz der Taliban in den kleinen, eilig eröffneten Hotels von Kabul niederließen. Sie trugen schwarze Sonnenbrillen, Westen mit vielen Taschen, weite Hosen, Stiefel, sie hatten muskulöse Arme, eine breite Brust und breite Kieferbacken. Sie trugen einen Bart und ein grimmiges Gesicht zur Schau, das hinter jeder Ecke Gefahr witterte. Sie alle sahen aus wie Idema – wie Kopfgeldjäger des 21. Jahrhunderts.

Jeder Krieg gebiert Ikonen, die eine Wahrheit enthalten. Idemas Erscheinung war das getreue Abbild eines schattenhaften Krieges, der am 11. September 2001 begonnen hatte. Es war kein klassischer Krieg, in dem sich zwei Armeen gegenüberstanden, auf einem geographisch einigermaßen klar umrissenen Ort aufeinander trafen, bis eine der beiden die Oberhand gewann oder bis ein Kompromiss in Form eines Waffenstillstandes gefunden wurde. Der Krieg gegen den Terror, den George W. Bush nach den Attentaten von New York und Washington ausgerufen hatte, war ein Krieg ohne Grenzen. Afghanistan wurde zu einem wichtigen Schauplatz, doch war er nur einer von vielen. Dieser Krieg konnte jederzeit und überall ausbrechen. Er wurde nur zum Teil von Soldaten geführt, die erkennbar Soldaten waren, von Männern, die eine Uniform trugen, die man einem Staat oder einer Partei zuordnen konnte, von Männern, die Befehlen gehorchten und Regeln unterworfen waren; zum guten anderen Teil wurde dieser Krieg von Schattenmännern geführt, die sich an keine Regeln, keine Gesetze hielten. Diese Regellosigkeit war kein Unfall, sie war gewollt. Die Terroristen kleideten sich wie wir, sie bewegten sich wie wir, sie sprachen wie wir, und plötzlich ließen sie die Maske fallen, schlugen, aus unserer Mitte heraus, zu. Warum sollten wir uns dann zurückhalten? Warum sollten wir uns an Regeln halten? Das war die Logik der Männer, die den Krieg gegen den Terror ausriefen. In unseren westlichen Gesellschaften gab es genügend Schattenmänner, die man nur von der Kette lassen musste. Jonathan Idema war einer von ihnen.

Idema war ein Mann an der Grenze zum Größenwahn. Er glaubte vermutlich selbst an die Lügen, die er auftischte. Die Berichte von jenen, die Gelegenheit hatten, ihn ein wenig besser kennenzulernen, sind in dieser Hinsicht eindeutig. Trotzdem hatte er bemerkenswerten Erfolg. Er tauchte in amerikanischen Fernsehstationen als Analyst auf, als Experte für den Krieg gegen den Terror. Eine zwielichtige Gestalt, die im gleißenden Licht der Nachrichtensendungen erschien. Als Idema sich in Kabul niederließ, produzierte er gemeinsam mit einem Kameramann und einem Journalisten »Dokumentarfilme« über die Ausbildung von Terroristen in Afghanistan. Die meisten Fernsehstationen, denen Idema diese Filme anbot, lehnten ab. Zu offensichtlich waren die Szenen gestellt. Doch Idema gelang es dennoch, eines seiner Machwerke an CBS zu verkaufen. Der berühmte Anchorman Dan Rather fuhr nach Afghanistan, um auf der Grundlage von Idemas Lügengeschichten Material für eine lange Sendung zu sammeln. Obwohl seine Fälschungen leicht zu durchschauen waren, kam Idema damit durch. Vor der Folie Afghanistans schien jede Räubergeschichte plausibel.

Es ist unser Bild von Afghanistan, unser Klischee, das Ungeheuer gebiert. Neu ist das nicht. Auch Paolo Avitabile war in den Augen vieler seiner Zeitgenossen ein Verrückter, genauso wie Idema. So wie Avitabile vielen geeignet schien, die wilden Stämme zu zähmen, so erschien Idema wie der richtige Mann für ein wildes Land.

Idema wurde 2004 von einem afghanischen Gericht zu zehn Jahren Haft verurteilt. Ins Gefängnis kam der Mensch, doch das, was er symbolisiert, läuft bis heute frei herum: der Schattenmann, dem in einem schattenhaften Krieg alles erlaubt ist, solange wir es nicht erfahren; der Mann, den das wilde Afghanistan verdient.

Dieses Bild von den Afghanen formte auch die Politik des Westens und der Vereinten Nationen. Es war das erklärte Ziel, in Afghanistan eine Politik der »leichten Fußspuren« zu betreiben, was bedeutete, dass man nicht massiv auftreten wollte, um auf keinen Fall jenen empfindlichen afghanischen Geist zu reizen, der angeblich niemals Ausländer akzeptieren würde. Und so betrat man dieses Land, als handle es sich um einen Löwenkäfig. Das kontrastierte freilich mit den Bildern der Befreiung, mit dem Jubel der Afghanen, mit dem die Intervention gerechtfertigt wurde. Doch dieser Widerspruch blieb unbeachtet. Die Nato stationierte zunächst nicht mehr als ein paar tausend Soldaten, und das nur in Kabul. Die USA gingen auf Terroristenjagd vor allem im Süden und Osten des Landes. Sie beteiligten sich zunächst kaum am Aufbau Afghanistans, doch war auch ihre Politik geprägt von einem Bild, das die Afghanen als unzähmbare Wilde zeichnete. Über die Jahre haben sich diese Geschichten aufgetürmt zu einem Gebirge, das uns nach und nach umschloss. Draußen, außerhalb Kabuls, irgendwo in diesem weiten Land lauerte die Gefahr. Um zu begreifen, was diese Gefahr mit uns machte, fuhr ich mit den Soldaten in die Provinzen – denn ihr ganzes Dasein ist darauf ausgerichtet, die Welt um sie herum als potenziellen Feind wahrzunehmen.

An einem heißen Julitag setzte mich mein Fahrer am ersten Tor des Militärflughafens von Kabul ab. Ein holländischer Offizier sollte mich hier abholen, denn ich war eingeladen, mit den holländischen Soldaten nach Uruzgan zu fahren, eine Provinz im südlichen Afghanistan. Tarin Kowt heißt die Hauptstadt, dort hatten die Holländer rund 1200 Soldaten stationiert. Ich war zu früh. Nachdem ich den Soldaten am Tor den Grund meines Kommens geschildert hatte, ließen sie mich draußen, im Schatten einer hohen Betonmauer, die zum Schutz vor Attentaten errichtet worden war, warten. Es waren belgische Soldaten, einer kam aus Ostende, der andere aus Brügge. Sie entschuldigten sich, dass sie mich nicht einlassen könnten. Die

Regeln sähen das vor. Ohne eine Begleitung, die einen am Tor abholen kam, könne niemand hinein. Ich nickte, um mein Verständnis zu signalisieren. Nach wenigen Minuten kam ein schmalbrüstiger, kleiner Afghane mittleren Alters die Betonmauer entlang. Zielstrebig ging er auf die Schranke zu, die den Zugang zum Flughafen sperrte. Als er dort angekommen war, stellte sich ihm der riesige belgische Soldat aus Ostende in den Weg.

»Hast du eine Begleitung?«, herrschte der Soldat den Afghanen mit dröhnender Stimme an.

Der Afghane duckte sich leicht: »Ja, nein ... Ich weiß es nicht!«

»Ohne Eskorte kein Einlass!«

Der kleine Afghane zog aus seiner Brusttasche einen afghanischen Ausweis hervor. Er hielt ihn zu dem belgischen Riesen hoch, der die Augen nur ein wenig nach unten bewegte: »Das kann ich nicht lesen. Das ist Arabisch!«

»Nicht Arabisch, das ist Afghanisch!«, rief der kleine Afghane zu dem Belgier hoch, der ostentativ über ihn hinwegschaute.

»Das ist Arabisch. Keine Eskorte. Kein Eintritt. Go away!«

Der Afghane protestierte. »Ich muss aber da rein!«

»Go away!«

»Aber dort ist meine Arbeit ...«

»Go away!«

»Wirklich, ich arbeite am Flughafen!«

»Go away!«

Diesmal zischte der Soldat und machte eine drohende Bewegung mit dem Gewehr. Der Afghane murmelte etwas Unverständliches, dann schlich er mit gebeugtem Kopf davon. Seine Schuhe schlurften über den Kies.

»Jeden Tag passiert das«, sagte der Belgier ruhig, »dabei müssten sie es langsam wissen. Ohne Begleitung kein Einlass.« Dann hob er seine mächtigen Schultern, die umrahmt waren von einer dicken Splitterschutzweste. Er sah aus wie ein Bär, der sich mit dem Rücken an einem Baumstamm kratzt.

Meine Begleitung kam. Ein holländischer Offizier, der mich nach kurzem Handschlag in einen offenen Jeep verfrachtete. Er fuhr in gemäßigtem Tempo über das Gelände und sagte kein Wort zu mir. Schließlich setzte er mich vor einer langgezogenen Holzbaracke ab.

»Warten Sie hier auf mich. Ich bringe Sie zum Flugzeug, wenn es soweit ist. Da drinnen«, er wies mit der Hand auf eine hölzerne Tür, »da drinnen finden Sie ein Café. Da können Sie was trinken und essen. Bis später!«

Dann brauste er davon. Ich wusste noch nicht, dass dies der Beginn einer Odyssee war. Alle Abmachungen, die ich mit der holländischen Armee getroffen hatte, waren über Telefon oder über die elektronische Post erfolgt. Der Offizier, der mich vor dem Café absetzte, war der erste Holländer, den ich zu Gesicht bekommen hatte. Drei Minuten, länger hatte unsere Begegnung nicht gedauert. Dann war er verschwunden. Die Armee war für mich wieder ein großer anonymer Apparat. Er hatte am Telefon zu mir gesprochen, er hatte mir via Computer Nachrichten geschickt, er hatte mich schweigend über ein Flughafengelände kutschiert und mich Tausende Kilometer von meiner Heimat entfernt vor einer Holzbaracke abgesetzt, in der ich – wenn ich es wünschte – eine Dose Cola kaufen durfte. Ich war in eine Fabrik geraten und musste nun darauf warten, dass mich der Greifarm eines Roboters aufhob, um mich einem weiteren Stadium meiner Verarbeitung zuzuführen. Dieses Gefühl sollte mich in den kommenden Tage nicht mehr loslassen: ein Ding auf einem Fließband zu sein, eine Schraube, die einem riesigen Räderwerk eingepasst werden musste, etwas Willenloses, das funktionieren sollte, sonst nichts. Draußen, vor der Schranke des Militärflughafens, mochte ich ein Mensch sein, der über sich bestimmen konnte, der sagen konnte, in welche Richtung er gehen wollte und in welche nicht, ein Mensch, der eine Vorstellung davon hatte, was er mit seiner Zeit anfangen wollte, mit den Minuten, den Stunden, den Tagen und den Nächten. Doch diesseits der Schranke hatte ich alle Autonomie abgegeben. Mein Schicksal hatte ich dem großen Apparat namens Armee übergeben. Ich musste funktionieren, das war meine einzige Existenzberechtigung. Funktionieren hieß im Moment: warten, ohne zu klagen.

Ich ging in das Café, kaufte mir von einer müde wirkenden Kellnerin, die aus Rumänien stammte, eine Cola-Dose. Ich sagte zu ihr: »Bukarest ist eine schöne Stadt!« Sie gab bitter lächelnd zurück: »Ja, eine schöne Stadt ohne Arbeit!« Dann ging ich wieder hinaus und setzte mich auf die überdachte hölzerne Veranda, auf der einige Plastikstühle und Tische standen. Ich blickte auf Wohncontainer,

Zelte, Holzbaracken und ein halbes Dutzend geparkter Lastwagen. Am Horizont konnte ich gerade noch die Gipfel des Hindukusch sehen und den Staubvorhang, der sich von den Straßen der Stadt in den Himmel hob und ihm seinen blauen Glanz nahm. Einige Minuten saß ich so da und wartete, bis die Greifarme des Roboters mich am Nacken packten. Die Cola war eisig kalt. Ich trank sie in schnellen Schlucken leer. Ein Jeep hielt an, ein rothaariger Soldat stieg aus. Er trug in einer Hand einen schweren Rucksack, an dem ein Stahlhelm befestigt war, in der anderen Hand ein Sturmgewehr. Ich schätzte ihn auf Ende zwanzig. Auf seine Schultern war die Fahne Australiens gestickt. In dem nachmittäglichen Sonnenlicht, das sich über das Land ergoss, brannte sein Haar lichterloh. Er grüßte mich mit einem Nicken, setzte sich etwas abseits auf eine hölzerne Bank und starrte schweigend auf das Gelände hinaus. Wir waren die beiden einzigen Gäste des Cafés. Gepanzerte Fahrzeuge fuhren vorbei. Ein Geländewagen mit verdunkelten Fensterscheiben hielt vor einem der Wohncontainer. Große, starke Männer in sandfarbenen Jacken stiegen aus. Sie trugen Sturmgewehre und Stöpsel in den Ohren. Es waren gewiss Leibwächter, die für irgendeine der westlichen privaten Sicherheitsfirmen arbeiteten, von denen es in Kabul sehr viele gab. Aus einem Container kam eine Gruppe Männer in kurzen Hosen und T-Shirts. Sie hatten alle ein Handtuch um den Nacken gelegt, und in einer Hand trugen sie Trinkflaschen. Auf ihren T-Shirts zeichneten sich große Schweißflecken ab. Zwei weibliche Soldaten gingen langsam an der Veranda vorbei. Beide waren blond, schlank, hoch gewachsen. Beide trugen Sonnenbrillen. Sie waren in ein Gespräch vertieft. Sie lachten und kicherten. Ich bemerkte, wie der australische Soldat sie betrachtete. Er schaute ihnen nicht hinterher, es war eher so, dass er die beiden Frauen an sich vorbeiziehen ließ wie eine Erscheinung, die ihm weder gefiel noch missfiel, sondern die einfach nur da war wie etwas Unvermeidliches.

»Ich bin schon zu lange hier«, sagte er laut. Der Satz war nicht an mich gerichtet, er richtete sich an niemanden und fiel einfach in den Staub, knapp hinter die Stiefelsohlen der beiden dahinschlendernden Soldatinnen.

Der Holländer kam und nahm mich zu einer ein paar hundert Meter entfernten Baracke mit, die sich als die Abflughalle des Militärflughafens entpuppte. Dann verschwand er wieder. Diesmal sagte er: »Mich sehen Sie nicht wieder.« Ich wusste nicht, was ich mit diesem Satz anfangen sollte. Doch mir wurde schnell klar, dass man im Inneren dieser Maschine so sprach: »Mich sehen Sie nicht wieder« heißt so viel wie: Die Maschine macht keine Fehler. Ich musste hier nur warten, bis ich in das nächste Stadium des militärischen Nirwanas transportiert würde. Das ging alles ohne mein Zutun. Ich musste nur da sein, bis der Moment kam, an dem ich weitertransportiert würde auf diesem Fließband wie Zehntausende andere Soldaten, wie Millionen Wasserflaschen, wie Hunderttausende Essensrationen, wie Tausende Tonnen Munition würde ich zu meiner Destination verschoben werden. Mein Gepäck wurde gewogen, mein Ausweis kontrolliert, dann ging ich in einen Hangar, in dem Hunderte Soldaten warteten, bis sie aufgerufen wurden. Sie saßen wie im Kino auf Klappstühlen und starrten geradeaus auf ein halb geöffnetes Tor, durch das gleißendes Tageslicht fiel. Tiefer im Hangar standen reihenweise Klappbetten, auf denen Soldaten in ihren Uniformen schliefen. Ganze Einheiten lagen hingestreckt da. Es gab in der Ecke der Wartehalle einen winzigen Laden, der von einem geschäftigen Inder betrieben wurde. Er verkaufte Cola, Chips, Schokoladenriegel, Bücher und hatte eine ziemlich große Auswahl an DVDs. In seinem Angebot dominierten Kriegs- und Actionfilme, ein paar Komödien waren zu haben und die üblichen Blockbuster. Ich kaufte mir eine Reihe von DVDs, darunter einen Film namens *Flandern* des französischen Regisseurs Bruno Dumont.

Zwei Tage später sah ich *Flandern* auf meinem Laptop. Ich lag auf einem Feldbett, in einem riesigen, lang gestreckten Zelt, das durch Planen in verschiedene Abteilungen unterteilt war. Der holländische Quartiermeister hatte mich abgestellt. »Warten Sie hier, bis ich Sie abhole!«, hatte er in barschem Ton gesagt und war davongegangen. Ich wartete, stundenlang. Ohne mich einmal zu fragen, ob ich denn vom Quartiermeister vielleicht vergessen worden sei, setzte ich mich auf das Feldbett und starrte gegen die Zeltplane. Draußen flirrte die Hitze. 46 Grad. Das Zelt wurde über eine Klimaanlage gekühlt. Ihre dicken, gerippten Rohre rauschten und fauchten in einem fort. Fast zwei Tage hatte die Reise von Kabul bis zur Flughafenbasis von Kandahar gedauert. Stunden über Stunden warten in Kabul, dann ging es per Flugzeug nach Bagram, das von Kabul aus mit dem Auto in vierzig Minuten zu erreichen ist, dann wieder warten. Schließlich kam eine Maschine, die mich nach Kandahar bringen sollte, von dort aus sollte es dann nach Tarin Kowt weitergehen. Ich saß eingezwängt zwischen Soldaten, die vor sich hinstierten, erschöpft schliefen, zu Boden blickten, vor sich hinträumten. Es gelang mir mit keinem von ihnen, ein Lächeln auszutauschen, ja nicht einmal einen direkten Blickkontakt konnte ich herstellen. Es war, als seien sie alle woanders, auf einem Planeten, in dem es weder Zeit noch Raum gibt. Kein Wort, kein Zeichen, keine Geste gab es zwischen ihnen. Sie waren unverbunden, abgeschlossen in sich selbst, verschlossen und versiegelt wie die Splitterschutzwesten, die sie trugen. Als wir endlich landeten, als das Sonnenlicht durch die sich öffnende Luke in das Innere des Flugzeugs drang, setzten sich die Soldaten in Bewegung. Sie wankten wie Wesen von einem anderen Stern hinaus auf diese afghanische Erde, die sie zu schützen und verteidigen gekommen waren. Was mochte in ihnen vorgehen? Welche waren ihre Geschichten? Warum waren sie hier? Was würden sie tun?

Eine mögliche Antwort darauf bekam ich von einer unerwarteten Seite, von dem Film *Flandern*. Ich schob die DVD aus Langeweile in meinen Laptop. Was ich die nächsten eineinhalb Stunden sah, erfüllte mich mit Grauen. Zu Beginn sah man die flandrische Landschaft im Winter, einen Bauernhof, trostlose, kalte Felder, einen jungen Mann, der auf sie starrte. Später wird er seine Freundin auf dieser hart gefrorenen Erde nehmen, beide noch in ihren Kleidern werden sie sich zwischen matten Büschen keuchend und wortlos hingeben. Es sind Szenen winterlicher Trostlosigkeit, Szenen von stummen Herzen und namenlosen Sehnsüchten. Es passiert nicht viel. Doch liegt eine Spannung über Flandern, die Luft vibriert davon. Sie lädt sich auf wie vor einem Gewitter. Der Bauernhof, das Gasthaus, das Dorf, die Felder, der Himmel – alles in Flandern kühlt aus und füllt sich gleichzeitig an mit hitziger, gieriger Lust an der Gewalt. Schließlich bricht sie los, nicht in Flandern, sondern irgendwo in einem heißen, steinigen Land, das im Film keinen Namen hat, das aber Algerien sein könnte, oder der Irak, oder Afghanistan. Der junge Mann und seine Freunde aus dem Dorf haben sich zur Armee gemeldet. Man sieht, wie sie – abgeschnitten von ihrer Einheit – in einer kleinen Gruppe über baumlose, steinige Berge ziehen, wie sie ohne Grund einheimische Hirten erschießen, wie sie in einem Weiler einfallen, wie sie plündern, wie sie eine Frau vergewaltigen. Es ist eine Orgie der Gewalt. Sie ist blind, stumm, wahllos. Schließlich kommt die Rache. Die Einheimischen fangen die Soldaten und bestrafen sie. Dem Protagonisten gelingt zusammen mit seinem Kameraden die Flucht. Der Freund wird angeschossen und bleibt zurück, schreit um Hilfe. Doch der andere rennt weiter und rettet sich. Dann ist er wieder in Flandern, die tristen Felder, das Schweigen, die Kälte. Und immer noch vibriert die ganze Landschaft, vibriert der Mann – diesmal ist es die ausgeübte Gewalt, die in ihm wütet. Aber er schweigt. Die Erinnerung an die Verbrechen, die er begangen hat, ist in ihm eingeschlossen wie das Gift in einer Ampulle.

Dieser Film wirkte auf mich wie ein Faustschlag in den Magen. Ich stand von meinem Feldbett auf. Ich ging zum Ausgang des Zeltes, schlug die Plane zurück, das Licht blendete mich, dass es schmerzte, die Hitze schlug mir mit der Faust ins Gesicht. Ich stolperte hinaus und fand mich auf einem freien Feld wieder. Soldaten standen in kleinen Gruppen herum, plauderten, rauchten Zigaretten, tranken aus Wasserflaschen. Sie sahen alle sehr entspannt aus, wie in einem Pfadfinderlager, in dem eine Unternehmung vorbereitet wurde. Doch *Flandern* ließ mich nicht los. War es möglich, dass auch in diesen Soldaten eine namenlose Sehnsucht schlummerte, die unter gewissen Bedingungen umschlagen konnte in blinde Gewalt? Ich wollte den Gedanken verscheuchen, weil er mir unangebracht erschien. Diese Soldaten waren im Namen der Humanität gekommen, sie waren gekommen, um einem geschundenen Volk auf die Beine zu helfen. Wie sollten sie, die man mitunter gerne als bewaffnete Brunnenbauer beschimpfte, wie sollten gerade europäische Soldaten, von denen es hieß, sie hätten aus der eigenen Geschichte gelernt, dass Krieg niemals eine Lösung sein könne, wie könnten sie Verbrechen begehen, wie sie im Film gezeigt wurden?! Bruno Dumont muss mit seinem harten, schonungslosen Werk den Algerienkrieg der Franzosen gemeint haben. Er lag schon fast fünfzig Jahre zurück, eine andere Zeit, eine koloniale Zeit, in der solche Grausamkeiten noch möglich waren. Aber heute? Nein. Warum aber hat Dumont dem Land, durch das die Soldaten mordend, brandschatzend und vergewaltigend ziehen, keinen Namen gegeben? Meinte er vielleicht doch Afghanistan, oder den Irak, oder andere Länder, in denen der Westen in den letzten Jahrzehnten militärisch interveniert hatte? Es waren nicht wenige gewesen. Ich ging an den Soldaten vorbei. Ich traf den Quartiermeister, der sich – als er mich sah – an den Kopf griff und sagte: »Mensch, warum haben Sie sich nicht gemeldet? Ich habe Sie in dem großen Durcheinander, das derzeit herrscht, ganz vergessen. Kommen Sie mit, ich muss Sie unserem Kommandanten vorstellen!« Ich folgte ihm über ein staubiges Feld zu einer Gruppe von Containern, die mit einer Zeltplane, die von Dach zu Dach ging, verbunden waren. Der Quartiermeister ließ mich unter einer Plane warten, während er in einem Container verschwand. Ich befand mich offensichtlich in einer Mischung aus Lagerhaus und Kommandoposten. Container mit Wasserflaschen türmten sich in einer Ecke, in einer anderen wurde Kaffee ausgeschenkt. Soldaten gingen an mir vorbei. Die meisten waren sehr jung. Auch sie unterhielten sich ganz zwanglos miteinander. Doch was machten sie, wenn sie draußen waren, weit weg von ihren Camps? Was machten sie, wenn sie dort auf Afghanen stießen, in einem Dorf vielleicht, das ihnen suspekt war, von dem sie vielleicht glaubten, es sei ein Hort der Taliban? Was machten sie, wenn sie aus einem Haus heraus beschossen wurden? Waren sie so viel besser als der sowjetische Leutnant Wladimir Poljakow und seine Männer, die *»nicht einmal wussten, gegen wen sie kämpften. Es war unmöglich, zwischen Rebellen und Zivilisten zu unterscheiden (...). Unfähig, die Mujaheddin zu neutralisieren, entluden die Soldaten ihre ganze Feuerkraft auf die Zivilisten«*?[56] Poljakow war ehrlich von seiner patriotischen Mission überzeugt. Er war kein mordlustiger Söldner ohne Überzeugungen. Auch er glaubte, dass das Schicksal seiner Heimat am Hindukusch verteidigt würde und dass es nötig sei, die Afghanen zu beschützen. Gewiss, die Intervention der Sowjetunion war in vieler Hinsicht nicht zu vergleichen mit der Intervention der NATO. Schon alleine die Opferzahlen beider Kriege standen in keinem Verhältnis. Die Sowjetarmee löschte systematisch Dörfer aus, verwüstete ganze Landstriche, vertrieb Hunderttausende Menschen, zerstörte die Infrastruktur. Sie hinterließ verbrannte Erde. Die NATO tat dergleichen nicht. Doch darum ging es nicht. Es ging um den einzelnen Soldaten. Wie reagierte er, wenn er beschossen wurde aus einem Haus heraus, mitten in einem Dorf, in dem es von Zivilisten wimmelte? Was dachte er in einem solchen Moment, er, dem man doch gesagt hatte, er würde in Afghanistan von der Bevölkerung willkommen geheißen? Und wie konnten wir uns sicher sein, dass unter diesen Soldaten nicht auch Charaktere wie die aus dem Film zu finden waren? *Flandern* war eine Geschichte über Gewalt, die auf unserem europäischen Kontinent stumm vor sich hinbrodelt und erst in einem fremdem Land zur Explosion kommt, in dem die Kräfte, die zu Hause die Gewalt noch in ihre Schranken wiesen, nicht mehr wirkten. *Flandern* ist die Geschichte einer Entfesselung.

Wir wussten wenig bis gar nichts darüber, was diese Soldaten außerhalb ihrer Militärbasen machten, was sie dort erlebten, welche Ängste sie peinigten, welche Gier und Lust sie trieb, welch dunkle Mächte sie bedrängten. Manchmal, sehr selten, drangen Berichte von Grausamkeiten an die Öffentlichkeit, die von Soldaten der NATO begangen worden waren. Die ISAF leugnete in diesen Fällen so lange, bis es nicht mehr ging und die Wahrheit ans Licht kam. Doch, ja, Zivilisten wurden in Afghanistan wahllos erschossen, wie es in dem Film *Flandern* gezeigt wurde. Kam es oft vor? Nein. Konnten wir uns sicher sein? Nein. Dieser Krieg war für uns Journalisten weniger zugänglich als andere. Denn die Kriegsparteien hatten keinerlei Interesse an unserer Arbeit. Die Taliban und Al-Qaida wollten Journalisten aus dem Westen nur in den seltensten Fällen ihre Sache erklären. Wir waren Teil der Kriegspartei. Die NATO ihrerseits hatte ihre Instrumentarien der Manipulation im Lauf der neunziger Jahre beträchtlich verfeinert. Jeder Offizier hatte die Lektion des Vietnamkrieges, den die Amerikaner verloren hatten, vor Augen. Jeder wusste, dass die Armee einer Demokratie auf Dauer nur erfolgreich sein konnte, wenn die Öffentlichkeit sie unterstützte – dementsprechend waren die Propagandaabteilungen der Armeen angewachsen, dementsprechend ausgefeilt waren die Strategien der Öffentlichkeitsarbeit der Armeen. Den Krieg in den Medien zu gewinnen, das war mindestens so wichtig, wie den Feind im Feld zu besiegen.

Die Militärs hatten ihre *press briefings* perfektioniert. Da trat ein geschulter Offizier auf, drückte uns dicke Hochglanzmappen in die Hand, schaltete seinen Computer ein, gab uns dann eine Power-Point-Präsentation, die alle Widersprüche dieses Krieges in Minutenschnelle glattstrich. Die NATO präsentierte sich wie ein Institut für Soziologie, das die afghanische Bevölkerung und die Taliban nach den immergleichen Kategorien sezierte. In diesen Power-Point-Präsentationen erschien die soziologische Schichtung der Taliban und der Gegenstrategie folgendermaßen:

Schicht 1: ideologisch hoch motivierte Kämpfer
Strategie: ZERSTÖREN
Schicht 2: Gelegenheitskämpfer
Strategie: ABSCHRECKEN
Schicht 3: monetär motivierte Kämpfer
Strategie: ALTERNATIVE ANBIETEN

Das klang alles sehr vernünftig, sehr klar und eindeutig. Doch manchmal blitzte hinter den bunten Power-Point-Präsentationen doch die Gewalt auf. Ich erinnere mich an einen amerikanischen Presseoffizier, der über die »Schicht 3« der Taliban sagte: »Unsere Botschaft an diese Leute ist simpel. Ihr habt die Wahl, entweder eine Schule zu bekommen oder getötet zu werden!« Er sagte das ohne jeden Sarkasmus. Auf den Gedanken, dass Afghanen diese Wahl an sich ablehnen könnten, kam der Mann nicht. Es fehlte ihm jede Vorstellung davon, wie gewalttätig und erniedrigend allein schon dieses »Angebot« war: Schule oder Tod! Entscheiden Sie! Aber bitte machen Sie schnell, denn wir haben wenig Zeit!

Tatsächlich mussten wir Journalisten uns eingestehen, dass wir zu weiten Gebieten Afghanistans keinen unabhängigen Zugang hatten. Was dort geschah, wussten wir nicht oder nur in Ansätzen. Warum sollten wir glauben, dass dort nicht Verbrechen wie im Film *Flandern* begangen wurden? Nur weil wir dachten, wir seien besser? Nur weil wir dachten, wir handelten im Namen der Demokratie, der Freiheit? Und was war mit »Schule oder Tod«? Wie viel Grausamkeit steckte in diesem Angebot?

»Kommen Sie, Kommen Sie!«

Der Quartiermeister stand in der offenen Containertür.

»Der Oberst will Sie sehen.« Ich ging hinein. Der Container war im Inneren mit zwei weiteren verbunden, sodass er einen langen Raum bildete, an dessen Ende ein Offizier hinter einem Schreibtisch saß. Als er mich sah, stand er auf, ging um den Schreibtisch herum und begrüßte mich freundlich. Er war ein Mann der Luftwaffe, der ein holländisches Geschwader von F-16-Kampfbombern auf dem Flughafen von Kandahar befehligte. Er war für mich nicht zuständig, doch da ich nun einmal aus unerfindlichen Gründen an ihn geraten war, stellte er sich bereitwillig meinen Fragen. Ich ließ mir, da ich selbst überrascht war von dieser Begegnung, schildern, wie eine lasergesteuerte Bombe funktionierte und wie die Kampfpiloten sicherstellen konnten, dass solche Bomben ihr Ziel auch erreichten und nicht etwa Zivilisten töteten. Der Oberst hielt mir darüber einen zehnminütigen Vortrag, wobei er auf eine Tafel ein Haus zeichnete, das umgeben war von einer Lehmmauer, am Himmel darüber einen Kampfbomber, dann ein Signal, das von der Erde aus ausgesandt wurde, und schließlich die Bombe, die sich in kreisenden Bewegungen auf ihr Ziel zubewegte und dort explodierte. Während der Oberst mir das alles sehr sachlich schilderte, wie ein Ingenieur, der einem gelehrigen Schüler die Funktionsweise einer Maschine erklärt, stellte ich mir vor, wie dieser selbe Oberst sich jedes Jahr im Sommer einreihte in das Millionenheer holländischer Touristen, die sich mit ihren Wohnmobilen und Wohnwägen auf die Autobahn begaben und Richtung Süden fuhren. Als er seinen Vortrag beendet hatte, fragte ich ihn, wann er denn in Urlaub gehen würde. Er antwortete mir: »Zwei Wochen noch. Dann geht es nach Hause!«

Es war Mittagszeit. Noch immer gab es keine Nachricht von dem Flugzeug, das mich nach Tarin Kowt bringen sollte, meiner eigentlichen Destination. Der Quartiermeister forderte mich auf, essen zu gehen. Er selbst habe leider keine Zeit. Da ich noch keine Gelegenheit gehabt hatte, mich zu orientieren, schloss ich mich einer Gruppe holländischer Soldaten an. Wir gingen ein paar Minuten lang über das freie Feld. Die Sonne schlug mit glühendem Hammer auf unsere Köpfe. Erst jetzt merkte ich wieder, wo ich war: in Afghanistan, in der Halbwüste von Kandahar, an einem Julitag. Die Stunden, die ich in dem klimatisierten Zelt verbracht hatte, der klinisch saubere Vortrag des Luftwaffenobersten, der Gedanke an seinen Urlaub irgendwo an der Mittelmeerküste – all dies hatte mich vergessen lassen, wo ich mich befand. Als ich das Kantinenzelt betrat, wurde mir klar, dass dieses »Vergessen« nicht meinem Mangel an Vorstellungskraft geschuldet, sondern ein Nebenprodukt dieser gewaltigen Militärmaschine war. Sie hob nicht nur die Gesetze der Zeit auf, sie löste auch den afghanischen Raum als eine wahrnehmbare Dimension auf. Das Kantinenzelt war Dutzende Meter lang. In der Mitte standen Büffettische, an denen zu finden war, was der westliche Gaumen gewohnt ist: Blattsalate, Oliven, Karotten, Gurken, Rüben, Radieschen, Kartoffeln, Gulaschsuppe, Gemüsesuppe, Roastbeef, Hamburger, Würstchen, Hähnchen, Schnitzel, Reis, Nudeln, Mousse au Chocolat, Erdbeerkuchen, Käsekuchen, Schokoladekuchen, Tiramisu, Crème bruleé, Eis, Kaffee, grünen Tee, schwarzen Tee, Kräutertee, Pfefferminztee. Alles.

Ich füllte meinen Teller an, setzte mich einem Holländer gegenüber, der mich eingeladen hatte. Er war groß gewachsen, schlank. Seine Augen funkelten blau im sonnenverbrannten Gesicht. Ich schätzte ihn auf Ende dreißig. Er war, wie er mir berichtete, als Polizeiausbilder in das Land gekommen. Ansatzlos, als hätte er nur darauf gewartet, sie loszuwerden, erzählte er mir folgende Geschichte.

»Vor Kurzem habe ich einen afghanischen Polizeiobersten aufgesucht, weil Vorwürfe gegen ihn erhoben worden waren, er habe den Lohn seiner Polizisten veruntreut. Ich konfrontierte ihn damit in seinem Büro, wobei ich versuchte, die Sache zunächst sanft anzugehen: ›Sie bekommen von uns Geld‹, sagte ich zu ihm, ›das Sie Ihren Männern ausbezahlen sollten, nicht wahr?‹

Er antwortete: ›Ja gewiss, Sie sind sehr großzügig. Aber ich möchte Ihnen sagen, dass wir mehr Geld brauchen, meine Leute sind unzufrieden! Und unzufriedene Polizisten sind keine guten Polizisten. Das wissen wir beide.‹

Ich lächelte und sagte: ›Gewiss, gewiss. Aber wir haben Berichte gehört, wonach Sie Ihren Leuten das Geld nicht auszahlen. Angeblich behalten Sie es zurück.‹

Er machte große Augen und sagte dann mit Empörung in der Stimme: ›Was?! Sie sagen, ich veruntreue Geld? Sie behaupten, ich klaue?‹

›Es gibt Klagen‹, sagte ich besänftigend, doch bestimmt.

›Wer klagt?! Wer behauptet sowas von mir?!‹

›Das kann ich Ihnen nicht sagen.‹

›Geben Sie mir den Namen …‹, er schrie fast.

›Nein!‹

›Aber ich muss mich doch wehren können!‹

›Ich kann Ihnen die Namen nicht geben, doch kann ich Ihnen sagen, dass es viele sind, die klagen, viele.‹

Er schwieg lange. Dann lehnte er sich in seinem Sessel zurück. Schließlich sagte er: ›Na gut, es ist wahr. Ich behalte etwas Geld zurück.‹

Ich war über dieses plötzliche Geständnis überrascht.

›Was sagen Sie da?‹

›Ich behalte Geld zurück, wenn meine Männer schlecht arbeiten. Dann zahle ich ihnen weniger Lohn.‹

›Aber das geht doch nicht, das verstößt gegen die Regeln. Die Männer haben eine Anrecht darauf, dass ihr Lohn regelmäßig ausbezahlt wird!‹

Der Oberst machte wieder große Augen.

›Das verstehe ich nicht. Es ist doch überall so, dass derjenige, der weniger arbeitet, auch weniger verdient. Das habe ich doch von Ihnen gelernt.‹

›Was haben Sie von mir gelernt?‹

›Das Leistungsprinzip. Die Leistung zählt. Wie sagten Sie doch gleich, ach ja, Sie sagten: Dieses Land muss in eine Meritokratie umgewandelt werden. Sie haben doch gesagt, dass es nun ein Ende haben muss mit all den Privilegien für Verwandte, Clanangehörige, Stammesbrüder und so weiter und so weiter. Ja, ich erinnere mich genau an dieses Wort: Meritokratie.‹

Darauf sage ich ihm: ›Schon gut, schon gut, aber was hat das mit dem Geld zu tun, dass Sie zurückbehalten?‹

Und er: ›Das ist doch klar. Ich bezahle es meinen Leuten aus, wenn sich ihre Leistung verbessert.‹ Der Polizeiausbilder lachte laut auf.

Sehen Sie, so ist das hier. Schwer ist es hier in Afghanistan!«

Dann wünschte er mir einen guten Appetit und begann selbst zu essen. Während ich ihn betrachtete, dachte ich mir, dass dieser

Mann noch viel mehr erzählen könnte. Herz und Mund gingen ihm über. Zu Hause in Holland wird er diese Geschichten zum Besten geben, im Kreise seiner Freunde und seiner Familie wird er sie erzählen, und sein Publikum wird sie aufnehmen mit Gelächter und Staunen, mit Kopfschütteln und Missfallen. Diese Geschichten würden eine Reihe bilden mit den Hunderten anderen, die von anderen »Afghanistan-Veteranen« erzählt würden, über dieses seltsame Land, das der Westen die Hybris hatte, wieder aufbauen zu wollen. Sollte jemand den Einsatz des Westens in Afghanistan verteidigen, wird sich immer einer finden, der dazu sagen wird: »Sie haben ja keine Ahnung. Also, was ich da erlebt habe, das könnt ihr euch gar nicht vorstellen!« Sicher, es werden auch andere Berichte erzählt werden, von tapferen Afghanen, die gegen jeden Widerstand versuchten, ihre Heimat endlich von dem Pfad des Krieges abzubringen und ihr eine stabile Zukunft zu geben. Doch solche Geschichten, da war ich mir sicher, würden von weitaus geringerer Zahl sein, vor allem würde man ihnen aber nicht glauben wollen. Sie scheiterten an der ungebrochenen Macht unserer Vorurteile.

Afghanistan, das unregierbare, das finstere Land. Dieses Klischee ist in unseren Köpfen tief verankert. Wir suchen geradezu nach Beweisen dafür: König Amanullah war in den zwanziger Jahren des 20. Jahrhunderts mit seiner Modernisierung am Widerstand der konservativen Stämme gescheitert; die Mujaheddin, die am Ende des 20. Jahrhunderts die sowjetischen Besatzer nach einem Jahrzehnt des harten Kampfes vertrieben, legten das Land in Schutt und Asche; die Taliban errichteten ein steinzeitliches Regime; die vom Westen geförderten afghanischen Politiker entpuppten sich als korrupt und unfähig. Wir nähren unsere Vorurteile nach Kräften, und gewiss bietet die afghanische Geschichte reichlich Nahrung dafür. Doch die Geschichte ist auch eine Frage der Interpretation. Was hebt man hervor, was nicht; wo liegt der Schwerpunkt unserer Betrachtung, was vernachlässigen wir?

Der Polizeioberst, von dem der Ausbilder mir berichtet hatte, war korrupt, geldgierig und hintertrieben. Doch handelte er nach einer gewissen Logik, die im Kontext afghanischer Geschichte einer klar umrissenen Überlebensstrategie entsprang. Er wusste, dass der Holländer irgendwann, nicht heute und nicht morgen vielleicht, aber doch in einer für ein Menschenleben absehbaren Zeit, wieder verschwinden würde. Er war nur einer in einer langen Kette von Ausländern, die im Laufe der Jahrhunderte mit ihren Armeen nach Afghanistan gekommen waren. Die Briten, die Sowjets, die Amerikaner, die Europäer schlugen ihren Wanderzirkus auf. Einmal führten sie ein Stück namens Sozialismus auf, ein andermal ein Stück namens Demokratie. Manchmal floss weniger Blut, manchmal mehr. Dann zogen sie wieder ab, nicht unbedingt freiwillig, denn sie wurden aus dem Land vertrieben: den Engländern ging es so, und den Sowjets ging es so. Doch verschwanden sie alle wieder. Die Afghanen blieben zurück. Das Entscheidende für sie war, dass sie schlechter dran waren als vor der jeweiligen Intervention. Die Briten hatten im 19. Jahrhundert Rache dafür genommen, dass sie vertrieben worden waren. Ihr General Pollock hatte auf seiner Strafexpedition nach Kabul Dörfer und Felder zerstört und dann den alten Basar von Kabul niedergebrannt; die Sowjets hinterließen nach zehn Jahren Besatzung ein zerstörtes Land, Millionen von Flüchtlingen, Hunderttausende Tote, verwüstete Landstriche, eine zerschlagene Infrastruktur. Aus diesem Trümmerfeld wuchsen die monströsen Kriegsherren, die Afghanistan noch tiefer ins Verderben stürzten. Niemand interessierte sich dafür, auch nicht die USA, die dieselben Kriegsherren eben noch finanziert und als Helden gefeiert hatten. Als der damalige US-Präsident Ronald Reagan die Gotteskrieger 1985 im Weißen Haus empfing, stellte er sie der versammelten Presse mit folgenden Worten vor: »Diese Herren sind das moralische Äquivalent unserer Gründungsväter.« Kaum war die Sowjetunion geschlagen, wurde das zerstörte Land sich selbst überlassen – bis die Taliban kamen, Al-Qaida und der 11. September 2001. Dann kam die Intervention der USA und der NATO, das Versprechen auf Demokratie, Freiheit und Rechtsstaat.

Natürlich, all das ist bekannt, der Zynismus der großen Mächte ist immer wieder beschrieben worden. Doch was dabei im Schatten bleibt, ist die Tatsache, dass Afghanistan in langen Phasen seiner jüngeren Geschichte durchaus erfolgreich war, unter den Bedingungen, die es vorfand, könnte man sogar sagen, sehr erfolgreich. Zwischen 1933 und 1979 war Afghanistan ein leidlich stabiles Land, das sich Schritt für Schritt voranbewegte. Die äußeren Bedingungen waren alles andere als leicht. Afghanistan musste in sehr stürmischen Gewässern navigieren. Doch überstand es ohne größeren Schaden und in relativer Unabhängigkeit den Zweiten Weltkrieg und bis 1979 auch den Kalten Krieg. Es balancierte wie ein geschickter Hochseilartist über einem Abgrund voller Raubtiere. Mehr als vierzig Jahre relativer Stabilität, das ist viel in einer unruhigen Region, die unter der Einwirkung von äußeren Kräften permanent zum Zerreißen gespannt ist; das ist viel für ein Land, das von den großen Mächten immerzu als Schachbrett benutzt wird; viel für ein Land, das in seinem Inneren von einer geradezu einmaligen Vielfalt ist. Wer in einem solchen Spannungsfeld lebt, wird gut daran tun, sich ein Verhalten anzueignen, wie es der deutsche Agent Oskar von Niedermayer bei Amir Habibullah im Jahr 1916 erlebt hat: »Er wählte unter allerlei Waren die ihm gut und nützlich erscheinenden aus.« Im Angebot befanden sich für den Amir Geld, Waffen, Bündnisse, Ideologien, Ideen, Wirtschaftshilfe. Der Amir wählte nicht nur aus, er musste das Ausgewählte auch an seine eigenen Leute zu Hause vermitteln. Er musste erklären, warum er das eine genommen und das andere gelassen hatte, er musste etwas von der angenommenen Ware an seine Gefolgschaft abgeben. Der Polizeioberst beispielsweise hatte sich die wertvolle Idee der Meritokratie zu eigen gemacht und sie auf seine Weise interpretiert und umgesetzt. Er hatte dabei erheblichen Erfindungsgeist bewiesen. Das musste er. Denn auch er war in einem Netz aus Beziehungen gefangen, die ihn verpflichteten. Es gab Erwartungen an ihn, die Familie, den Clan, den Stamm – sein Ruf und sein Erfolg hingen davon ab, wie er dieses Beziehungsgeflecht bediente, nicht davon, ob er den Regeln des Westens folgte. Der Clan würde bleiben, die NATO nicht.

10

Drei Tage dauerte mein Aufenthalt auf der Flughafenbasis von Kandahar. Die einzigen Afghanen, denen ich in dieser Zeit begegnete, waren Teppichverkäufer, die am Sonntag auf der sogenannten Shoppingmeile der Basis ihre Waren verkaufen durften. Dieses »Einkaufszentrum« war ein aus Brettern gezimmerter Steg, der in rechteckiger Form um ein weiträumiges Gelände verlief. Entlang dieses Steges gab es eine Filiale von Burger King, Kentucky Fried Chicken, Tim Horton Coffee Shop und allerlei andere Niederlassungen westlicher Kultur. Innerhalb des Rechteckes befanden sich ein kleines Fußballfeld und ein betoniertes, mit hölzernen Banden umgebenes Hockeyspielfeld. Afghanistan war hier so weit weg wie der Mond. Ein Großteil der Soldaten würde nie einen Afghanen zu Gesicht bekommen, selbst nach Monaten Dienst in diesem Land nicht. Daraus kann man ihnen keinen Vorwurf machen. Wenn eine Armee sich irgendwo niederlässt, baut sie zuerst einen Zaun und schützt sich selbst, erst danach tritt sie »in Kontakt« mit der Welt, in die sie gekommen ist – wenn sie es überhaupt tut. Die meisten Soldaten sind damit beschäftigt, den Betrieb aufrechtzuerhalten, dazu gehört auch, die Basis zu beschützen. Natürlich gab es Soldaten, die draußen ihren Dienst verrichteten, in dieser von Taliban wimmelnden Region Helmand, deren Hauptstadt Kandahar ist. Einen von ihnen traf ich an einem Abend in der Shoppingmeile. Er hieß John. Er war der Sohn philippinischer Einwanderer, stammte aus Oregon und war Scharfschütze einer Infanterieeinheit. John präsentierte mir sein Gewehr. Es hatte einen sehr langen Lauf. Es musste sehr schwer sein, doch John hielt es mit seinen muskulösen Armen hoch, als wäre es ein Federgewicht. Der Gewehrkolben war mit Stoff umwickelt. Der Mann und das Gewehr, die beiden gehörten zusammen, das sah man auf den ersten Blick. Der Lauf war die Verlängerung seines Armes, der Kolben Teil seiner Muskeln. Die beiden waren zusammengewachsen. John war sehr freundlich und zuvorkommend. Sein rundes Gesicht strahlte Zuversicht und Selbstsicherheit aus. Auf meine Frage, worin denn seine Aufgaben bestünden, sagte er sehr sachlich: »Take the bad guys out! That's my Job!« Dieser Satz passte nicht recht zu John, denn er wirkte feinsinnig, unterhaltsam und intelligent. Er war durchaus ein Mann, mit dem man einen angenehmen Abend verbringen konnte, ohne sich zu langweilen oder sich fürchten zu müssen. Mit ihm konnte man über mehr reden als über Football und über die beste Methode, ein Hähnchen zu grillen. Doch John tötete, gezielt und aus großer Distanz. Wer die »bad guys« waren, musste ihn nicht weiter interessieren. Er bekam seine Information und handelte danach: »Der da hinten, links, der sich hinter der Mauer duckt!« – anlegen, zielen: Schuss. Oder: »Der da, der junge Mann, der davonläuft, schieß ihm in die Beine!« – John legte an, zielte und schoss. In seiner Freizeit ging er auf den Brettern des Einkaufszentrums der Flughafenbasis von Kandahar spazieren, kaufte sich eine Cola und einen Hamburger, setzte sich auf eine Bank, von wo aus er den Soldaten zuschauen konnte, die auf einem betonierten Platz in kurzen Hosen gegeneinander Hockey spielten. Meistens gewannen die Kanadier, denn Hockey ist nun mal Volkssport, wenn auch in Kanada auf Eis gespielt und hier in Kandahar auf Beton.

So sieht der Krieg in Afghanistan aus, so sieht ein Krieg aus, der von einer materiell und technisch haushoch überlegenen Macht in einem bitterarmen Land gegen einen Gegner geführt wird, der über nichts weiter verfügt als über alte Kalaschnikows, Raketenwerfer und selbstgebaute Bomben.

Scharfschützen wie John hat es immer schon gegeben. In allen klassischen Kriegen verrichteten sie ihre Arbeit zuverlässig und tödlich – doch der asymmetrische Krieg verfeinert das Töten aus Distanz. Das Symbol dafür sind Drohnen, die bevorzugte Waffe im Kampf gegen den Terror.

Vor den Anschlägen vom 11. September 2001 hatte die US-Armee Drohnen in erster Linie als Aufklärungsinstrumente benutzt, sie waren auch als solche entwickelt worden. Diese Fluggeräte haben eine Reihe von Vorteilen. Sie können mit ihrer exzellenten Optik scharfe Bilder aus großen Höhen aufnehmen. Sie werden aus Tausenden Kilometern Distanz gesteuert und können über einen langen Zeitraum geflogen werden, ohne auftanken zu müssen. Sollten sie abgeschossen werden, geht nur das Gerät verloren, aber kein Pilot kommt ums Leben oder wird gefangengenommen. Das erspart nicht nur Leid, sondern auch Niederlagen in der Propagandaschlacht des Krieges. Der irakische Diktator Saddam Hussein hatte im ersten Golfkrieg 1991 abgeschossene, amerikanische Kampfpiloten wie Trophäen im Fernsehen präsentiert, die bosnischen Serben hatten Ähnliches versucht, als 1995 ein US-Kampfpilot über ihrem Gebiet abgestürzt war. Er wurde jedoch von seinen Kameraden rechtzeitig gerettet. Kampfpiloten in Feindeshand, das würde es in Afghanistan nicht mehr geben, denn Kampfpiloten brauchte es, den Drohnen sei Dank, nicht mehr.

Die israelische Armee setzte als Erste Drohnen als Tötungsmaschinen im Kampf gegen extremistische Palästinenser ein. Ende der neunziger Jahre schossen Drohnen Raketen auf den dicht besiedelten Gazastreifen, um Männer der fundamentalistischen Bewegung Hamas zu eliminieren. Der damalige US-Botschafter in Israel, Martin Indyk, kritisierte dies mit deutlichen Worten: »Die Regierung der Vereinigten Staaten ist gegen gezielte Tötungen. Es handelt sich bei dieser Praxis um außergerichtliche Tötungen. Das verstößt gegen das Gesetz.« Nach den Anschlägen vom 11. September 2001 verstummte die Kritik. Wie Israel zuvor entdeckten die USA die Drohnen als Kampfinstrumente – sie wurden für das Pentagon bald zur Wunderwaffe stilisiert. Innerhalb weniger Jahre vervielfachte sich ihre Zahl, und sie wurden sie laufend technisch weiterentwickelt. Sie wurden schneller, präziser, ausdauernder und tödlicher. Was eben noch ein Fluggerät für Aufklärung war, wurde zu einem ferngesteuerten Präzisionsbomber mit großer Feuerkraft umgebaut. Tausende Kilometer entfernt, in der Wüste von Nevada, sitzt ein Pilot an einem Joystick und dirigiert eine Drohne über dem Himmel Afghanistans. Wenn der Befehl kommt: »Da, siehst du die Gruppe von Personen in diesem Haus? Schieß!« Dann schießt der Pilot. Mit einem Knopfdruck auf seinem Joystick zündet er eine Rakete. Nach mehreren Stunden Dienst geht er nach Hause, setzt sich mit seiner Familie an den Tisch, spricht ein Gebet, isst und schaut danach fern oder liest seinen Kindern eine Gute-Nacht-Geschichte vor. John, den ich in Kandahar traf, war im Vergleich zu den Drohnenpiloten von Nevada ein Nahkämpfer.

Die unglaubliche Distanz, aus der man den Gegner treffen kann, schafft die Illusion, dass man diesen Gegner nicht wirklich kennen muss, um ihn erfolgreich zu bekämpfen. Die Technik gibt das Gefühl, man kann sich alles Gefährliche vom Leib halten. Dadurch wird der Krieg in Afghanistan abstrakter, als er ohnehin schon ist. Er ist etwas, das irgendwo da draußen stattfindet. Manchmal kommt von da draußen der Sarg eines getöteten Soldaten zurück. Dann öffnet ein kleiner Spalt den Blick auf das Geschehen, ein Spalt, der sich schnell wieder schließt. Der Krieg ist wieder ein Ort, der mit dem Joystick beherrscht werden kann – so flach und harmlos wie ein Bildschirm.

Endlich flogen wir nach Tarin Kowt. Es war ein kurzer Flug über gelbe, heiße Erde. Wir landeten auf der staubigen Piste von Camp Holland, der Basis der Holländer in der Provinz Uruzgan. Ein Presseoffizier holte mich ab. Er schnappte sich meine Reisetasche, verfrachtete sie auf einen Lastwagen, und binnen Minuten waren wir im Inneren der Basis. Sie bestand aus vielen fensterlosen Wohncontainern. Sie waren vollklimatisiert und – wie es hieß – bombensicher. Die Hitze war unerträglich, und in den Containern rauschten die Klimaanlagen wie Flugzeugmotoren. Zwischen den Containern lagen Soldaten, die gerade eine Dienstpause hatten, mit nacktem Oberkörper auf Pritschen und sonnten sich. Der Presseoffizier sagte noch: »Sie können alles fragen, was Sie wollen. Es gibt keine Tabus. Was wir Ihnen nicht sagen wollen, das sagen wir Ihnen nicht!« Dann wies er mir eine schmale Kammer in einem Container zu.

Camp Holland sollte beweisen, dass Europa anders und erfolgreicher Krieg führen kann als die USA. Niemand sagte dies so deutlich, doch bei jeder Gelegenheit stellten die Holländer ihr »Anderssein« zur Schau. Das geschah nicht auf aufdringliche, selbstgerechte Weise. Es war nur in allem spürbar, in der eher bescheidenen Art, wie die Soldaten sich bewegten, in ihren eher leisen Tönen, in der freundlichen, entspannten Lockerheit, mit der sie einem begegneten. Das Lebensgefühl des liberalen Amsterdam waberte durch Camp

Holland wie ein parfümierter Dandy. Worin das Anderssein bestand? In erster Linie in reden, viel, viel reden. Dafür brauchte es geeignetes Personal. Tatsächlich erschien Camp Holland weniger eine Militärbasis zu sein als eine kleine Universität. Es wimmelte von Ethnologen, Übersetzern, Soziologen, Historikern, Entwicklungshelfern. Andauernd steckten sie die Köpfe zusammen. Wenn ich einen von ihnen sprechen wollte, dann sagte der Betreffende mir meist, er sei gerade auf dem Weg in eine Sitzung. Ein großes Palaver war hier im Gange. Spitzte ich meine Ohren und legte sie an die Container, hätte ich ein Gemurmel hören können, das Geräusch der endlos sprudelnden Quelle holländischer Konfliktbewältigungsstrategie. Auf dem Flug nach Tarin Kowt hatte ich einen freischaffenden Soziologen kennengelernt, der einen Zeitvertrag mit der Armee hatte. Er sollte den Offizieren mit soziologischen Analysen beistehen. Er sagte zu mir: »Wir machen in Uruzgan das, was wir in Holland auch machen. Wenn es ein Problem gibt, setzen wir uns zusammen und reden so lange, bis das Problem verschwindet.« Dann machte er eine Pause und fügte hinzu: »Bis wir denken, dass es verschwunden sei!« Auch wenn er es nicht so deutlich sagte, er schien nicht daran zu glauben, dass dies funktionierte. Das lag sicher daran, dass das holländische Modell in Holland selbst zu scheitern begann. Der tödliche Anschlag auf den Politiker Pim Fortuyn, der Mord an dem Regisseur Theo van Gogh sowie der Aufstieg des islamophoben Populisten Geert Wilders waren Beweis dafür, dass in Holland etwas Grundsätzliches aus den Fugen geraten war, das sich durch Reden allein nicht mehr einrenken ließ. Es brauchte mehr.

In Camp Holland stand eine Panzerhaubitze, ein 40 Tonnen schweres Monster aus Stahl namens *Maximus*. Wenn sich *Maximus* in Bewegung setzte, zitterte die Erde. Der Lärm der Dieselmotoren fegte über die Anhöhe, auf der Camp Holland stand, und war noch in der einige Kilometer entfernten Stadt Tarin Kowt wie dumpfes Donnergrollen zu hören. Das war beabsichtigt. Die Afghanen sollten nicht denken, dass die Holländer nur reden wollten, sie konnten auch – wenn es denn nötig sein sollte – schießen. *Maximus* war die stählerne Klammer, die das holländische Modell zusammenhielt. Er markierte mit seinem düster drohenden Brummen die Grenze des Erlaubten. Doch sandte er auch eine Botschaft nach innen. Er gab einer Armee Selbstsicherheit, die noch schwer darunter litt, dass sie sich in dem größten Massenverbrechen, das nach 1945 auf europäischem Boden verübt wurde, schuldhaft verstrickt hatte: im bosnischen Srebrenica. In dieser Stadt waren unter UN-Flagge holländische Soldaten stationiert. Im Juli 1995 erstürmten serbische Milizen Srebrenica. Unter den Augen der holländischen Soldaten trennten die serbischen Milizionäre Männer von Frauen und Kindern. Die Männer wurden wenig später erschossen, insgesamt mehr als 8000. Die Leichen wurden in eilig aufgeworfenen Massengräbern verscharrt. Die holländischen Soldaten schauten tatenlos zu, wie die Männer aussortiert wurden. Damals ging ein Bild um die Welt, das die Komplizenschaft der Holländer mit den serbischen Mördern unterstellte. Der holländische Kommandeur Thom Karremans stieß mit General Ratko Mladič an, dem Befehlshaber der serbischen Truppe. Während die beiden ihre Schnapsgläser leerten, wurden draußen die bosnischen Männer weggebracht. Schuldhafte Tatenlosigkeit, das sollte man der holländischen Armee nie wieder vorwerfen können. Die Panzerhaubitze *Maximus* war auch deswegen in Uruzgan stationiert.

Die Holländer wussten alles über Afghanistan. Selbst der Presseoffizier überraschte mich mit einer ausgefeilten soziologischen Analyse. Familie, Clan, Stamm – binnen weniger Minuten entwarf er eine präzise Geographie der afghanischen Gesellschaft. Wenn ich einmal einen der vielen Experten zu fassen bekam, zwischen zwei Sitzungen, beeindruckte er mich mit differenzierten Argumenten. Ein holländischer Entwicklungshelfer setzte mir in der Kantine, zwischen der Vorspeise und der Nachspeise, den Sinn der Zusammenarbeit zwischen Armee und Zivilisten auf derlei überzeugende Weise auseinander, dass ich mich fragte, warum ich denn überhaupt je Zweifel hatte an dieser sogenannten zivilmilitärischen Strategie. Ethnologe plus General plus *Maximus* ist gleich Frieden. Mir schwirrte der Kopf vor so vielen guten Argumenten, die ich hier in kürzester Zeit zu hören bekam. Einem Juristen, angeblich in Holland Mitinhaber einer führenden Anwaltskanzlei, habe ich den wundervollen Satz zu verdanken: »Wir brauchen hier kurzfristige Erfolge für eine langfristige Lösung!« Über diesen Satz musste ich nachdenken, als ich die erste Nacht auf dem Feldbett in dem klimatisierten Container von Camp Holland lag. Ich hatte das Gefühl, in eine gigantische Luftblase geraten zu sein, durch die ich die Welt draußen betrachten konnte. Hätte ich meine Hand ausgestreckt, um diese Welt zu berühren, wäre die Blase zerplatzt. Doch schlief ich ein, bevor das geschah.

Tags darauf suchte ich einen Ausweg aus der Blase, eine Möglichkeit, nach Tarin Kowt zu kommen, ohne Soldaten, ohne Soziologen, Ethnologen, Kriminologen. Ich wollte in die Stadt, ohne dass mich all die guten Einsichten der Holländer begleiteten. Ich fand einen direkten Kontakt zum Sekretär des Gouverneurs von Uruzgan. Er ließ mir via Telefon ausrichten, ich sollte am nächsten Morgen, um Punkt sechs Uhr, vor den Toren von Camp Holland warten, ein paar hundert Meter von der letzten Schranke entfernt träfe ich auf ein trockenes Flussbett. Dort würde mich ein Wagen abholen. Ich machte mich frühzeitig auf. Die Wachsoldaten fragten mich erstaunt, wohin ich denn gehen wolle, so früh am Morgen, und noch dazu alleine und zu Fuß. »In die Stadt!«, antwortete ich, worauf sie fragten: »Zu Fuß? Das muss weit sein?!« Ich sagte ihnen, es warte ein Auto des Gouverneurs auf mich, ein bisschen weiter draußen, an einem Flusslauf, den sie gewiss kannten und von hier einsehen konnten. »Flusslauf?«, sagte einer der Soldaten. »Nein, wir sehen von hier aus keinen Flusslauf!«

»Sind Sie sicher?«

»Ja, sicher!«

»Auch nicht vom Wachtturm aus?«

»Auch nicht vom Wachtturm.«

Ich verabschiedete mich und zwängte mich durch eine Gasse zwischen den Befestigungen hinaus ins Freie. Das Gelände fiel zur Stadt hin ab, nach wenigen Minuten konnte ich die Befestigungen von Camp Holland nicht mehr sehen. Dann traf ich auf den Flusslauf. Kein Auto war zu sehen. Kein Mensch, nirgendwo. Ich war etwas zu früh dran und entschloss mich zu warten. Als auch einige Minuten nach der verabredeten Zeit niemand kam, wurde mir klar, wie dumm ich gewesen war, mich auf ein Treffen außerhalb von Camp Holland einzulassen. Warum hatte ich nicht darauf bestanden, dass mich die Männer des Gouverneurs am Tor des Camps abholten? Gestern, als ich mich mit dem Sekretär des Gouverneurs darauf geeinigt hatte, hier zu warten, brachte ich gleichzeitig eine Information in Umlauf: Morgen, um sechs Uhr, würde ein Ausländer am Flusslauf außerhalb von Camp Holland warten. Diese Information musste nur in die falschen Hände kommen. Ich hatte nicht einmal nach dem Namen des Mannes gefragt, der mich abholen sollte, oder nach einem Kennwort verlangt. Für die Holländer war ich draußen. Ich hatte mich mit dem Gouverneur ohne offizielle Erlaubnis der Armee, deren Gast ich war, verabredet. Das bedeutete, dass die Soldaten sich für mich nicht mehr zuständig fühlten, sobald ich mich außerhalb des Camps befand. Ich war nun außerhalb der Luftblase, in der Welt, die ich gestern Nacht noch, auf meinem Feldbett liegend, berühren wollte. Jetzt konnte ich sie »berühren«, und ich fühlte, während ich darauf wartete, von unbekannten Männern abgeholt zu werden, wie mir ein leiser Schauer über den Rücken lief.

Nach ungefähr zehn Minuten kam ein Geländewagen in einem höllischen Tempo die Piste entlanggerast. Er zog dadurch eine gewaltige Staubfahne hinter sich her, welche die noch frische Morgenluft dunkel färbte. Ich sollte, hatte mir der Sekretär des Gouverneurs gesagt, auf ein Polizeiauto warten. Doch das, was da auf mich zukam, war kein Polizeiauto. Es war ein nicht näher gekennzeichneter Wagen. Ich überlegte, was ich tun sollte. Und wenn es Entführer waren? Wenn ihnen die Polizei gegen gutes Geld gesagt hätte, dass hier, an dieser Stelle, um sechs Uhr morgens eine Ausländer abzuholen sei? Ich hatte für Entführer einen erheblichen Wert, einen politischen und einen finanziellen. Ich war da, wo ich es mir gewünscht hatte, an der Kante zwischen der Welt drinnen und der Welt draußen: drinnen waren die vernünftigen Holländer, drinnen waren auch Männer wie der Scharfschütze John aus Oregon, drinnen waren die Piloten der Drohnen mit ihren Joysticks, drinnen war ich ein Journalist, der recherchierte, beobachtete, niederschrieb; draußen raste ein Auto auf mich zu mit unbekannten Menschen, die mich abholen sollten, draußen war ich eine potenzielle Ware, ein Handelsgut, das man sich, ohne einen Cent zu zahlen, aus dem Regal nehmen und um einen guten Preis weiterverhökern konnte, draußen war ich reduziert auf meine Angst und dem nächstbesten Vorbeikommenden ausgeliefert, draußen war ich schutzlos.

Während der Wagen an dem Flusslauf ankam und abbremste, um in langsamem Tempo über das Flussbett zu setzen, schloss ich mit mir selbst einen Kompromiss. Sollten in diesem Wagen Polizisten sitzen, würde ich einsteigen. Wenn nicht, würde ich eiligst nach Camp Holland zurücklaufen. Schließlich hielt der Wagen neben mir. Das verdunkelte Fenster wurde heruntergekurbelt. Hinter dem Steuer saß ein Mann in Zivilkleidern, auf dem Nebensitz ein uniformierter Polizist. Er streckte seinen Kopf etwas vor und sagte meinen Namen, dann öffnete er ohne ein weiteres Wort die Tür. Ich stieg ein. Ein Polizist, dachte ich mir, reicht zur Sicherheit. Während ich auf der Rückbank saß und der Wagen dahinraste, dachte ich, dass die beiden Männer mit gutem Recht dieselben Fragen an mich stellen konnten, die ich in Gedanken an sie gestellt hatte, während sie auf mich zukamen. Mir war es so selbstverständlich erschienen, Misstrauen zu empfinden, doch dass auch sie misstrauisch sein könnten, das fiel mir gar nicht ein. Dabei hatten sie Grund genug dazu. Sie mussten zwar nicht fürchten, von mir entführt zu werden, doch mussten sie denken, dass jede Information, die sie mir gaben, auch gegen sie oder gegen ihre Leute verwendet werden konnte. Information ist die wichtigste Ressource in diesem asymmetrischen Krieg – selbst die angebliche Wunderwaffe Drohne war darauf angewiesen. Diese hoch technisierte Tötungsmaschine musste mit Informationen von vor Ort gespeist werden. Sie brauchte wie jeder Auftragskiller Namen und Adresse des Opfers, um ihren Auftrag ausführen zu können. Warum sollten die beiden Männer nicht denken, dass ich gekommen war, um Informationen zu sammeln? Warum sollten sie nicht glauben, dass ich Tarin Kowt einen Besuch abstattete, um herauszufinden, wer wo wohnte, wer ein Taliban war und wer nicht? Die Taliban, so hieß es, waren auch in der Stadt Tarin Kowt, schattenhaft nur, aber sie waren da. Und wenn ich gekommen war, diesen Taliban klare Konturen zu geben, sodass der Pilot in Nevada wusste, wen er zu suchen hatte, wenn er sein Zielkreuz über Tarin Kowt kreisen ließ? Wer war ich? Diese Frage konnten sich die beiden Männer mit genauso großer Beunruhigung stellen, wie ich mich fragte: Wer sind sie?

Vertrauen war in diesem Zusammenhang nicht nur ein Wort, es war eine wesentliche Voraussetzung für erfolgreiches Handeln. Der Einsatz der NATO konnte nur gelingen, wenn Afghanen glaubten, dass die Interventionsmächte gekommen waren, um ihnen zu helfen. Das zu erreichen war allerdings schwierig, wenn nicht unmöglich. Es lag weniger an den Afghanen als an der Art des Einsatzes. Die Holländer beispielsweise taten alles, um Vertrauen zu gewinnen, doch auch sie kamen mit einer Militärkolonne nach Tarin Kowt, um mit den Menschen dort zu reden. Und warum sollten die Afghanen Soldaten Glauben schenken? Es herrschte ja Krieg. Soldaten waren Partei, sie standen auf einer Seite. Sie waren nicht neutral. Warum sollten sie einem Soldaten vertrauen, der mit einem gepanzerten Wagen in ihr Dorf kam, um dort zu erklären, er wolle hier eine Krankenstation aufbauen? Die Afghanen hatten lange Erfahrung mit fremden Armeen. Nie war eine gekommen, um ihnen zu helfen. Warum sollte die NATO eine Ausnahme sein? Sie führte auch Krieg. In den Bergen um Tarin Kowt jagte und tötete sie Taliban, am Himmel kreisten ihre todbringenden Drohnen, und ihre Kampfjets entluden immer wieder ihr Höllenfeuer über unbeteiligten Zivilisten. Warum sollten sie »uns« vertrauen? Sie hatten genauso wenig oder noch weniger Grund dazu als ich.

Wir kamen in Tarin Kowt an. Es ist ein sehr übersichtliche Stadt. Eine Längsstraße, eine Querstraße, zu beiden Seiten Läden. Wo sich die beiden Straßen treffen, steht ein rechteckiger Turm, der eine Mischung aus Wachtposten und Verkehrsinsel ist. Wir fuhren in schnellem Tempo vorbei. Durch die verdunkelten Scheiben wirkten die Passanten, die schon so früh am Morgen auf den Beinen waren, um ihren Geschäften nachzugehen, stumpf und schattenhaft. Ich musste an die Piloten in Nevada denken, auf deren Bildschirmen Afghanistan in Schwarzweiß zu sehen war. Sie konnten zwar alles genauestens beobachten, doch die Farblosigkeit des Anblicks machte Afghanistan für sie zu einem Schemen, einem abstrakten Etwas, aus dem Gefahr drohte. Sie konnten dieses Afghanistan mit einem Knopfdruck zur Explosion bringen.

Der Sitz des Gouverneurs lag am Ende der Hauptstraße. Am Eingang standen zottelige Polizisten, die sich noch die Nacht aus den Gliedern schütteln mussten. Unruhige Träume hatten ihre Gesichter zerknautscht, die Augen waren verquollen, die Haare ein wirres Gestrüpp. Diese Männer waren der erste Schutzring für den Gouverneur. Wir passierten ihn, kamen in einen schönen, von einer Mauer umgebenen Garten, an dessen Ende das Haus des Gouverneurs stand. Hier stießen wir auf den zweiten Schutzring für den Gouverneur:

zwei Polizisten, die auf einem Stuhl saßen und einen Raketenwerfer in der Hand hielten. Der eine musste an die fünfzig Jahre alt sein. Er war dick, und als er aufstand, ächzte er vernehmbar. Der andere war spindeldürr, und der Raketenwerfer wirkte in seinen Händen so groß und schwer wie eine Säule. Der Sekretär des Gouverneurs empfing mich mit freundlichen Worten: »Der Gouverneur wartet schon auf Sie!« Dann geleitete er mich umgehend in ein anderes Haus. Er öffnete eine Tür. Bevor ich verstanden hatte, wo ich war, standen mehr als zwei Dutzend Männer vom Boden auf und starrten neugierig und erwartungsvoll auf mich. »Bitte!«, sagte der Sekretär. »Der Gouverneur!« Er wies mit der Hand an das Ende des langen Raumes. Dort saß auf einem Stuhl ein kleiner Mann mit schwarzem Turban und schwarzem Bart. Ich ging eilig auf ihn zu, durch das Spalier von Männern, die allesamt schwarze Turbane und schwarze Bärte trugen. Ich begrüßte den Gouverneur mit Handschlag. Dann flüsterte mir der Sekretär ins Ohr: »Sie müssen sich noch ein wenig gedulden, bitte! Setzen Sie sich!« Er wies mir einen Stuhl, der etwas abseits stand, nicht weit vom Gouverneur entfernt. Als ich mich setzte, setzten sich auch die anderen Gäste. Es waren so viele, dass ich das Rauschen ihrer Kleider beim Hinsetzen hören konnte.

Ich war in eine Audienz des Gouverneurs geraten. Die Männer, die hier saßen, waren Bittsteller. Manche waren gekommen, um sich über einen Schaden zu beklagen, den sie erlitten hatten, andere waren hier, um Geschäfte anzubahnen und dafür den Segen des Gouverneurs einzuholen, manche waren nur gekommen, um Verwandte vorzustellen, die nach Tarin Kowt gezogen waren, wieder andere hatten Papiere dabei, die sie dem Gouverneur zur Unterschrift vorlegen wollten. Der Gouverneur hörte sich das alles mit großer Geduld an, er neigte seinen Kopf nach vorne, wenn ihm ein Bittsteller etwas ins Ohr flüsterte, strich sich dabei über den Bart und nickte. Dann sprach er ein paar Worte, woraufhin der Bittsteller sich verneigend zurückzog, nur um einem weiteren Mann Platz zu machen, der die Aufmerksamkeit des Gouverneurs in Anspruch nahm. Der Gouverneur nahm sich Zeit für jeden. Er schenkte ihm für die paar Minuten seine ganze Aufmerksamkeit und behielt dabei eine würdevolle Distanz. Wie einer kam und einer ging, wie der Gouverneur sich leicht nach vorn beugte und sich dann wieder in seinem Sessel zurücklehnte, wie wieder einer kam und wieder einer ging, wie ein Schreiber, der hinter dem Gouverneur saß, sich Notizen machte, wie er ein Blatt Papier abriss und es einem Diener weitergab, der es einem Mann übergab, der an einer Seitentür stand und das Blatt durch einen Türspalt reichte, wo es schließlich verschwand. Ein Rädchen griff ins andere, eine gut geölte, bewährte Maschine war hier am Werk. Sie arbeitete nahezu geräuschlos. Das Flüstern der Bittsteller, das gelegentliche Gemurmel des Gouverneurs, das Rascheln von Kleidern, das Kratzen des Stiftes auf dem Notizblock, all das verschmolz zu einem gleichmäßigen, kaum hörbaren Summen. Die Piloten in Nevada, die an ihrem Joystick saßen und das Gefühl hatten, Afghanistan im Auge zu haben, bemerkten nichts davon. Unter den blinden Augen ihres Radarschirms wurden Entscheidungen getroffen, Befehle gegeben, Nachrichten geschrieben, Boten ausgesandt. Ob der Krieg wütete oder Frieden herrschte, ob Hunger die Menschen plagte oder sie satt werden konnten, ob sie flüchten mussten oder in ihren Häusern sicher leben konnten, ob fremde Truppen im Land waren oder nicht, dieses Räderwerk arbeitete weiter. Es spann Fäden, es öffnete Wege, es schuf Verbindungen, es band Afghanen ein in ein dichtes Netz, das einmal Familie hieß, einmal Clan, einmal Stamm – oder Taliban.

Schließlich kam ich an die Reihe. Ich stand auf, ging auf den Gouverneur zu, reichte ihm die Hand und murmelte ein Begrüßungswort. Dann setzte ich mich auf einen Stuhl, den mir ein Diener eilfertig bereitgestellt hatte. Ich spürte die Blicke der vielen Anwesenden. Der Gouverneur lächelte. Es war eine Aufforderung an mich, meine erste Frage zu stellen. Er hieß Munib und gehörte früher einmal zu den Taliban. Er war sogar einige Zeit Minister in Kabul gewesen. Die Holländer sprachen in höchsten Tönen von Gouverneur Munib. Sie glaubten, dieser vom Fanatismus geläuterte Mann könne Brücken zu den Taliban bauen. Nur auf diese Weise, das hatte man mir in Camp Holland versichert, könne man hier in Uruzgan Erfolg haben, denn hier hätten die Taliban eine besonders große Unterstützung.

Die Antworten, die mir Munib gab, waren so prall angefüllt mit Floskeln, dass ich es bald aufgab, von ihm irgendetwas Nützliches erfahren zu wollen. Überraschend war die Formelhaftigkeit seiner Sprache nicht, denn er redete vor Publikum. Da musste er Rücksichten nehmen. Er konnte durch meine Anwesenheit zwar seine guten Kontakte zu den Ausländern demonstrieren, doch musste er gleichzeitig sehr genau darauf achten, was er zu mir sagte. Jedes seiner Worte konnte von den Anwesenden weitergetragen und in ein verborgenes Netz eingespeist werden. Alles konnte Folgen haben. Immerzu war die Maschine am Werk. Sie saugte gierig jede Information in sich auf. Es gab keine Kommandozentrale, in der alles zusammenlief. Der Gouverneur befand sich nur an einem Knoten, an dem vieles zusammenlief, an einem Kreuzungspunkt, von hier aus konnte er den Fluss der Informationen steuern, bis zum nächsten Knoten, wo ein anderer saß, der wieder bis zum nächsten Knoten, der den Dingen eine Richtung geben konnte, aber darüber hinaus machtlos war. Diese feinnervige, ortlose Maschine hielt Afghanistan durch alle Kriege hindurch am Leben. Sie war flexibel, allgegenwärtig und effizient.

Nach dem Gespräch bekam ich das Gefühl nicht los, meine Anwesenheit sei in allen Winkeln und Ecken der Stadt registriert worden. Der holländische Entwicklungshelfer, der mir den Kontakt zu dem Gouverneur hergestellt hatte, gab mir den dringenden Rat auf den Weg, mich nur ein paar Stunden in Tarin Kowt aufzuhalten. Schnell rein, schnell aus. Das war die Vorgabe. Bevor der Jäger merkte, dass Beute in sein Revier gekommen war, sollte sie schon wieder verschwunden sein. Nach dem Besuch beim Gouverneur, vor großem Publikum, dachte ich, wüsste ohnehin jeder, dass ich hier sei. Ich beschloss, den Richter aufzusuchen. Auch er war mir von den Holländern als Mann geschildert worden, der hier in der Stadt eine wichtige Rolle spielte und mit dem man durchaus rechnen könne. Der Polizist, der mich am Morgen abgeholt hatte, sagte, er wisse, wo der Richter zu finden sei. Dann brausten wir durch die Stadt, bogen von der Hauptstraße ab, nahmen mehrere Seitenstraßen, sodass ich schnell die Orientierung verlor. Eben noch war mir Tarin Kowt übersichtlich erschienen, doch innerhalb weniger Minuten zeigte mir die Stadt ihr labyrinthisches Inneres. Schließlich hielten wir vor einem Gebäude an, das von hohen Lehmmauern umgeben war. Es war das Gefängnis. Hier sollte ich den Richter finden. Wir gingen zu einer kleinen, hölzernen Tür, die in die Lehmmauer eingelassen war. Mein Begleiter klopfte, die Tür ging auf, ein hakennasiger Mann blinzelte uns mit dunklen, schwarz umränderten

Augen an. Seine Stimme krächzte wie die eines Raben. Der Polizist gab eine knappe Auskunft, dann wurden wir eingelassen. Ich musste mich bücken, so niedrig war die Tür. Der Raum, den wir betraten, war wie eine Höhle, eng, düster und tief. Licht fiel von einer Öffnung der Mauer ins Innere, und ich erkannte in dem Halbdunkel jemanden, der auf Kissen saß und Tee trank. Er beugte sich ein wenig nach vorne. Sein weißer Bart und das kahle Haupt leuchteten in dem Licht kurz auf. Es war der Richter. Ich kam nicht einmal dazu, ihm eine Frage zu stellen, schon entschuldigte er sich, mit den Worten, er müsse zu einem dringenden Termin. Aber, wenn ich es wollte, könnte ich gerne das Gefängnis besuchen. Der Wärter, er wies auf den hakennasigen Mann, der gebückt in der Ecke stand, könne mir gerne das Tor aufschließen. Dann ging der Richter, zwängte sich durch die schmale Tür und verschwand in dem gleißenden Licht des Tages wie eine Erscheinung. Der Hakennasige zog einen Schlüsselbund unter seinem weiten Hemd hervor, hielt ihn in die Höhe, rasselte damit und bedeutet mir, ich sollte ihm folgen. Wir gingen zuerst noch tiefer in diesen höhlenartigen Raum hinein, dann kamen wir in einen hellen Gang, der nach oben hin offen war. Sonnenlicht ergoss sich über uns. Wir blieben schließlich vor einer hölzernen Tür stehen. Sie war durch eine schwere Kette verschlossen. Der Wärter steckte den Schlüssel ins Schloss, zog die Kette mit einem kräftigen Ruck aus der Verankerung und öffnete die Tür. Ich trat hinein, begleitet nur von dem Dolmetscher, den mir der Gouverneur zur Verfügung gestellt hatte. Der Hakennasige verschloss die Tür hinter uns. Die Kette rasselte im Schloss. Ich sah eine Reihe von Männern, die im Schatten der Lehmmauer hockten. Als sie mich entdeckten, standen sie auf, gingen auf uns zu und umringten und betrachteten uns aus nächster Nähe wie neugierige Kinder, die keine Scheu vor Fremden haben. Ich konnte ihren klebrigen, heißen Atem auf meinen Wangen spüren, ihre saugenden Blicke. Ich musste mich durch sie hindurchwühlen, um weiter in den Innenhof zu kommen. Er war zu drei Seiten hin von Mauern umgeben, während ein Gebäude die vierte Seite abschloss. Das war der Zellentrakt. Die Tür stand offen. Auf dem Dach des Gebäudes sah ich ein zweistöckiges Doppelbett. Das untere Bett war teilweise mit Decken verhängt. Auf diesem Bett hockten Bewaffnete. Ich erkannte unter ihnen den hakennasigen

Wärter. An einer der Bettstangen war eine afghanische Nationalflagge befestigt. Sie flatterte müde im Wind.

Ich blieb in dem Innenhof stehen und versuchte, den einen oder anderen Gefangenen in Ruhe zu sprechen. Das war schwierig. Denn kaum war es mir gelungen, einen Einzelnen aus der Gruppe zu lösen, bildete sich schon wieder eine neue Gruppe um ihn. Sie wollten alles hören, was zwischen uns gesprochen wurde. Wie ein Magnet zog ich diese Menschen an. Viele von ihnen saßen schon seit Jahren hier, ohne Verfahren, ohne Urteil. Sie waren eingesperrt und vergessen. Wer genügend Geld aufbrachte, kam frei, wer das nicht konnte, blieb so lange, bis er eventuell doch ausgelöst wurde. Obwohl die Ungerechtigkeit offensichtlich war, klagten die Gefangenen nicht. Sie überhäuften mich nicht mit ihren skandalösen Leidensgeschichten, sondern wollten vielmehr hören, was ich zu berichten hatte. Sie waren auf meine Fragen gespannt, wahrscheinlich auch auf das, was ich für sie tun könnte. Ihr eigenes Schicksal nahmen sie offenbar mit Gleichgültigkeit hin. Einer von ihnen saß seit acht Jahren hier, ohne je einen Anwalt, geschweige denn einen Richter zu Gesicht bekommen zu haben. Er regte sich darüber nicht weiter auf, abgestumpft wie er war von den langen Jahren in diesem unwirtlichen Gefängnis. Wo immer ich hinging, folgte mir der Schwarm dieser Unglücklichen auf den Fuß. Als ich mich in den Zellentrakt begab, warf mir der Hakennasige vom Dach herab einen finsteren Blick zu. Die Gefangenen lachten. Sie liefen aufgeregt umher, verschwanden in dunklen Räumen, tauchten wieder auf, verschwanden wieder. Es war, als hätten sie vor Schreck und Staunen die Orientierung verloren. Ihr Gelächter hallte in den kahlen Räumen wider. Es gab hier keine Gitter und keine verschlossenen Türen. Das Einzige, was diese Unglücklichen von der Welt draußen trennte, waren die hohe Lehmmauer und eine Tür aus Holz. Die Wände der Zellen waren bis auf den letzten Winkel bemalt. Ich sah Wasserpfeifen, Teekannen, Gläser, Kalaschnikows, Soldaten, Panzer, Kanonen, ich sah das Leben der Afghanen mit kräftigen Farben und einfachen Strichen auf unverputzte Mauern dieser Zellen geworfen. Während ich herumging und die Bilder betrachtete, hörte ich aus den düsteren Tiefen des Zellentraktes ein lautes Auflachen. Es sprang aus dem Dunkeln heraus und fiel wie klimpernde Münzen vor meine Füße. Es lag etwas

Verführerisches an diesem Klang, etwas sagte mir: »Komm, geh weiter, komm!« Doch die Furcht hielt mich zurück. Sie kroch mir mit kalten Füßen den Rücken hoch, schlang sich um meinen Hals und schnürte mir die Luft ab. »Komm, geh weiter! Komm!« Ich sah Schatten, die Konturen eines Körpers, das Aufblitzen weißer Zähne, dann wieder dieses hell tönende Lachen. Ich versuchte, nicht hinzuhören, und wandte mich ab. Doch als ich mich umdrehte, stieß ich mit einer Gruppe von Gefangenen, die sich hinter mir gesammelt hatte, zusammen. Mein Gesicht war nur Zentimeter von den ihren entfernt. Ich roch den Schweiß, der ihnen in Bächen über die Stirn floss, ich roch den heißen Atem, der aus ihren neugierig aufgerissenen Mündern drang, ich blickte in ihre schimmernden, verrückten Augen. Ohne lange nachzudenken, streckte ich meine Arme aus, stürzte mich auf die Menge und zerteilte sie mit einer kräftigen Bewegung. Durch meine Kleider spürte ich die Hitze ihrer Leiber. Eine Gasse öffnete sich. Ich schlüpfte hindurch, der Tür entgegen, die ins Freie führte. Als ich auf die Türschwelle zukam, hörte ich hinter mir ein klatschendes Geräusch wie von Wasser. Ich drehte mich noch einmal um und sah, wie die Gefangenen, dicht an dicht, hinter mir standen. Die Gasse, die ich eben geschlagen hatte, war wieder geschlossen. In ihrem Rücken gähnte das Dunkel der Zellen. In ihren Gesichtern leuchtete der Wahnsinn auf. Noch einmal drang das Lachen aus dem Inneren des Zellentraktes zu mir, flog metallisch hämmernd durch die Luft und schlug gegen meine Ohren. Mit einem Satz sprang ich nach draußen. Ich atmete tief durch, schloss die Augen und ließ das Sonnenlicht auf meine Lider fallen. Als ich sie öffnete und nach oben blickte, sah ich auf dem Dach zu mir heruntergebeugt den Hakennasigen. Ich konnte in dem Gegenlicht seine Gesichtszüge nicht deutlich erkennen, doch glaubte ich, ein schiefes Lächeln in seinem Gesicht zu sehen, als hätte ein ungeschickter Metzgergeselle einen Schnitt in ein Stück zähes, altes Fleisch gezogen.

Noch eine Zelle sah ich. Sie befand sich im Innenhof, doch hatte ich sie bei meinem Eintreten gar nicht bemerkt, denn sie war in die Erde eingegraben wie ein Bunker. Das Dach aus Lehm war nur wenige Zentimeter höher als die Erdoberfläche und hatte dieselbe Farbe. Mehr von dem Schwarm Gefangener, der mir auf den Fuß folgte, dazu gedrängt als freiwillig stieg ich durch eine Öffnung hinein. Drinnen war es düster. Meine Augen mussten sich erst an das Licht gewöhnen. Dann sah ich eine Reihe Gefangener, die gegen die Wand gelehnt saß. Über ihren Köpfen, zwischen den rohen Balken, die das Dach trugen, hingen zum Schutz vor Mäusen und Ratten Plastiktüten mit Essensrationen. Die Zelle war bis auf den letzten Zentimeter mit Matten ausgelegt. Achtzehn Männer schliefen hier, dicht an dicht, jede Nacht, seit Jahren. Die einzige Lichtquelle war ein rundes Loch, das knapp unterhalb des Daches geschlagen war und von außen wie die Öffnung zu einem unterirdischen Wasserlauf aussah. In wenigen Schritten hatte ich die Zelle durchmessen. Die Gefangenen standen nicht auf, als ich an ihnen vorbeiging. Sie dämmerten teilnahmslos vor sich hin. Am anderen Ende der Zelle, knapp unterhalb des Lichtschachts, begegnete ich zwei Männern. Einer hatte seine Arme um die Schultern des andern gelegt. Als ich meinen Fotoapparat hob, um sie zu fotografieren, zog der eine den anderen zu sich heran, streckte seine Zunge heraus und leckte ihm mit einem schmatzenden Geräusch den Bart. Er betrachtete mich dabei, offensichtlich neugierig darauf, wie ich reagieren würde. Wie versteinert blickte ich auf die Szene. Der Gefangene streckte wieder die Zunge heraus und leckte den Bart des anderen, dann drückte er ihm einen Kuss auf die Wange, danach leckte er wieder an dem Bart. Ich versteckte mich hinter meiner Kamera und drückte den Auslöser. Ich spürte, wie die Gefangenen hinter mir sich näher herandrängten. Auch sie wollten sehen, was vor sich ging. Die Luft heizte sich auf von dem Begehren, das aus ihren Körpern strömte. Die frivole, obszöne Geste des Mannes befreite sie von der Scham und Zurückhaltung. Die Zelle brodelte vor Verlangen. In einer schnellen Bewegung drehte ich mich um. Ich zwängte mich an den Wänden entlang vorbei und stolperte die Treppen hinauf ins Freie. Ich blickte nicht mehr zum Dach hinauf, da ich mir den Anblick des hämischen Hakennasigen ersparen wollte, sondern lief zur Tür, die ich mit kräftigen Faustschlägen zu traktieren begann. Nach wenigen Sekunden öffnete ein Wärter.

Am selben Abend stand ich in Camp Holland zusammen mit Hunderten anderen auf einem Feld, nicht weit von den Wohncontainern entfernt. Die Sonne war bereits untergegangen. Der Himmel spannte seinen mit schimmernden Punkten durchlöcherten, schwarzen Körper über die Welt. Eine australische Rockband trat auf eine professionell zusammengebaute Konzertbühne. Sie war gekommen, um die Soldaten zu unterhalten. Die Sängerin rief ein »Good Evening!« in die Menge und schickte einen Kuss hinterher, worauf die zu johlen anfing. Dann ging es in rasantem Tempo los. Der Schlagzeuger schlug wie ein Berserker auf seine Trommeln ein, der Bassist zupfte mit gravitätischer Miene an seiner Gitarre, die Sängerin lockte die Soldaten mit ihren rauchigen Stimme zu Begeisterungsstürmen hin, ein Gitarrist näherte sich und brachte sein Instrument zum Aufheulen. Es antwortete mit einer zuckenden Bewegung. Die Lichtorgeln, die hoch über der Bühne angebracht waren, feuerten farbige Kanonaden in das Publikum. Die Soldaten sangen lauthals, sie sprangen in die Luft, lachten, schrieen, jubelten und sahen dabei genauso jung aus, wie sie waren – etwas über zwanzig Jahre. Camp Holland bebte. Draußen schlief Tarin Kowt. Wenige Lichter brannten. Die Ausläufer der wilden Musik aus Camp Holland plätscherten durch die stillen Straßen, sie streckten ihren breiten, kräuselnden Rücken über den Platz, umspielten den Wachturm, die geschlossenen Läden des Basars, das Haus des Gouverneurs und prallten schließlich gegen die Mauer des Gefängnisses, wo sie mit einem letzten Seufzer erstarben. Ich zog mich bald zurück in meinen fensterlosen Container, schloss die Augen und wartete darauf, dass mich die Gefangenen von Tarin Kowt besuchen kamen.

In der Welt draußen, in Uruzgan, wuchsen die Mohnpflanzen auf weiten Flächen. Sie reckten ihre runden Köpfe und warteten darauf, dass die Bauern ihre Haut anritzten, um ihren Saft zu gewinnen. Das gewonnene Rohopium wird zu Heroin verarbeitet. Über zahllose Kanäle findet es seinen Weg zu den profitablen Märkten, über den Iran und die Türkei geht es nach Europa, über Zentralasien nach Russland. Entlang dieser Tausende Kilometer langen Routen nahmen Millionen Menschen Drogen, weil sie billig waren, leicht zu haben, weil es sonst nichts gab, was ihnen Aussicht auf ein lebenswertes Leben zu bieten schien, weil sie der Sucht hoffnungslos verfallen waren. Aus Afghanistan fließt der tödliche Stoff, angesaugt von gierigen, verzweifelten Menschen. Aus diesem Land breitet sich ein unterirdisches Röhrensystem aus, das den Globus umspannt.

Fast neunzig Prozent der weltweiten Opiumproduktion kommt aus Afghanistan. Uruzgan war zum Zeitpunkt meines Besuches eine Region mit dichtem Opiumanbau. Die Regierung in Kabul schickte eine Einheit ihrer Spezialpolizei. Sie sollte Felder zerstören. Die Holländer hielten sich davon fern, denn sie glaubten nicht recht an die Vernichtung der Mohnfelder, solange den Bauern nicht Alternativen angeboten wurden. Doch vermittelten sie mich weiter an die afghanische Polizei von Tarin Kowt, die mich bereitwillig mitnahm. Die Polizisten aus Tarin Kowt allerdings waren nicht mehr als Statisten in einem Schauspiel, dessen Regisseure in Kabul beziehungsweise in Washington saßen. Sie fuhren der schwer bewaffneten Spezialeinheit der Polizei aus Kabul hinterher und hatten im Wesentlichen nur die Aufgabe, hie und da bei den Einheimischen zu vermitteln, denn diese wehrten sich nach Kräften gegen die Zerstörung ihres Lebensunterhaltes. Sie übergaben mich auch bald einem Polizisten namens Humayum, froh darüber, die Verantwortung für mich loszuhaben. Humayum stammte aus Kabul. Er war dort stationiert, doch war er für diesen Einsatz abgestellt worden, denn er kannte Uruzgan gut. Er hatte ein paar Monate Dienst in dieser Region geleistet.

»Die Leute aus Tarin Kowt sind verrückt. Sie schießen immer aufeinander und bringen sich ohne Grund um. Sie sind vollkommen verrückt!«, sagte Humayum, kaum, dass ich in seinen Wagen gestiegen war.

»Warum schießen sie aufeinander?«

»Die Leute hier sind viel zu weit von der Bildung weg.« Dann seufzte er und sagte: »Ach Kabul, wie ich Kabul doch vermisse!«

Wir fuhren der Wagenkolonne hinterher, die bis auf den letzten Platz gefüllt war mit grimmigen Polizisten, die drohend ihre dicken Waffen zur Schau stellten. Humayum schwieg eine Weile. Dann schaute er mich an und sagte warnend: »Trinken Sie viel Tee in Uruzgan! Denn das Essen ist sehr schlecht. Das Fleisch ist verdorben. Das Mehl ist verdorben. Der Reis ist verdorben. Trinken Sie Tee! Unbedingt, trinken Sie Tee!«

Ich betrachtete ihn. Er sah tatsächlich grau im Gesicht aus, viel zu alt für seine knapp vierundzwanzig Jahre. Die Wangen waren eingefallen, die Augen waren matt, die Haare standen ihm wirr vom Kopf. Er hielt sich mit beiden Händen am Steuer fest und versuchte

aus mir unerfindlichen Gründen, sich in der Kolonne nach vorne zu drängen. Als ich ihn fragte, warum er das mache, antwortete er: »Da vorne sind die Amerikaner. Sie wollen doch gewiss Amerikaner sehen?!« Dann drückte er wieder auf das Gaspedal und fuhr nur Zentimeter entfernt an Maschinengewehrläufen und Raketenwerfern vorbei, die aus den Wagenfenstern der Kabuler Spezialeinheit ragten. Er zwängte sich hupend und gestikulierend nach vorne. Staub wirbelte auf. Draußen war es glühend heiß. Die Klimaanlage des Wagens kämpfte keuchend gegen die Hitze an. Zu allem Überfluss hatte Humayum eine Kassette eingelegt. Aus scheppernden Boxen plärrte in voller Lautstärke die Stimme einer Sängerin. Erst als ich sie hörte, fiel mir ein, dass ich in Tarin Kowt keine Frau gesehen hatte, nicht in den Straßen, nicht auf dem Markt, nicht beim Gouverneur und auch nicht auf diesem Weg, der uns von der Stadt weg durch verschiedene Dörfer und Weiler führte. Nirgendwo eine Frau. Nur eine Stimme aus lädierten Lautsprechern im Inneren des Wagens.

Humayum gelang es schließlich, an die Spitze der Kolonne zu kommen. Sie bestand aus zwei Geländewagen mit verdunkelten Scheiben. Kaum hatten wir sie erreicht, hielten sie an. Aus dem Wagen stiegen mehrere bewaffnete Riesen.

»Da, Amerikaner!«, sagte Humayum, als hätte er Wesen von einem anderen Stern gesehen.

Die Amerikaner berieten sich mit einem Polizeioffizier. Dann traten sie etwas zur Seite und wechselten ein paar Worte. Humayum beobachtete die Szene sehr aufmerksam. Zu unserer Linken lag ein großes Mohnfeld. Die Amerikaner gaben dem Polizeioffizier Anweisungen. Woraufhin dieser seine Männer zu sich rief. Sie stellten sich in einer Zweierreihe auf. Jeder hatte einen langen Stock in der Hand. Der Polizeioberst sprach ein paar Worte, dann marschierten die Polizisten los. Sie betraten das Mohnfeld, schwangen ihre Stöcke und schlugen den Pflanzen den Kopf ab. Sie arbeiteten sich in das Feld hinein wie gefräßige Heuschrecken. Die Amerikaner folgten den Polizeimannschaften auf dem Fuß. Sie überwachten ihre Arbeit. Wir stiegen aus, um besser sehen zu können. Das Mohnfeld fiel von der Straße ab in eine leichte Senke, zu einem Fluss hin, den wir nicht sehen, dafür aber ahnen konnten. Die Amerikaner folgten den Polizeimannschaften Schritt für Schritt in das Feld hinein. Zuerst konnten wir noch das Sirren der Stöcke hören, das eine oder andere Wort, das die Polizisten miteinander wechselten, Befehle der Offiziere, doch je weiter die Polizisten in das Feld gingen, desto mehr verstummten die Geräusche. Die Stöcke schwingenden Gestalten schrumpften vor unseren Augen. Während sie gewiss das Gefühl hatten voranzukommen, gewannen wir von der Straße aus den Eindruck, dass sie sich nicht weiter vorarbeiteten, sondern immer tiefer und immer tiefer in der Erde versanken, bis sie völlig verschwunden waren. Was wir sahen, war kein Mohnfeld, es war Treibsand, der die Menschen in die Tiefe zog. Bald schon war keiner mehr zu sehen. Nur Staub wirbelt in die Höhe. Das war alles, was von ihnen geblieben war. Aus den Lautsprechern kam ohrenbetäubend die Stimme der Sängerin.

»Wer singt da?«, fragte ich.

»Oh, das ist eine sehr berühmte Sängerin, die in Peshawar lebt. Sie singt in meiner Sprache, in Paschto!«

»Und was singt sie?« Die spürbare Begeisterung Humayums hatte mich neugierig gemacht.

Er schwieg. Ich setzte nach.

»Kannst du mir ein paar Strophen übersetzen?«

»Na gut!«, antwortete er, lächelte und dann übersetzte er:

Die Amerikaner haben Saddam Hussein gehängt
Und alle Muslime weinen

Die Amerikaner versklaven uns
Und wir sind zerstritten

Die Amerikaner haben zahllose Muslime ums Leben gebracht
Ihr vergossenes Blut schwillt zu einem mächtigen Fluss an

Und wir? Wir streiten
Die Amerikaner fürchten uns nur
Wenn wir geeint sind.

11

Wann war ich in Uruzgan? Ist es drei Jahre her oder vier, oder fünf? Ich könnte in meinen Notizbüchern nachsehen. Sie liegen auf meinem Schreibtisch. Wie immer habe ich sie knapp neben der Tischlampe platziert, jederzeit griffbereit. Ich müsste nur darin blättern. Sie geben präzise Auskünfte. Denn es war mir immer wichtig gewesen, zu wissen, wann ich wo gewesen war. Fein säuberlich fügte ich deshalb an den Anfang jeder Notiz eine Datums- und Ortsangabe.

Kabul, am 21. 01. 2002
Khost, am 24. 02. 2002
Kandahar, am 05. 07. 2004
Gardez, am 08. 04. 2005
Mazar-e-Sharif, 05. 06. 2007
Kundus, 18. 10. 2009

Ich schlug Pflöcke in die Zeit, um mich daran festzuhalten und nicht in ihrem reißenden Fluss abgetrieben zu werden. Doch ich wurde nachlässiger. Es begann hier. In diesem Hotel fing ich an, das Datum in meinen Notizbüchern nicht mehr niederzuschreiben. Es erschien mir zunächst wie ein Frevel. Nachdem ich zum ersten Mal kein Datum vor eine Eintragung geschrieben hatte, erwartete ich eine Strafe. Ich dachte, meine Hand würde von einer plötzlichen Lähmung befallen und ich würde nie wieder schreiben können, oder das Notizbuch würde zwischen meinen Fingern zerbröseln, sobald ich es schloss. Jedes nur denkbare Unglück würde mich treffen, weil ich gegen ein ehernes Gesetz verstoßen hatte, das ich mir nicht selbst gegeben hatte, sondern das ein natürlicher, grundlegender Teil der Architektur meiner Notizen war. Alles würde jetzt zusammenbrechen. Doch nichts dergleichen geschah. Ja, es schien mir sogar so, dass ich den Stift nun leichter und schneller über die Seiten führen konnte. Ich fühlte mich dazu ermutigt, diese alte Gewohnheit endgültig abzulegen. Ich tat es mit großem Genuss, denn ich befreite mich damit aus einer selbstverschuldeten Versklavung. Die Angst, verlorenzugehen wie ein Mensch ohne Gedächtnis, verflüchtigte sich. Zwanglos füllte ich Seite um Seite. Glück umflatterte mein Herz mit unsichtbaren Flügeln.

Heute weiß ich, dass das eine Illusion war. Ich geriet nur tiefer hinein in einen Zustand der Unfreiheit. Denn das gesammelte, unstrukturierte Material begann die Herrschaft über mich zu gewinnen, langsam, unmerklich schloss es mich immer weiter ein. Es klebte an mir wie Schlamm und beschwerte jede meiner Bewegungen, jeden Gedanken, jede Handlung.

Wann also war ich in Uruzgan gewesen?

Ich kann es nicht mehr mit Gewissheit sagen. Ich fühle nur den Druck des Erlebten auf mir lasten, die unbestimmte, unausgesprochene Erwartung, berichten zu müssen, erklären zu können, Fragen beantworten zu müssen, auf die ich selbst nur schwer eine Antwort habe. Menschen tauchen auf, erzählen ihre Geschichte, machen Platz für jemand anderen, erzählen, bis ein neuer auftritt. Doch es ist niemand da, der ihnen zuhört. Deshalb kommen sie zu mir, in meinen Träumen. Sie erwarten, dass ich ihnen sichtbare Gestalt verleihe. Manchmal höre ich alle Stimmen gleichzeitig, einen Kakophonie, die zu entziffern mir unmöglich ist, jeder versucht den anderen zu übertönen. Während manche schreien, hocken andere nur da, im fahlen Licht meiner Erinnerung, und schweigen beharrlich. Auch sie wollen reden, doch muss ich sie dazu bringen, ich muss ihnen Wort für Wort entlocken, weil sie das Erlebte eingeschlossen haben in einer Schmerzkammer, aus der nur ein leises Wimmern dringt wie von Tieren, die ohne Sprache leiden müssen. Ich kann ihnen nichts bieten außer einem Leben aus Papier und Tinte, ich kann ihnen nur eine unsichere Heimstatt aus Blättern geben, die beim nächsten Sturm schon hinweggefegt werden wird. Dann möchte ich flüchten, die Notizbücher zuschlagen, das Zimmer verlassen, um nie wieder zurückzukommen in dieses Hotel, an diesen Schreibtisch, an dessen Kante sie alle sitzen, die Toten wie die Lebendigen, und mich mit großen Augen anstarren, als fragten sie: »Nun, was ist? Machst du endlich voran?!«

Und ich mache weiter. Gehe immer tiefer hinein in das Dickicht meiner Notizen, ich verliere mich in ihren labyrinthischen Windungen und ritze mir am dornigen Körper meiner Erinnerungen die Haut auf. Manchmal allerdings taucht jemand auf, mittendrin in diesem Durcheinander, und reicht mir plötzlich einen Faden, an dem ich nur ziehen muss, und alles Verwirrende entwirrt sich in wenigen Sekunden. Ali Hussein aus Yawkalang war so ein Mann.

Er sprach ein stockendes Englisch. Er konnte lesen und schreiben und er war zwei Mal in seinem Leben in Kabul gewesen, wo er den Kopf in den Nacken legen musste, um die prachtvollen Villen der Neureichen in all ihrer Größe bestaunen zu können. Der Anblick hat ihn tief beeindruckt. Während er in das heimatliche Yawkalang zurückfuhr, zwei mühevolle Tage, eingepfercht in einen Kleinbus, der über die Piste hüpfte wie ein verrückt gewordenes Pferd, fragte er sich, wie ein Afghane sich solche Häuser überhaupt mit ehrlicher Arbeit leisten könne. Er kam zu dem Schluss, dass das nicht möglich sei. Ihm waren in Kabul ja Geschichten zu Ohren gekommen, unglaubliche Geschichten. Zum Beispiel die von den Polizisten, die ihren Platz an den Verkehrskreuzungen von ihren Vorgesetzten kauften. Das »investierte« Geld holten sie sich wieder zurück, indem sie die Autofahrer, Passanten, Ladenbesitzer, Tagelöhner nach Kräften ausnahmen. Ali Hussein hatte auch gehört, dass jede Straßenkreuzung in Kabul ihren Preis hatte. Die teuersten lagen in den ärmsten Bezirken. Er begriff schnell, warum. Da die Armen nicht über die Mittel verfügen, um sich zu wehren, können Polizisten ihnen alles abpressen. Auch wenn sie nicht viel in der Tasche haben, es ist die Masse, die es ausmacht. Auch Kleinvieh macht eben Mist. In Kabul erzielen die Kreuzungen in den Schiitenvierteln die höchsten Preise. Denn Schiiten sind in der Regel arm, sie haben eher selten nützliche Kontakte, sie sind es seit Jahrzehnten gewohnt, dass man sie ausplündert. Ali Hussein verstand das auf Anhieb. Er ist Schiit. Zweimal Kabul, das reichte ihm. »Ich muss da in meinem Leben nicht wieder hin«, sagte er zu mir und lachte ein

Lachen, das sich irgendwo zwischen Bitterkeit und Amüsement einpendelte.

Dabei sollte Kabul für einen wie ihn attraktiv sein. Seine Heimat Yawkalang ist ein hartes Pflaster, ganz egal zu welcher Jahreszeit. Die Winter sind eisig, der Schnee liegt meterhoch und schneidet die Bewohner dieser Provinz mitunter für Monate von der Außenwelt ab; im Sommer traktiert die Sonne die Menschen unerbittlich mit harten, heißen Schlägen, sodass sie, wo sie nur können, in den Schatten und die Kühle der Häuser flüchten. Arbeit gibt es kaum. Äcker ebenso wenig. Erosion, Dürre, Überbevölkerung – das sind die Gründe dafür, dass das Land immer knapper wird. Nein, es ist nicht leicht hier im zentralen Hochland Afghanistans. Doch Kabul war für Ali Hussein keine Alternative. Geld, sagte er zu mir, überall und immer geht es dort nur ums Geld. Dabei gehe es doch um so viel mehr, um Frieden, um Wiederaufbau, Stabilität. Ali Hussein sagte: »Das ist die größte Chance, die unser Land in Jahrzehnten hat.« Mit »das« meinte er das Engagement des Westens in Afghanistan.

Tatsächlich brachte der Machtwechsel auch viel Gutes nach Yawkalang, Schulen vor allem. Sie stehen im Talgrund, neu gebaut, frisch gestrichen, erfüllt vom geschäftigen Treiben der Schüler und Schülerinnen, vibrierend von ihrem drängenden Wunsch zu lernen. Ali wusste um all die Vorzüge. Er arbeitete als Aushilfskraft in der Klinik für Tuberkulose und Leprakranke der Stadt. Tuberkulose und Lepra – das sind typische Armutskrankheiten. Früher kamen viele Patienten der Klinik aus der Stadt Yawkalang. Doch nach dem Sturz der Taliban besserte sich die Lage. Immer weniger Patienten kamen aus der Stadt. Wer behandelt werden musste, stammte aus entlegenen Dörfern. Die Krankheit zog sich zurück, weil es den Menschen besser ging.

Auch Ali Hussein glaubte, dass der Sturz der Taliban das Beste war, was den Afghanen passieren konnte. Wie sollte er auch anders denken? Die Taliban betrachteten die Schiiten als Ungläubige. Sie verfolgten sie nach Kräften – auch in Yawkalang. Am 18. Februar 2001 kamen sie in die Stadt, trieben mehrere hundert Männer zwischen sechzehn und sechzig Jahren auf dem Marktplatz zusammen und richteten sie hin. Die Angehörigen begruben die Toten einige Kilometer außerhalb des Stadtzentrums, auf einem kargen Hügel oberhalb der Hauptstraße, die durch das Tal von Yawkalang führte. Ali wusste um die Grausamkeit der Gotteskrieger.

An dem Abend, als ich Ali Hussein kennenlernte, geschah aber etwas Erstaunliches. Ich zeigte ihm Fotos, die ich in Afghanistan gemacht hatte. Wir tranken Tee, wir hatten jetzt schon einige Zeit geredet und waren müde. Doch er schien nicht gehen zu wollen. Es war ein bitterkalter Abend. Draußen lag Schnee. Es war dunkel und totenstill. In einer solchen Nacht verließ niemand gerne ein warmes Zimmer, nicht einmal, um nach Hause zu gehen. Es schien mir ein guter Moment zu sein, Fotos zu zeigen, darunter viele von Kabul. Ich war neugierig, was Ali dazu sagen würde, ob die Fotos seine Vorurteile bestätigten oder vielleicht doch ins Wanken brachten. Denn es waren auch Fotos darunter, die, wie ich fand, eine Stadt voller Poesie zeigten. Kabul im Morgenlicht, noch erfrischt von der kühlen Nacht, voller Kraft und Lebenswillen; Kabul, wie es täglich die über die Stadt herfallenden Nordwinde stoisch und würdevoll erträgt; die Gärten, die mit zarter Zähigkeit alles überstanden haben, was der Stadt widerfuhr; die lebensprallen, wirbelnden Straßen, die sich vor den Augen des Betrachters bunt und flirrend wie ein Schmetterlingsgarten entfalteten. Ali betrachtete all das schweigend. Wenn die Fotos seine Meinung über Kabul beeinflussten, ließ er es sich nicht anmerken. Er wiegte seinen Oberkörper langsam vor und zurück. Was er dachte und empfand, blieb mir verborgen. Doch dann kam ein Foto, das ich in Mazar-e-Sharif geschossen hatte, der Metropole des Nordens. An der Wand eines Büros befanden sich nebeneinander die Bilder sämtlicher afghanischer Präsidenten, dicht an dicht hingen sie da. Die Reihe ging zurück bis zu dem »Reichsgründer« Ahmed Shah Abdali. Ich lichtete die beiden letzten Präsidenten Afghanistans auf einem Foto ab: links der Talibanführer Mullah Omar, rechts der amtierende Präsident Hamid Karzai. Ich mochte das Foto, weil es den radikalen Bruch Afghanistans mit einem Blick klar machte. Links das furchterregende Gesicht des bärtigen einäugigen Mullahs Omar, rechts das freundlich sanft lächelnde Gesicht Karzais. Als Ali das Bild sah, streckte er schnell den Arm aus und sagte, ohne zu zögern, und ohne, dass ich ihn gefragt hätte: »Ich ziehe ihn vor!« Er zeigte auf Mullah Omar, der im Westen geradezu der Inbegriff des Schreckens ist. Ich konnte nicht glauben, was er da gesagt hatte, und fragte nach. »Ja, der ist mir eindeutig lieber«, bestätigte Ali.

Wie kam es dazu, dass ein Mann wie Ali Hussein, gebürtig aus dem von den Taliban geschundenen Yawkalang, Angehöriger der von den Taliban verfolgten Schiiten, dem Chef der Taliban Mullah Omar den Vorzug vor dem vom Westen gestützten Hamid Karzai gab? Was bedeutete das? Stand er mit dieser Meinung alleine? So verstört ich auch war, so klar war mir, dass Ali Hussein mir mit seiner Reaktion eine Richtung gewiesen hatte. Wenn ich sie einschlug, würde ich vielleicht einen Ausweg aus dem afghanischen Labyrinth finden. Alis Geste war einer dieser Momente, die plötzliche Ordnung schaffen, wo vorher scheinbar nur Chaos war.

Ich musste mit dem Massaker anfangen, um zu verstehen. Die Taliban eroberten im Dezember 1998 zum ersten Mal die Stadt. »Wir sind die neue Autorität. Ihr müsst unseren Befehlen folgen!«, ließen sie die Bewohner wissen, dann zogen sie einen Großteil der Truppen zurück und hinterließen eine kleine Garnison. Sie gaben also eine klare Ansage. Die Menschen fürchteten die Taliban wegen ihrer Grausamkeit, aber sie wussten auch, dass auf diese Grausamkeit Verlass war – sie war berechenbar, nicht vollkommen willkürlich. Das war eine rudimentäre Form von Gerechtigkeit. Wenige Wochen später kam der Kriegsherr Karim Khalili, der später Vizepräsident des Landes werden sollte, aus den Bergen und griff die Garnison der Taliban an. Wobei, Angriff ist nicht der richtige Ausdruck. Es war eher eine bewaffnete Provokation. Als die Taliban nämlich mit Verstärkung anrückten, waren der Kriegsherr und seine Männer verschwunden. Wieder ermahnten die Taliban die Bewohner, zogen ab und ließen eine kleine Truppe zurück. Wieder kam der Kriegsherr wild um sich schießend, wieder verschwand er, als die Taliban in großer Zahl anrückten. Diesmal wurden die Taliban deutlich: »Noch einmal ein solcher Angriff, und ihr werdet alle bestraft!« Der Angriff kam, die Strafe auch: Das Massaker vom 18. Februar 2001. Es war ein unentschuldbares Blutbad, doch Ali Hussein sagte zu mir an diesem Abend: »Wenn die Taliban sagten, du darfst nur auf der linken Straßenseite gehen, und ich dem Befehl folgte, geschah mir nichts. Doch heute, bei dieser Regierung, weiß ich nicht, auf welcher Straßenseite ich gehen soll, um sicher zu sein. Sie verfol-

you want to build th. Afgha

18

gen uns überall und jederzeit.« Dabei imitierte er mit der Hand einen Haken schlagenden Hasen. Das gelang ihm so überzeugend, dass ich glaubte, die Panik in den Bewegungen dieses Tieres sehen zu können und die vielen Jäger zu spüren, die ihre Flinten bereits anlegten, um abzudrücken. Während Ali dieses Schauspiel vorführte, lachte er über sich selbst und seine Darstellungskunst.

»Die Regierung, der Staat, der Westen – alles das ist schlimmer als die Taliban?«

Ali antwortete: »Die Taliban haben mit der Kalaschnikow getötet. Die Regierung bringt uns mit ein paar Federstrichen um. Sie rauben uns aus. Nur ist das weniger sichtbar, unberechenbarer!«

Ich wollte ihm nicht widersprechen. Doch der Abend war schon sehr weit fortgeschritten. Außerdem, wie sollte ausgerechnet ich darüber urteilen, was schlimmer für Ali war? Mit welchem Recht sollte ich ihm seine Bevorzugung der Taliban ausreden wollen? Diese Gedanken schossen mir durch den Kopf, und sie erschreckten mich. Denn ich begab mich damit in die Gesellschaft jener, die sagten: »Was müssen wir ihnen auch Demokratie bringen?! Warum glauben wir eigentlich, dass unser System das bessere ist?« – das sind die klassischen Sätze der Kulturrelativisten. Für sie sind Menschenrechte kein universaler Wert, sondern das Produkt westlicher Geschichte und Kultur – gut für uns, für die anderen aber nicht brauchbar. Ganz so, als ob die »anderen« kein Gefühl dafür hätten, was gerecht und was ungerecht sei, ganz so, als spürten die anderen nicht, wann ihre Menschenwürde verletzt würde. Alis Bevorzugung der Taliban verunsicherte mich. War es richtig, dass Menschenrechte universell waren? Oder konnte jeder Staat es so auslegen, wie er es wollte? Nachdem Ali endlich die Kraft gefunden hatte, in die kalte Nacht hinauszugehen, beschloss ich, einigen Fragen nachzugehen. Wie war dieser Staat von westlichen Gnaden beschaffen, dass ein Opfer wie Ali sich dermaßen von ihm entfremden und sich auf die Seite der Täter schlagen konnte? Wie war es bestellt um die Menschenrechte? Waren das wirklich nur »westliche« Ideen?

Ich machte mich auf die Suche nach dem Subjekt, das die Menschenrechte zuallererst schützen müsste, dem Staat. Am nächsten Morgen brach ich früh auf, ich ging zu Fuß die paar hundert Meter von der Klinik bis in das Stadtzentrum. Kein einziges Auto passierte mich in der halben Stunde, die ich dafür brauchte, nur Esel und Bauern sah ich auf der Straße und im Flussbett Frauen, die mit nackten Händen im eiskalten Wasser Geschirr wuschen. Ihre Hände waren rot gefroren und leuchteten wie gekochter Hummer. Sie schauten nur kurz auf, als ich vorbeikam.

In Yawkalang ließ sich der Staat leicht finden. Haus des Gouverneurs, Polizeiwache, Gericht, Gefängnis – alles steht im Umkreis von ein paar hundert Metern, gleich hinter dem Basar. Die Regierungsgebäude waren renoviert, frisch gestrichen signalisierten sie fröhliche Präsenz. Ich suchte als Erstes das Haus des Gouverneurs auf. Doch er war nicht da, gestern war er auch schon weg gewesen, und er sei, so sagte es der Beamte Ali Ahmed, morgen auch nicht zu erwarten, und auch übermorgen nicht, vielleicht aber, das könnte durchaus sein, nächste Woche, oder war es erst übernächste? Ali Ahmed saß hinter seinem Schreibtisch wie hinter einer Burgmauer. Meine vielen Fragen wehrte er ab, indem er seine Antworten so ausschweifend gestaltete, dass ich am liebsten die Hände über dem Kopf zusammengeschlagen hätte und geflüchtet wäre. Doch bevor ich das tun konnte, drängte sich ein Dutzend Männer in Ali Ahmeds Büro, sie rückten bis an die Kante des Schreibtisches, hielten ihm Passfotos hin und nagelten ihn damit regelrecht fest. Sie wollten registriert werden, denn sie hatten gehört, dass es nötig sei, einen Ausweis zu haben, wenn man sich in Kabul aufmachte, um nach Arbeit zu suchen. Der Staat verlangte dies. Die Männer waren in ihren Zwanzigern, und es war das erste Mal, dass sie einen Ausweis beantragten. Sie nannten den Namen ihres Vaters, ihres Großvaters, und Ali Ahmed blätterte in den Registern, die aus dem Jahr 1973 stammten, dem Jahr der letzten Volkszählung. Fand er den Namen, bekam der Betreffende einen Ausweis, fand er den Namen nicht, dann, so sagte man mir später draußen vor dem Haus des Gouverneurs, müsse man eben bei der Suche ein wenig nachhelfen, mit der einen oder anderen Dollarnote. Dann finde man auch einen Vorfahren, den es nicht gab.

Ich fragte Ali Ahmed nicht nach gezahlten Schmiergeldern. Er hätte bestritten, dass Gelder fließen. Er hielt nämlich etwas auf sich und das Amt, das er vertrat. Obgleich, auch er führte bittere Klage darüber, dass er schon seit Monaten nicht bezahlt worden sei, dabei hatte er sich doch so gefreut auf diese Arbeit, die er nach einer äußerst harten Prüfung erhalten hatte. Ali Ahmed verzog keine Miene, als er das sagte. Es war sehr deutlich, dass ihm das ganze Gespräch unangenehm war. Wenn es ihm nur möglich gewesen wäre, er hätte mich aus seinem Büro verwiesen. Einen Augenblick lang überlegte er, genau das zu tun. Ich bemerkte das an einem Zucken seines Körpers, das von einem Schlag kam, den er in seinem Geiste vorwegnahm, ohne ihn dann aber zu führen. Er konnte mich nicht hinauswerfen. Zwar wusste er nicht, in wessen Auftrag ich kam, doch ich war einer aus dem Westen und ohne den Westen würde Ali Ahmed nicht in diesem Büro sitzen und seines Amtes walten, was er sichtbar genoss. Die jungen Männer, die in sein Büro drängten, wusste er durchaus mit herrischem Verhalten zu behandeln. Ali Ahmed reagierte weniger auf mich, sondern auf ein Bild, das er von mir hatte. Seine Antworten galten nicht mir, sondern der Rolle, die ich in seinen Augen spielte. Jeder Vertreter des Staates, den ich in den nächsten Tagen treffen sollte, würde sich so verhalten – das machte das Ganze zu einer Art Schattenboxen. Es kamen keine wirklichen Gespräche zustande, sondern nur Imitationen von Gesprächen. Man machte mir etwas vor, und jeder wusste, dass ich wusste, dass man mir etwas vormachte. Wir bewegten uns in einem Spiegelkabinett.

Über den Verbleib des Gouverneurs konnte er mir keine Auskunft geben. Ich beschloss, nicht länger zu warten, und suchte den Polizeichef auf. Er sollte da sein, sagten die Polizisten, die gleich nebenan, vor dem Eingang der Polizeistation sich auf Stühlen fläzten und Passanten und Verkehr mit dunkel schimmernden Blicken betrachteten, dass man meinen konnte, sie wären Wegelagerer und nicht Hüter des Gesetzes. Tatsächlich saß der Polizeichef Ali Hussein in seinem Büro, hinter dem Schreibtisch, der seitwärts zum Fenster stand, sodass auch er immerzu auf die Straße blicken konnte. Es war vielleicht eine Vorsichtsmaßnahme. Polizisten lebten gefährlich in Afghanistan. Ali Hussein war zweiundfünfzig Jahre alt und hatte seinen Beruf noch bei den Sowjets gelernt. In den achtziger Jahren war er in Usbekistan ausgebildet worden. Als ich seine klobigen Hände betrachtete, seine Finger, die wie grobe, dicke Stricke aussahen, mochte ich nicht genauer wissen, worin diese Ausbildung bestand und was er gelernt hatte, mit diesen Händen zu tun. Jedenfalls hatte man ihm in Usbekistan beigebracht, wie man Befehle gibt, denn die Bittsteller, die den Kopf durch die halbgeöffnete Tür steckten, um ihr Begehren zu unterbreiten, verscheuchte er mit einer barschen Stimme, die auch den größten Kasernenhof der Roten Armee zum Schweigen gebracht hätte.

»Tee?«, fragte er.

»Aber ja, sehr gerne!«

Er drehte seinen Oberkörper ein wenig nach hinten, dann drückte er auf einen Klingelknopf, der an der Wand angebracht war. Es summte draußen im Gang. Noch bevor das Summen verklungen war, stand eine Frau im Zimmer, zu der Ali Hussein sagte: »Tee!« Worauf sie ebenso schnell und leise verschwand, wie sie gekommen war. Die Klingel, das stellte sich in den nächsten Minuten heraus, war Ali Husseins Machtinstrument. Sie erlaubte es ihm, fast alle Befehle zu erteilen, ohne dass er sich von seinem Schreibtisch erheben musste. Die Bittsteller? Ein langes Summen. Ein Polizist erschien: »Ich will meine Ruhe haben!« Zum Tee fehlen die Kekse? Ein knappes Summen. Die Kekse flogen geradezu ins Zimmer. Das gesamte Personal dieser Station hing vermutlich an dieser Klingel wie an einem unsichtbaren Faden. Drückte der Chef darauf, fuhr es draußen den Polizisten, Dienern und Gästen gleichermaßen wie ein elektrischer Schlag in die Glieder. Seine Befehle waren summende Morsezeichen. An der Wand in seinem Büro hing eine seltsame Zeichnung, die in ihren simplen Strichen von einem Zehnjährigen stammen konnte. Der Grundriss einer Wohnung, ein Mann lag am Boden, daneben ein bluttriefendes Messer, ein Kreis, ein Viereck, wieder ein Kreis, ganz oben am Rand des Blattes eine geschlängelte Linie. »Spurensicherung am Tatort!«, erklärte der Polizeichef.

»Gibt es denn viele Morde in Yawkalang?«, fragte ich ihn.

»Nein, hier ist alles ruhig. Keine besonderen Vorkommnisse.« Wieder summte die Klingel.

Von der Polizei ging ich zum Richter. Seine Räume waren nur ein paar Schritte über einen schlammigen Hof entfernt, in einem einstöckigen Gebäude. Der Richter war nicht da, sagte ein Mann, der zwar aus einem Zimmer kam, doch den Eindruck machte, er stiege aus einer anderen Zeit empor, aus einer modrigen Vergangenheit. Eine Woche schon sei der Richter weg, er sei in Mekka zur Pilgerreise.

»Aber es ist doch nicht die Zeit für den Hadsch?«, hakte ich nach.

»Ach«, sagte der Mann beiläufig, »wahrscheinlich ist der Richter in Kabul, vielleicht aber auch in Bamiyan, jedenfalls nicht hier. Wann er wiederkommt, das kann ich Ihnen nicht sagen.«

Dann ging er aus seinem Zimmer, ins Freie, drückte die Tür zu, hängte ein Vorhängeschloss dran, verschloss es, und bevor er sich davonmachte, antwortete er noch auf meine entsprechende Frage: »Das Gefängnis von Yawkalang? Da drüben, sehen Sie? Hier rechts das nächste Gebäude!«

Es war ein zweistöckiges, langgestrecktes Haus, das durch seine massiven Steinmauern einen festungsgleichen Eindruck machte. Wahrscheinlich war es älteren Datums als die anderen Regierungsgebäude. Bei näherer Betrachtung waren Zeichen der Verwahrlosung zu erkennen. An dem Fuß der Hausmauer lag Unrat, Materialien allerlei Art. Es sah aus, als seien sie von einem längst ausgetrockneten Fluss angeschwemmt worden. Die einzige sichtbare Tür lag im ersten Stock, der über eine steinerne Außentreppe zu erreichen war. Im Inneren herrschte düsteres Licht. Es war bitterkalt und feucht. Keine Menschenseele war zu sehen. Im ersten Raum rechts saßen vier Männer, einer erhob sich schnell vom Bett, als ich eintrat. Ein anderer, der gerade Kohle in einen Kanonenofen schippte, hielt inne und richtete sich auf, zwei weitere Männer hockten unterhalb des Fensterrahmens. Ihre Gesichtszüge waren kaum zu erkennen. Es waren die beiden Gefangenen, Ibrahim und sein Sohn Ali.

»Das hier ist nicht ihre Zelle«, sagte der Polizist, der sich vom Bett erhoben hatte, »die ist nebenan, aber da sie keinen Ofen haben, ist es dort sehr kalt. Deswegen haben wir sie zu uns eingeladen.« Es klang so, als würde er über einen armen Nachbarn reden, der sich keine Heizung leisten konnte, und nicht über einen Gefangenen. Es war ja auch nichts Bedrohliches an den beiden. Ibrahim war sechzig Jahre alt, sah viel älter aus, war schwerhörig, und als er sich erhob, knackte und knarzte sein Körper wie ein altes Möbelstück. Sein Sohn Ali war sechzehn Jahre alt, und wenn man ihn ansprach, flammte in seinem Gesicht die Schüchternheit eines Bauernjungen auf. Ibrahim und sein Sohn saßen hier, weil ein anderer, der ältere Sohn, der zwanzigjährige Taqi, sich in ein gleichaltriges Mädchen namens Masuma verliebt hatte.

»Er hat sie ohne mein Wissen in unser Haus gebracht!«

Als Masumas Vater davon erfuhr, kam er zu Ibrahim und forderte die Herausgabe seiner Tochter.

»Was hätte ich machen sollen? Sie war in meinem Haus. Die Gastfreundschaft gebietet mir, dass ich sie schütze!«

Es kam zu langen Verhandlungen. Masumas Vater gelang es schließlich, Ibrahim zu überzeugen, seine Tochter an die Familie zurückzugeben.

»Er versprach mir, dass es nur für ein paar Tage sei. Damit man die Hochzeit vorbereiten könne. Die beiden sollten heiraten, dann hätte alles seine Ordnung.«

Kaum aber war Masuma aus dem Haus, ging ihr Vater zur Polizei und zeigte Ibrahims Sohn Taqi wegen Entführung an. Als die Polizisten in Ibrahims Dorf Sorikol kamen, das mehrere Stunden von Yawkalang entfernt weit oben in den Bergen liegt, war Taqi längst geflüchtet. In Ermangelung des »Täters« verhaftete die Polizei den Vater und seinen jüngsten Sohn, es waren die einzigen Männer, die sie im Haus vorfanden. Sippenhaft. Die Polizisten brachten sie nach Yawkalang und sperrten sie hier ein. Als die beiden mir das erzählten, saßen sie schon acht Monate hier. Nichts war geschehen. Es war keine Anklage erhoben worden, kein Anwalt hatte sie gesehen, und den Richter, der nebenan seine Büroräume hatte, hatten die beiden nie zu Gesicht bekommen. Nichts. Warten. Acht Monate Warten. Selbst die beiden wachhabenden Polizisten schüttelten vor Mitgefühl den Kopf.

Ibrahim griff in das Innere einer Jackentasche, es dauerte lange, bis er sie erreichte, denn er musste sich durch mehrere Schichten Kleidung arbeiten. Schließlich zog er ein sorgfältig gefaltetes Stanniolpapier heraus, das ursprünglich als Verpackung für eine Schokolade diente. Ibrahim faltete es auseinander, langsam, bedächtig, als fürchte er, den Inhalt zu beschädigen. Es war eine Visitenkarte.

Haji Habibullah
Independent Human Rights Comission
Kort-e-Sol, Bamiyan

»Hat er Sie besucht?«

»Nein, meine Frau hat mir diese Karte gebracht.«

Sie hatte gehört, dass es in Bamiyan ein Büro der Regierung gebe, das sich einschalte, wenn Menschen ungerecht behandelt werden. Ihr Mann und ihr Sohn, fand sie nach mehreren Monaten des vergeblichen Wartens auf ihre Rückkehr, seien Opfer dieser Ungerechtigkeit. Außerdem, ihr Sohn war ja noch ein Kind. Wie konnte man ein Kind einsperren? Also machte sie sich auf nach Bamiyan. Sie war noch nie in ihrem Leben so weit von ihrem Dorf weggewesen. Einen Tag lang dauerte die Reise. Man kann sich vorstellen, dass sie nervös und aufgeregt war. Doch ließ sie sich nicht beirren. Sie war entschlossen, etwas zu unternehmen. Nach drei Tagen kam sie zurück, unsicher, ob die Visitenkarte, die sie mit sich trug, ihrem Mann und Sohn die Freiheit bringen würde, oder doch nichts anderes war als ein nutzloses, kleines Stück kartoniertes Papier. Es war jedenfalls alles, was sie erreichen konnte. Die Karte und die Sätze des Herrn Habibullah, er werde kommen, um den Fall zu untersuchen. Sie überreichte die Visitenkarte Ibrahim, dieser wickelte sie sorgfältig in das Schokoladenpapier und wartete, bis Dr. Habibullah auftauchte, um ihnen zu helfen. Doch er kam nicht.

Darum fuhr ich nach Bamiyan zu Haji Habibullah, denn auch er war ein Vertreter des Staates, eingesetzt von den Behörden, um immer dann einzugreifen, wenn Menschenrechte verletzt werden, ganz egal von wem. Die Fahrt führte über das Tal von Yawkalang, einen tief verschneiten Pass empor, auf dessen Rücken Lastwagen und Kleinbusse hängenblieben und Männer mit vor Kälte geröteten Gesichtern und klammen Händen die Straße freischaufeln mussten. Dann ging es über ein in vollkommenes Weiß getauchtes Hochplateau. Windböen fegten über die Erde, plötzlich und ganz unerwartet kamen sie, genauso wie die Reiter, die aus dem Nichts auftauchten wie die Vorausabteilung einer Gespensterarmee, über den Schnee trabten und im endlosen Weiß verschwanden. In dem tiefer, auf 3000 Meter gelegenen Bamiyan hielt sich der Schnee nur noch in den schattigen Falten der Erde. Eisig klare Luft hielt den Frühling noch ab, sich über diese letzten, schmutzigen Reste des Winters herzumachen. Die Regierungsgebäude lagen auf einem Felsplateau oberhalb der Altstadt von Bamiyan. Von hier aus hatte man einen prächtigen Blick auf die Überreste der gigantischen Buddhas. Wer unter den Beamten in Bamiyan Glück hatte, dessen Bürofenster ging auf das rötliche, von Höhlen übersäte Kliff. Haji Habibullahs Büro hatte diesen Vorzug nicht. Er blickte auf die unspektakuläre Seite Bamiyans, auf das sich entrollende Felsplateau. Bevor das Gespräch mit ihm überhaupt begann, bevor ich den Name Ibrahim aus dem Dorf Sorikol aussprechen konnte, brachte Dr. Habibullah die Gäste in das Büro des Vorsitzenden der »Independent Human Rights Commission«. Es war ein großes, helles, lichtdurchflutetes Zimmer mit freiem Blick auf die prächtigen, weiß schimmernden Berggipfel des Hindukusch. Der Vorsitzende sprach sehr offen:

»Korruption ist in diesem Land ein generelles Phänomen. Schmiergeldzahlungen sind an der Tagesordnung. Wenn wir auf solche Fälle stoßen, dann werden wir aktiv!«

Der Vorsitzende redete lange über die vielen Probleme Afghanistans. Als ich ihn auf Ibrahim aus dem Dorf Sorikol ansprach, schüttelte er den Kopf. Er hatte nie von einem Mann dieses Namens gehört.

»Herr Ibrahim hockt in Yawkalang seit acht Monaten ohne Verfahren und ohne Urteil im Gefängnis. Er hatte eine Visitenkarte von Herrn Habibullah ...«

Herr Habibullah saß tief in einem weichen Polstersessel.

»Können Sie sich erinnern?«

Er schaute auf, dachte nach.

»Eine Frau ist vor vielleicht drei Monaten zu Ihnen gekommen, die Frau Ibrahims.«

»Oh ja, jetzt kann ich mich erinnern. Ich habe ihr meine Karte gegeben.«

»Haben Sie denn Herrn Ibrahim auch im Gefängnis besucht?«

»Wir fahren regelmäßig durch die ganze Provinz ...«

»Und dabei haben Sie Herrn Ibrahim aufgesucht?«

»Nein, noch nicht, aber ...«

Nun schaltete sich der Vorsitzende ein.

»Wissen Sie, unsere Regeln sehen vor, dass wir erst aktiv werden können, wenn der Betreffende zu uns kommt ...«

»Die Frau Ibrahims war doch hier ...«

»Nein, es muss der Betreffende persönlich kommen.«

»Aber der sitzt doch im Gefängnis!«

»Ja, aber unsere Regeln sehen vor, dass er persönlich vorstellig werden muss. Sonst können wir uns nicht einschalten.«

Das Gespräch ging zu Ende, natürlich nicht ohne den üblichen, wechselseitigen Austausch von Freundlichkeiten.

Wohin also sollte ich gehen, um Herrn Ibrahims Fall voranzubringen, um etwas Aufklärung zu erhalten? Ich ging zum Staatsanwalt, der ein paar hundert Meter weiter Richtung Stadt in einem Haus residierte. Vielleicht gelang es mir, ihn zumindest auf Ibrahim aufmerksam zu machen, vielleicht wusste er schon etwas. Vor dem Eingang des flachen, einstöckigen Gebäudes stand eine Gruppe Bewaffneter. Der Staatsanwalt? Der komme heute wahrscheinlich nicht, morgen vielleicht. Ein paar Meter weiter stand ein Mann in einer Ecke und ließ sich von der Sonne die Kälte aus den Gliedern schütteln. Er trug eine Aktenmappe unter seinen Ellenbogen geklemmt, eine Brille saß auf seiner Nase und auf seinem Kopf eine Wollmütze, die er schief trug, sodass ein Ohr freistand und das andere bedeckt war. Durch die dicke Steppjacke und die weiten Hosen, die er trug, wirkte sein ganzer Körper schwerfällig. Der Mann hieß Mamur Ali Jan. Er sprach gebrochenes Englisch und war in einem früheren Leben einmal Ingenieur gewesen. Mamur Ali Jan stammte aus Yawkalang und er wartete auf den Richter. Seit einer Woche schon kam er jeden Morgen hierher, wartete stundenlang und ging unverrichteter Dinge wieder in die Altstadt von Bamiyan, wo er für die Tage seines Aufenthaltes bei einem Verwandten unterkam. Mamur Ali Jan wollte dem Richter das Urteil zeigen, das er in Kabul beim Obersten Gericht erwirkt hatte. Demnach hatte man ihm sein Land gestohlen, und er hatte Anrecht darauf, es wieder in Besitz zu nehmen. Sieben Jahre war es her, dass ihm sein Land gestohlen worden war. Seit sieben Jahren versuchte er, sein Recht zu bekommen, zuerst in Yawkalang, dann in Bamiyan, dann in Kabul, dann wieder in Yawkalang, dann wieder in Bamiyan, wieder in Kabul und so weiter und so weiter. Mamur Ali Jan tat nichts anderes mehr. »Meine Tage sind damit ausgefüllt, meinem gestohlenen Land nachzulaufen!« Damit er das alles finanzieren konnte, hatte er das Stück Land, das noch in seinem Besitz geblieben war, verpfändet. Er öffnete seine Aktenmappe und zeigte mir seine Dokumente. Sie waren alle sorgfältig mit Klarsichtfolien geschützt, Schreiben über Schreiben, Eingaben, Beschwerden, Klagen und dann die vermeintlich große, alles stechende Trumpfkarte: das Urteil des Obersten Gerichts in Kabul. »Hier steht es schwarz auf weiß. Sie müssen mir mein Land zurückgeben.«

Geholfen hatte sie ihm nichts. Denn der Mann, der ihm das Land geklaut hatte, war der Verwandte eines in dieser Gegend einflussreichen Kriegsherrn. Die Behörden in Bamiyan ignorierten das Urteil des Obersten Gerichts einfach – und Mamur Ali Jan stand sich weiter die Beine in den Bauch, lief im Kreis, wurde vorstellig, bat und drängte, schimpfte manchmal und ging dann geschlagen nach Hause, um am nächsten Tag wiederzukommen und am nächsten und am nächsten. Hoffnung wollte er es nicht nennen, was ihn antrieb, doch es war eine Art Unglauben darüber, dass die Welt tatsächlich so ungerecht sein konnte, wie er sie erlebte; es war die verzweifelte Weigerung, das zu akzeptieren. Irgendwann würde Mamur Ali Jan vielleicht aufgeben, aus Erschöpfung, aus Geldmangel, oder er würde eines Tages einfach tot umfallen an dieser Ecke, wo jetzt noch die Sonne sein Gesicht wärmte.

»Wenn die Taliban sagten, du darfst nur auf der linken Straßenseite gehen, und ich dem Befehl folgte, geschah mir nichts. Doch heute, bei dieser Regierung, weiß ich nicht, auf welcher Straßenseite ich gehen soll. Sie verfolgen uns überall und jederzeit« – nach und nach verstand ich, was Ali Hussein aus Yawkalang mit diesen Worten gemeint hatte. Nach und nach wurde die Erschöpfung der Menschen spürbar. Es war förmlich zu hören, wie sie »Ich kann nicht mehr, ich kann nicht mehr« vor sich hinflüsterten, während sie warteten und warteten, auf einen Richter, einen Anwalt, einen Staatsanwalt, einen Politiker, auf jemanden, der sie anhörte und ihnen eine Chance gab, ihr Recht zu bekommen. Das Versprechen auf Rechtsstaat und Demokratie, das der Westen abgegeben hatte, als er intervenierte, stieß zunehmend auf taube Ohren, doch die Sehnsucht nach Gerechtigkeit war unstillbar. Sie ist kein Importprodukt des Westens, sondern ein durch und durch einheimisches Gewächs. Ali Hussein wusste im tiefen Inneren seines Herzens, worin Menschenwürde besteht, Mamur Ali Jan wusste es und auch all die anderen Männer, die ich auf dieser Reise traf und die sich demütigen lassen mussten von den Vertretern einer gewissenlosen Regierung, sie alle wussten es. Sie forderten Rechte ein, Menschenrechte.

Am Ende dieser Erkundung traf ich gewählte Volksvertreter, Frau Aqila Arefi und Herrn Mohseni. Sie waren Abgeordnete der Schura, des lokalen Parlaments. Eine ihrer Aufgaben bestand darin, darauf zu achten, dass die Bürger Afghanistans zu ihrem Recht kamen. Die beiden empfingen mich in einem großen, weiten Büro, nur ein paar Schritte von Herrn Mamur Ali Jan entfernt, der immer noch draußen vor dem Fenster stand und stoisch auf den Richter wartete, der nicht kam. Die Kälte drang mit hinterhältiger Macht durch alle Ritzen und Spalten des Büros. Der Kanonenofen im Zimmer wimmerte und glühte, während aus Teegläsern Dampf aufstieg und für einen kurzen Moment die Illusion von Wärme und Behaglichkeit erzeugte.

Die Korruption ist allgegenwärtig – das sagten die beiden Abgeordneten einhellig. Das war keine Sensation, denn es bestritt ja niemand, dass es sie gab, nicht einmal der Präsident Hamid Karzai. Der konnte die Korruption so entschieden geißeln, dass man meinte, er stürbe lieber, als einer korrupten Regierung vorzustehen. Doch die Abgeordneten der Bamiyaner Schura hatten mehr getan, als nur zu klagen: »Wir haben unsere Ämter aus Protest niederlegt!« Doch es geschah nichts, alles ging weiter wie immer. »Nach mehreren Wochen«, berichtete Herr Mohseni mir, »haben uns die Menschen gedrängt, unsere Arbeit wiederaufzunehmen. Sonst gäbe es überhaupt keine Chance, etwas zu bewirken!« Also kehrten sie zurück und schlugen sich erneut herum mit der Korruption, welche in Afghanistan die seltsame Eigenschaft hatte, dass sie offen und überall am Werke war, doch unsichtbar blieb. Da gab es zum Beispiel den Vorwurf, dass das Provincial Reconstruction Team (PRT) der NATO bestimmte Unternehmer bei der Vergabe der Aufträge bevorzugte. In Bamiyan wurde das PRT von neuseeländischen Soldaten betrieben. Sie hatten einen guten Ruf, weil sie mit ihren Militärfahrzeugen nicht protzig über die Straßen bretterten, sondern ihre Arbeit zurückhaltend verrichteten. Eines Tages beschlossen Herr Mohseni und Frau Arefi, den Kommandeur des PRT aufzusuchen. Sie wollten, dass er ihnen sagte, wie viel Geld an welche lokale Unternehmen wofür geflossen sei.

»Nun, er sagte uns: Das geht Sie nichts an!«

Das geht Sie nichts an. Diesen Satz haben sich die beiden Abgeordneten mehrmals durch den Kopf gehen lassen, um ihn auf ein rationales, verdaubares Maß zu reduzieren. Es gelang ihnen. Denn war der Neuseeländer nicht hier, um die Demokratie aufzubauen? Und waren sie nicht gewählte Abgeordnete? Die Abweisung durch den PRT-Kommandanten wirkte auf die beiden Abgeordneten wie ein Schlag in die Magengrube, und immer noch waren sie dabei, tief Luft zu holen, um wieder zu sich zu kommen. Benommen und ein wenig ratlos saßen sie in ihrem Büro. Die beiden haben sich gewiss keine Illusionen gemacht, dafür hatten sie zu viel erlebt, dafür kannten sie die Verhältnisse zu gut. Sie wussten auch um Menschen wie Herrn Mamur Ali Jan, sie kannten auch Gefangene wie Ibrahim aus Sorikol, doch hatten sie unterschätzt, wie dieser Staat seine Bürger Tag für Tag entmutigte, wie er ihre Taschen leerte, alles Blut aus ihrem Körper saugte und sie dann verstieß wie fremde, lästige Kinder.

Schließlich stellte ich den beiden Abgeordneten die Frage, die mich umtrieb, seit Ali Hussein aus Yawkalang auf Mullah Omar gezeigt und gesagt hatte: »Ich ziehe ihn vor!«

Ich fragte also: »Was würde geschehen, wenn morgen die Taliban vor den Toren dieser Stadt stünden? Würden sich die Menschen wehren?«

Die beiden antworteten fast gleichlautend: »Sie würden sie nicht willkommen heißen, aber wehren würden sie sich auch nicht. Dazu sind sie viel zu erschöpft und enttäuscht!«

Die Taliban vor den Toren, was für eine Vorstellung! Wer hätte das für möglich gehalten vor einigen Jahren? Niemand. Ihre Rückkehr schien so unwahrscheinlich wie die Rückkehr der Steinzeit. Doch sie kamen wieder, zuerst zögerlich und dann immer entschlosseneren Schrittes – sie kamen auch in Regionen, in denen sie jahrelang nicht gesichtet worden waren: in den Norden Afghanistans, nach Kundus.

12

Wie spät wird es jetzt sein? Ein Uhr, zwei Uhr morgens, oder schon später? Ich will es nicht wissen. Diese Nacht begann mit einem Stromausfall. Er riss mich aus der Beschäftigung mit meiner Karte. Ich hatte sie mir hingelegt, um einen Überblick über meine Reisen durch dieses Land gewinnen zu können. Wie ich mir jetzt eingestehen muss, ist mir das nicht gelungen. Ich war meinen eigenen Strichen, Kreisen, Pfeilen auf dieser Karte gefolgt in der Hoffnung, dadurch einen klaren Weg zu erkennen, den ich in den letzten Jahren gegangen war. Vielleicht ergab sich daraus ein Sinn. Doch sehe ich nur ein Dickicht vor mir. Ich habe es eigenhändig geschaffen. Die Karte trifft keine Schuld. Sie spricht eine klare Sprache. Alles liegt offen zutage: Städte, Dörfer, Straßen, Berge, Flüsse, Wüsten. Sie gibt allen einen Namen und einen Ort, einen Platz in dieser Welt. Meine Eintragungen stiften auf der Karte nur Verwirrung. Sie tragen nichts bei zur Klärung. Sie sind kein Abdruck der Wirklichkeit, sondern Spuren meiner Verlorenheit. Wenn es ein Chaos gibt, habe ich es ausgelöst. Meine papierener siamesischer Zwilling müsste sich beklagen über die Unordnung, die ich auf seinem Körper angerichtet habe, aber er lässt mich schweigend gewähren. Er ist geduldig, wie die Afghanen geduldig sind mit uns und unseren Torheiten.

Wie viel ich durch dieses Land gereist bin und wie klein die Fläche doch ist, die ich insgesamt bereist habe. Obwohl ich im Laufe der Jahre in immer kürzeren Abständen nach Afghanistan gefahren bin, ist der Radius meiner Reisen geschrumpft. Immer hektischer wurden meine Bewegungen, immer mehr schränkten sie sich auf wenige Städte ein: Kabul, Mazar-e-Sharif, Kandahar, Herat, Kundus. In einer Spiralbewegung drehte ich mich tiefer hinein in diese Orte. Ich grub mich in die Erde.

Es ist schwarz draußen. Nichts soll diese Dunkelheit aufhellen. Keine Uhr soll mir sagen, wie lange es noch dauert, bis das Licht kommt. Darum will ich nicht wissen, wie spät es ist. Es soll keine Hoffnung geben, denn sie trübt den Blick. Sie hilft nicht zu verstehen. Sie verführt nur zu glauben, dass es einen Ausweg gibt. Doch gibt es keinen – und nirgendwo wurde mir das klarer als in Kundus.

Es ist nicht nötig, diese Stadt zu beschreiben. Ja, es würde sogar ablenken von dem Eigentlichen. Je konturloser Kundus bleibt, je unbestimmter und schwammiger, desto mehr lässt sich die drückende Atmosphäre begreifen, die in dem einzigen passablen, kleinen Hotel an einem Abend herrschte und mir die Lage in Kundus verdeutlichte. Ein Kommandant der Polizei war anwesend, der Vertreter einer deutschen Organisation, ein afghanischer Geschäftsmann, ein pakistanischer Wahlbeobachter, seine indonesische Kollegin, ein nepalesischer Sicherheitsbeamter, eine Journalistin sowie zwei weitere Afghanen, die ich nicht genauer identifizieren konnte. Es war ein zusammengewürfelter Haufen Menschen aus aller Herren Länder. Manche kannten sich schon seit Längerem, andere trafen sich das erste Mal. Wir saßen auf mehrere Tischen verteilt im kleinen Innenhof des Hotels. Es war ein warmer Abend. Noch gab es etwas Tageslicht. Doch es versickerte schnell. Man trank Bier, Cola, Sprite, Wasser. Jeder redete mit jedem, mal der Kommandant mit dem Entwicklungshelfer, mal der Pakistaner mit der Journalistin, mal der Sicherheitsbeamte mit einem Afghanen. Wir sprachen viel, ohne jedoch ein Thema zu vertiefen. Wir waren wie Menschen, die einen Fluss überqueren, in dem sie vorsichtig von Stein zu Stein springen. Wir konnten den Fluss nicht sehen, doch wir wussten, dass er da war, knapp unter der Oberfläche. Langsam, Stück für Stück höhlte er den Boden aus, auf dem wir standen. Er toste unter unseren Füßen, während wir versuchten, ihn zu ignorieren, indem wir uns belanglosen Gesprächen hingaben. Wir hofften insgeheim, dass er uns verschonen und nicht mitreißen würde. Die Furcht war mit Händen zu greifen. Der Deutsche, er kannte Kundus besser als alle anderen anwesenden Ausländer, der Deutsche versuchte die Angst zu bannen, indem er noch mehr Angst verbreitete. Wie ein Arzt, der einem Organismus Krankheitserreger injiziert, um ihn gegen die Krankheit immun zu machen.

»Siehst du, da drüben, das ist der Polizeichef. Er trinkt Bier. Er trinkt viel Bier! Wenn er später nach Hause fährt, dann wird er den nächstbesten Mann anhalten. Wenn er schlecht gelaunt ist, wird er ihn erschießen. Wenn er gut gelaunt ist, wird er ihm sein ganzes Geld abnehmen. Der Polizeichef ist hier der König.«

Dieser Satz, so unmöglich er auch klang, schien mir ganz und gar plausibel. Ich blickte in das bärtige, zerfurchte Gesicht des Kommandanten und glaubte sofort, dass er zu solchen Taten fähig war. Dabei wusste ich nichts von ihm, ich kannte nur diesen einen Satz, der mir zugeraunt wurde. Der Deutsche verstärkte seine Dosis.

»Es kann aber auch sein, dass er nach Hause geht, irgendjemanden anhält und ein Mädchen verlangt. Wenn der Betreffende nicht innerhalb kurzer Zeit ein Mädchen bringen kann, wird der Polizeichef diesen Unglücklichen um die Ecke bringen!«

Ich glaubte auch das. Alles wollte ich glauben, nur um das reißende Wasser, das unter unseren Füßen brauste, zu vergessen. Zwei Afghanen, die dem Kommandanten gegenübersaßen, rückten ihre Plastikstühle nach vorne. Sie tranken Bier und wischten sich den Schaum von den Lippen. Ich hörte noch, wie der Deutsche sagte, es handle sich bei den beiden um Afghanen aus der Diaspora, die hier alle möglichen dunklen Geschäfte machten. Dann sah ich, wie sie eindringlich auf den Kommandanten einredeten, als wollten sie ihn von etwas überzeugen. Vielleicht boten sie ihm ein Mädchen an, oder Geld für eine Gegenleistung. Alles konnte ich mir vorstellen, alles Schlimme wollte ich sehen, nur um zu verdrängen, wo ich war. In Kundus, einer Stadt, die in das Zentrum deutscher Aufmerksamkeit gerückt war, weil hier deutsche Truppen stationiert waren, weil hier ein deutscher Offizier den ersten Bombenangriff seit dem Zweiten Weltkrieg befohlen hatte.

Ich war am späten Nachmittag dieses Tages im deutschen Lager gewesen, ich war unangemeldet hingegangen und hatte trotzdem das Glück, empfangen zu werden. Man sprach mit mir und versorgte mich mit Informationen und Argumenten. Weil alles so überzeugend klang, war es sehr verwirrend für mich. Als ich nämlich vor den Toren des Lagers stand, war ich von einem düsteren Gefühl der Vergeblichkeit erfüllt gewesen. Niemals, so glaubte ich in dem Augenblick, niemals kann Kundus gewonnen werden. Ich war im Basar gewesen und beim Gouverneur, ich hatte mit Ladenbesitzern geredet und mit Kunden, die aus umliegenden Dörfern kamen, ich hatte mit Bodybuildern gesprochen, die Gewichte in einem Fitnesscenter hoben, und mit Handwerkern, die Autos reparierten. Ein paar Fragen, ein paar Antworten – viel mehr war nicht möglich. Alles sollte schnell gehen, denn ich sollte nicht zu sehr auffallen. Die Taliban hatten überall Ohren.

Ich bin mir sicher, dass sich unter den Menschen, die ich an diesem Tag traf, auch Taliban befunden haben. Sie waren ja nicht an irgendwelchen besonderen Zeichen zu erkennen. Sie trugen keine Uniform, kein Erkennungsmerkmal, und was ihr Gedankengut betraf: Sehr viele Afghanen dürften es teilen. Wann überhaupt wurde einer zum Taliban? Ab wann konnte man ihn als solchen bezeichnen? Die Antwort der NATO schien eindeutig. Wer immer auf uns schießt, ist ein Taliban! Aber das ist keine hinreichende Erklärung dafür, warum ein Afghane sich dazu entschließt, zur Waffe zu greifen und sie gegen die Ausländer zu richten. Dafür gab es tausend Motive. In der westlichen Öffentlichkeit aber wurden meist nur zwei diskutiert: Geld und Ideologie. Ein Taliban führt Kriege, weil er dafür bezahlt wird oder weil er seine fundamentalistischen Ansichten ganz Afghanistan aufdrängen will. Manchmal lassen wir auch die Rache als Motiv gelten. Wenn die NATO-Soldaten Afghanen umbrachten, begriffen wir durchaus, dass die Angehörigen der Toten sich rächen wollten. Doch betrachteten wir das als eine atavistische Verhaltensweise von rückständigen Menschen. Niemals würden wir die Rache als Mittel akzeptieren, um in Ermangelung von Alternativen Gerechtigkeit wiederherzustellen. Dabei übten wir selbst mit dem Krieg gegen Afghanistan eine Form von Rache aus. Das würden wir aber nie so benennen. Denn Rache ist etwas für Primitive, nicht für die Vertreter einer hoch entwickelten Zivilisation, für die wir uns halten. Die Vorstellung, dass Afghanen sich den Taliban anschlossen, weil sie ihr Land von der Besetzung durch fremde Mächte befreien wollten, lassen wir nicht gelten. Niemals können wir glauben, dass ein Mensch, der sich auf die Seite religiöser Fundamentalisten schlägt, ein Patriot sein kann – ein Mensch, der für seine Heimat sein Leben riskiert. Wir wollen nicht einmal glauben, dass manche sich zum Kampf entschlossen, um sich gegen die räuberische Regierung zu wehren. Das erscheint uns geradezu als absurd. So blind sind wir. So sehr sind wir überzeugt, dass allein wir die Vertreter des Guten sind. Wir kämpften unter dem Banner hehrer Werte, die anderen aber im Namen des Bösen. Die Dämonisierung des Gegners funktionierte gut.

Durch die Gespräche, die ich an diesem Tag in Kundus führte, zog sich eine dicke Schicht des Misstrauens. Ich rechnete nicht damit, dass mir irgendjemand die Wahrheit erzählte, doch bekam ich Hinweise, lauter Bausteine, dich ich richtig zusammensetzen musste, um ein einigermaßen treffendes Gesamtbild zu bekommen. Als ich im deutschen Lager ankam, war ich von der Aussichtslosigkeit des Einsatzes der Bundeswehr überzeugt. Doch dann traf ich die Deutschen. Sie redeten und redeten. Das Bild, das ich von Kundus gewonnen hatte, hellte sich auf. Zuerst gab es noch ein paar dunkle Punkte, doch nach und nach wurden sie vom hellen Licht deutscher Suggestionskraft überstrahlt. Als ich schließlich das Lager verließ, war es mir, als träte ich aus einer gigantischen Waschmaschine. Ich war mit schmutzigen, nach Hoffnungslosigkeit riechenden Kleidern gekommen. Die Maschine entließ mich mit strahlend weißen Kleidern. Ich stank nach Optimismus. Es war wie ein Wunder. Doch seine Wirkung hielt nicht lange an. Je weiter ich mich vom Lager entfernte, desto schneller beschmutzte mich die Wirklichkeit. Die Illusionen von Kundus setzten sich binnen Stunden wieder als schmierige Schicht auf meinen Kleidern fest. Sie drangen bis zu meiner Haut vor, und nun, da ich im Innenhof des Hotels saß und mir die Schreckensgeschichten über den Polizeikommandanten anhören musste, begannen diese Illusionen durch die Poren in meinen Körper vorzudringen. Ich fühlte, wie sich ihr lähmendes Gift in mir breitmachte und mich in einen Zustand tauber Gleichgültigkeit versetzte.

»Sind Sie das erste Mal hier?«

Mit dieser Frage riss mich der pakistanische Wahlbeobachter aus diesen düsteren, verrückten Gedanken.

»Nein, nein!«, antwortete ich wie betäubt.

»Ich ja!«, sagte er mit einer Begeisterung in der Stimme, die nach Verzweiflung klang. Ich wollte nicht mit ihm tauschen. Ein

Pakistaner in Kundus! Wo doch die Afghanen glauben, dass hinter allem Bösen, das ihnen widerfährt, die Pakistaner stecken. Es gab gewiss bessere Destinationen für einen unschuldigen jungen Mann aus Lahore, wie dieser einer war. Doch es war seine erste Arbeit für eine internationale Organisation. Er hoffte, eine Karriere bei den Vereinten Nationen zu machen. Kundus, das war ein kleines Sprungbrett. Ein besseres wäre ihm zu wünschen gewesen. Auch er betrachtete den Polizeichef. Als dieser zu ihm herüberschaute, lächelte er ihn offenherzig und tapfer an.

Wo war der Deutsche, der mir die furchteinflößenden Sätze über den Polizeichef ins Ohr geflüstert hatte? Eben saß er noch neben mir. Der Stuhl war leer. Hatte ich nur geträumt? Das konnte ich nicht glauben. Ich schaute mich um und sah den Deutschen etwas weiter drüben sitzen, neben der Journalistin. Er flüsterte ihr etwas ins Ohr. Sie hörte aufmerksam zu. Dann schüttelte sie ungläubig den Kopf. Auch ihr musste er etwas Angsteinflößendes erzählt haben. Auch ihre Blicke wanderten zum Polizeichef. Sie betrachtete ihn eingehend, während der Deutsche mit einem zufriedenen Gesicht neben ihr saß.

Ich wandte mich dem Pakistaner zu, der mich alsbald seiner Kollegin und dem Sicherheitsbeamten, der für ihre Unversehrtheit zuständig war, vorstellte. Eigentlich hatten wir uns nichts zu sagen. Doch redeten wir, nicht aus Höflichkeit. Hinter unseren Worten lag der drängende Wunsch, nicht ins Schweigen zu verfallen. Wenn wir schwiegen, würden wir das bedrohliche Rauschen des Flusses hören, der unsere Gewissheiten ohne Unterlass unterspülte. Wenn wir schwiegen, würden wird das Knirschen des brüchigen Bodens hören, der uns nicht mehr lange tragen konnte. Wenn wir schwiegen, sahen wir uns schon stürzen und ertrinken. Wir redeten um unser Leben.

Wieder hatte der Deutsche den Platz gewechselt, wieder hatte ich es nicht bemerkt. Ich begann zu glauben, dass ich es mit einem Gespenst zu tun hatte, denn wie sonst könnte ein Mensch so geräuschlos aufstehen. Ich hatte nicht bemerkt, wie er sich von dem Stuhl neben mir erhoben hatte, nur ein leichtes Zittern der Luft war zu spüren gewesen. Ich hatte es für eine Brise Wind gehalten, die ihren Weg über die Mauern des Hotels zu uns gefunden hatte, doch das war eine Täuschung. Dieses Gespenst hatte die Luft zum Schwingen gebracht. Ich achtete jetzt darauf. Tatsächlich, jedes Mal, wenn ein Luftzug mich berührte, hatte der Deutsche den Platz gewechselt. Schon wieder saß er neben jemandem und flüsterte ihm etwas ins Ohr. Nein, er war nicht dazu da, uns die Angst zu nehmen. Er hatte ganz andere Absichten. Er war ein Bote der Opfer unseres Krieges. Sie hatten ihn aus ihren Gräbern heraus beauftragt, uns ein wenig von dem Schrecken einzujagen, in dem sie hatten leben müssen, bevor sie starben. Er streute gezielt bösartige Gerüchte über den Polizeikommandanten, damit wir eine Ahnung davon bekamen, wie es war, in einem Land zu leben, in dem diejenigen, deren Auftrag es war, die Menschen zu schützen, Räuber waren. Wir sollten spüren, wie es war, wenn die Mörder zu den Hütern des Gesetzes geworden waren. Deswegen hatten sie uns dieses Gespenst an diesem Abend geschickt. Es gab sich als Deutscher aus, damit seine Geschichten uns noch glaubwürdiger erschienen.

Mühsam versuchte ich mich von diesen verrückten Phantasien zu lösen. Ich redete mir ein, dass dies alles ein böser Traum sei, den ich leicht abschütteln konnte, ein Produkt dieses düsteren Tages, den ich in Kundus verbrachte hatte. Ein Tag, der keine greifbaren Ergebnisse gebracht hatte, sondern vielmehr ein alles durchdringendes und doch nicht fassbares Gefühl. Ich hatte versucht, es gegenüber meinen Gesprächspartnern im deutschen Lager in Argumente zu kleiden. Doch gelang mir das nicht. Wie auch? Was ich spürte, ließ sich in keinen rationalen Diskurs gießen. Nun nahm dieses Gefühl konkrete Gestalt in diesem Gespenst an, das unter uns war, um uns jedes Gefühl der Sicherheit zu rauben. Sahen es auch die anderen Anwesenden? Hörten sie, was es sagte? Oder war ich der einzige? Spielte sich alles in meinem Kopf ab? Ich traute mich nicht zu fragen, denn ich fürchtete mich vor der Reaktion. Doch gleichzeitig war ich mir sicher, dass alle wussten, dass etwas am Werke war, das sich unserem Verständnis entzog. Das Entscheidende spielte sich jenseits unserer Sprache ab.

Der Wachmann des Hotels kam zu mir und sagte, da sei jemand am Tor, der mich sprechen wolle. Ich fragte ihn, wer es sei. Er antwortete: »Er behauptet, Ihr Fahrer zu sein.«

»Abdullah, heißt er Abdullah?«

»Ja«, sagte der Wachmann.

Was konnte Abdullah von mir wollen, um diese Zeit? Wir hatten eine Abmachung getroffen, dass er mich am Morgen abholen sollte. Eine Bleibe für die Nacht musste er sich selbst suchen. Ich stand auf und folgte dem Wachmann. Er hatte Abdullah nicht eingelassen, sondern draußen warten lassen. Wir erreichten das eiserne Tor. Der Wachmann öffnete. Abdullah stand im Licht einer schummrigen Straßenlampe. Als er mich sah, ging er auf mich zu. In seinen Augen lag ein unruhiges Flackern.

»Was ist los?«, fragte ich ihn. »Es ist doch schon spät!«

Abdullah nahm mich am Arm und führte mich von dem Wachmann weg. Dann flüsterte er: »Bitte lassen Sie mich hier übernachten. Ich kann auch im Auto schlafen. Ich parke es hier, im Innenhof.«

»Aber ...«

»Ich werde niemanden stören! Niemanden! Lassen Sie mich hier übernachten!«

Es lag eine hastige Dringlichkeit in seiner Stimme.

»Ja, bestimmt. Aber was ist das Problem? Hast du kein Zimmer gefunden?«

»Doch, doch ...«

»Warum bist du dann hier?«

Abdullah drückte meinen Arm und sagte: »Ja, ich, es ist so ... Ich habe Angst!«

Ich kannte ihn schon länger. Nie hatte ich den Eindruck gewonnen, dass er ein ängstlicher Mensch war. Doch jetzt glaubte ich ihm aufs Wort. Ich schaute durch das noch offenstehende Tor hinaus in die Dunkelheit. Ich lauschte und hörte das Geräusch einer anschwellenden Brandung. Sie rollte auf uns zu.

»Schließen Sie das Tor!«, sagte ich zu dem Wachmann. »Machen Sie schnell!«

Der Wachmann schaute mich überrascht an, doch er gehorchte. Kaum hatte er es geschlossen, hörte ich, wie die schwarzen Wasser von Kundus mit einem lauten Krachen gegen das Tor schlugen. Es würde nicht lange standhalten.

Jetzt, da ich in meinem Hotel in Kabul sitze, immer noch über meine Karte gebeugt, weiß ich, dass wir alle uns belagert fühlen von einem furchteinflößenden Afghanistan. Die Straßen der Hauptstadt sind entstellt durch Betonmauern, Sperren und Stacheldraht. Die Distanz zwischen den Ausländern und den Afghanen wächst sich zu einem Abgrund aus, den sich immer weniger Menschen zu überspringen trauen. Kein Gast in meinem Hotel würde es offen zugeben, doch manchmal blitzt die Angst auf in den Augen des anderen, in einer kleinen, zu hastigen Geste, in einem unbedacht geäußerten Wort. Ich könnte nicht sagen, ob Herr Wu auch manchmal von Angst gepeinigt wird, von der Vorstellung, dass plötzlich alles um ihn herum zusammenbrechen könnte und er verschlungen würde. Doch glaube ich an ihm eine gewisse Anspannung zu erkennen, ein steifes Lächeln, das mehr Nervosität als Freude verrät. Was er wohl denkt, wenn er bis tief in die Nacht hinein vor dem Fernseher sitzt? Von meiner holländischen Nachbarin wusste ich das noch. Ich wusste, dass sie mit einer Mischung aus Aufregung und Angst zu Bett ging, mit dem schaurig-glücklichen Gefühl, einen Tag überstanden zu haben, einen Tag, der so war, wie kein anderer sein würde, einen Tag, den sie zu Hause in Holland nie hätte erleben können. Doch Herr Wu bleibt mir ein Rätsel. Dabei erschien er mir wie der Bote einer neuen Zeit. Herr Wu mochte mit seiner Hornbrille noch so altmodisch aussehen, er repräsentierte die Kraft der Zukunft, die aufstrebende Weltmacht China.

Die chinesische Botschaft in Kabul ist binnen weniger Jahre nach der amerikanischen zu größten der Stadt geworden, manche behaupten, sie sei sogar größer. Mit Sicherheit aber bewegen sich die Chinesen in Kabul diskreter als die Amerikaner, jedenfalls wenn es um den militärischen Bereich geht. Wo die Amerikaner mit Soldaten präsent sind, das sind die Chinesen mit ihren Produkten da, mit Fahrrädern, Stoffen, Spielzeugen, mit Maschinen und Maschinenteilen. Eine Zeit lang gab es ein Bordell in der Stadt, das ausschließlich mit chinesischen Prostituierten bestückt war. Es war in einem zweistöckigen Gebäude untergebracht, die Fenster waren mit roten Planen verhängt, doch manchmal sah man auf dem Dach die Wäsche der Frauen auf Wäscheleinen hängen. Sie flatterten im Wind, so bunt wie tibetische Gebetsfahnen. Irgendwann wurde es geschlossen, genauso unauffällig wie es eröffnet worden war. Das Haus büßte bitter für das sündhafte Leben, das es eine Zeit lang beherbergt hatte. Die fröhlichen Wäschestücke verschwanden vom Dach, die Stoffplanen vor den Fenstern bleichten innerhalb kurzer Zeit aus, die Fassade des Hauses bekam Risse, und an der Umfassungsmauer roch es nach Kot und Urin, den nachts Hunde und Menschen hier ausgeschieden hatten. Seine Bewohnerinnen waren sicher irgendwoandershin verfrachtet worden, wo sie zum Dienst an anderen Herren gepresst wurden. Vermutlich sind sie alle auf einmal in einem Kleinbus weggebracht worden, wie eine Herde Tiere, und sie haben sich aneinandergedrückt während des Transports, verängstigt, denn für sie war dieses Afghanistan wahrlich ein furchteinflößendes Land, bevölkert von hungrigen Männern aus allen Herren Ländern.

Ob Herr Wu das Bordell besuchte, kann ich nicht sagen, doch konnte ich ihn mir vorstellen, wie er an der Theke im schummrigen Rotlicht an einem Bier nippte und die Frauen begutachtete, die ihn umringten, wie er dann eine von ihnen zu einem Getränk einlud und sich schließlich nach kurzem Gespräch in ein Zimmer zurückzog. Ich nehme an, dass er zu der Frau freundlich war, wie Freier eben freundlich sein können.

Ich war mit einem italienischen Fotografen, der an einer Geschichte über das Nachtleben in Kabul arbeitete, in diesem Bordell gewesen. Beim Anblick der schäbigen Bar überfiel mich augenblicklich ein tiefes Gefühl der Niedergeschlagenheit, und nachdem ich in die müden Gesichter der Frauen geblickt hatte, auf ihren unter dicker Schminke mühsam verborgenen Schmerz, fühlte ich mich wie auf einem Schiff, das dem Untergang geweiht war. Die Planken unter meinen Füßen schwankten, ich hörte, wie meterhohe Wellen krachend gegen die Außenwand schlugen, tief aus dem Bauch dieses unglücklichen Schiffes drang Stöhnen, Wimmern und Schreien. Ich wollte schnell wieder weg, doch dachte ich dann an meinen afghanischen Fahrer, der draußen wartete und mich mit blitzenden Augen gebeten hatte, alles, aber auch alles zu erzählen, was ich denn in diesem Bordell zu sehen bekäme. Seine unverhohlene Gier stieß mich ab. Ich entschied mich, noch länger hier auszuhalten, um meinem Fahrer auszuweichen und der Nacht, in der ein unsichtbares Meer stürmte und wütete. Ich blieb an der Theke sitzen und wehrte die Frauen ab, die mich mit hellen Stimmen umgarnten und mit ihren Körpern, die nach schwerem, süßem Parfüm rochen. Sie sprachen eine Art Englisch, und die Worte, die wir austauschten, rollten zwischen uns hin und her, ohne Sinn und ohne Ziel. Wir schwankten und hielten uns doch nicht an uns fest, sondern an den Gläsern, die gefüllt waren mit einem Getränk, das klebrig über meine Kehle floss und mir Herz und Magen verschloss. Der Fotograf hielt seine kleine Digitalkamera direkt vor die Gesichter der Frauen, sie lächelten ihr antrainiertes Lächeln, dabei spannte sich ihre Haut in dem Licht und wurde zu Pergament. Er knipste ihre Lippen, ihre Zähne, ihr Haar, ihre Brüste, ihre Beine, ihre Schultern. Später zeigte er mir die Fotos. Ich hätte nicht eine der Frauen wiedererkannt, so sehr hatte er sie in ihre Einzelteile zerlegt. Er erschien mir wie ein Mann, der für einen Raubzug in dieses Haus gekommen war und der sich dabei leisten konnte, in aller Ruhe die besten Stücke seiner Beute auszusuchen. Niemand würde ihn dabei stören. Die Puffmutter nicht, die hinter der Theke saß und ihren großen, schlaffen Busen schützend über eine Geldschachtel hielt, in die sie die Scheine warf, mit der wir unsere Getränke bezahlten, und auch nicht die Behörden, die irgendwo in den Ministerien saßen und Schmiergeld dafür einstrichen, dass dieses Haus arbeiten konnte. Was der Fotograf mit seinen Bildern machen wollte, verriet er nicht, doch schien mir, dass er es selbst nicht wusste und darüber erstaunt war, welches Stückwerk er an jenem Abend aus dem Bordell mitgenommen hatte. Seine Absichten waren andere gewesen, das hatte er mir vor unserem Besuch kundgetan, doch irgendwas hatte ihn dazu verleitet, davon abzuweichen. Vielleicht hatte ihn dasselbe Schwindelgefühl erfasst wie mich, und er hatte sich zu retten versucht, indem er sich an Teilen festhielt, weil ihm der Anblick des Ganzen unerträglich schien.

Worüber sich wohl Herr Wu hier mit den Frauen unterhalten mochte? Über seine Heimat? In seiner Muttersprache? Ich konnte es mir nicht vorstellen. Das irritierte mich. Es klaffte eine Lücke zwischen mir und Herrn Wu, und wenn überhaupt, konnte ich sie nur mit Vorurteilen auffüllen. Plötzlich überkam mich die Vorstellung, dass alle diese Frauen über Land gekommen sein mussten, über das Pamirgebirge, jene enge Stelle, an der Afghanistan an China grenzt.

Ich vergegenwärtigte mir meine Landkarte. Afghanistan hing über den Pamir wie über einen Schlauch verbunden an der riesigen Landmasse Chinas. Oder war es eher eine scharfe Spitze, mit der Afghanistan in den Körper Chinas ein dünnes Loch stach, um alles abzusaugen, was es brauchte? Wie wenn China einfach durch diesen engen Kanal hindurch aufgesogen werden konnte wie ein riesiger See, der durch einen einzigen Strohhalm zum Verschwinden gebracht werden konnte? Afghanistan war ein schwarzes Loch, in dem alles verschwinden konnte, alte und neue Weltmächte.

Das klingt wie eine krause Phantasie, doch das »schwarze Loch« war nach den Attentaten vom 11. September 2001 schon zur Grundlage des strategischen Denkens im Westen geworden. Es hatte den sozialistischen Ostblock als jene Größe ersetzt, an welcher der Westen seine Außenpolitik ausrichtete. Die Präsenz der Truppen in Afghanistan wurde damit begründet, dass man im Falle eines Rückzuges ein schwarzes Loch hinterließe, in dem sich Terroristen breitmachten, dann würde aus diesem Dunkel heraus ein vernichtender Schlag gegen den Westen erfolgen. Darum müsse man bleiben in diesem Loch, um es etwas weniger dunkel und gefährlich zu machen. Osama bin Laden, der Chef von Al-Qaida, hatte damit gerechnet. Er lockte die USA bewusst nach Afghanistan, in der Hoffnung, dass sie hier versinken. Als er den Westen so lange provoziert hatte, bis die NATO-Truppen endlich kamen, die Soldaten seines Erzfeindes, da verschwand er über die afghanischen Berge und hinterließ ein riesiges Loch, in das die NATO immer mehr Soldaten marschieren ließ. Anstatt es aufzuhellen, wurde es dadurch dunkler und dunkler. Tiefer und tiefer fielen die Soldaten und zogen alles mit sich in diesen Schlund, was uns so wichtig ist: Menschenrechte, Demokratie, Rechtsstaat. Und tief unten war ein schallendes Lachen zu hören.

Als ich das Bordell viel später leerstehen sah, dachte ich an die Theorie vom schwarzen Loch. Sie konnte mir das Schicksal des Hauses gut erklären. Die Frauen waren nicht woandershin verfrachtet worden, wie ich geglaubt hatte, sondern eines Tages hatte sich die Erde unter ihren Füßen geöffnet, und sie waren ins Nichts gefallen. In Wahrheit, das denke ich nun, war das verfallende Haus nur mehr eine Hülle, dahinter lauerten die bösen Geister und schmiedeten Pläne für den Weltuntergang. Bisher habe ich vergeblich darauf gewartet, dass die Soldaten der NATO dieses Haus stürmen und besetzen und die Bösen, die da drinnen hausen, eliminieren und mit riesigen Lampen auch noch den dunkelsten Winkel ausleuchten. Doch es würde mich nicht wundern, wenn es eines Tages geschähe.

Das »schwarze Loch« spielte für die meisten Afghanen, die ich getroffen habe, kaum eine Rolle. Sie denken eher in klassischen Kategorien der Konkurrenz zwischen Mächten. Während eines meiner ersten Aufenthalte in Kabul traf ich an der Universität einen Professor für afghanische Geschichte. Er sagte mir rundheraus: »Die USA sind doch nur wegen China hier! Und die Europäer sind mitgekommen, weil ihr glaubt, keine andere Wahl zu haben!« Der Professor hatte in Bulgarien studiert und ein paar Jahre auch in der DDR. Er war geschult im historischen Materialismus, und den Anzug, den er trug, hatte er zu einer Zeit gekauft, als er noch Vorlesungen über Marxismus-Leninismus hörte. Natürlich bestand kein Grund, einem auf diese Weise ausgebildeten Professor in seinem Urteil zu folgen. Was wusste er schon von der Welt, von Geopolitik. Andererseits mochte er doch sehen, was wir nicht sahen, geblendet wie wir waren von den Anschlägen des 11. September und von dem Glauben, im Recht zu sein mit diesem Krieg. Wie sollten wir auf diese Weise Verblendeten überhaupt denken können, dass wir uns in ein imperiales Abenteuer gestürzt hatten?!

Ich war an die Universität gegangen, weil ich wissen wollte, was Studenten und Professoren über den Sturz der Taliban dachten, was sie vom Westen erwarteten, was ihre Hoffnungen und ihre Wünsche waren. Es war ein trostloser, regnerischer Tag. Die Wolken hingen tief über der Stadt. Feucht war es, schlammig, und durch die Straßen wehte der Gestank von Autoabgasen und Fäulnis. Die Universität selbst war in einem beklagenswerten Zustand. Die Fassaden der Gebäude trugen die Narben des Krieges zur Schau. Auf dem Gelände war es fast menschenleer. Ich betrat eines der Gebäude. Als ich dort einen jungen Mann traf, fragte ich ihn, ob er mich zu einem Professor bringen könnte. Das war natürlich eine ziemlich unpräzise Frage, doch machte es dem jungen Afghanen nichts aus. Es schien mir sogar, als sei er daran gewöhnt, dass Ausländer solche Fragen stellen, denn er brachte mich schnurstracks zu dem Professor, an dem mir als Erstes sein grünlicher Anzug auffiel.

Er bemerkte, dass ich über diesen Anzug staunte, und sagte unumwunden: »Den habe ich mir 1986 in Bulgarien gekauft!«

Dann gab er mir ein Zeichen, dass ich mich setzen sollte, wobei er entschuldigend sagte: »Wir haben nur diesen einen Stuhl, außer, freilich, außer meinem.«

»Das macht doch nichts«, antwortete ich und setzte mich auf diesen halb zerbrochenen, wackeligen Stuhl. Der Professor ließ sich hinter seinem Schreibtisch nieder. Während des nun folgenden Gesprächs hatte ich mehrmals das Gefühl, dass der Stuhl unter mir zusammenbrechen könnte, was ich zu verhindern versuchte, indem ich mich mit den Füßen auf dem Boden aufstützte und mein Gesäß leicht anhob. Nach einiger Zeit bereitete mir das Schmerzen in den Oberschenkeln, doch ließ ich mir nichts anmerken. Ich wollte nicht aufstehen. Das wäre mir unhöflich erschienen. Also blieb ich in dieser prekären Position sitzen und folgte den Ausführungen des Professors. Mit großer Leichtigkeit und einer sehr sichtbar zur Schau gestellten professoralen Würde führte er mich durch die Jahrhunderte afghanischer Geschichte, sprang in die Gegenwart, nur um dann wieder tief in die Vergangenheit seines Volkes einzutauchen. Er legte Verbindungen frei, die ich bis dahin nicht gesehen hatte, er öffnete Wege und schlug Brücken zwischen scheinbar unvereinbaren Gegensätzen. Gegen Ende seines Vortrages griff er mit wenigen, gezielten Stichen die Selbstsicherheit des Westens an und schloss mit den Worten: »Nur wegen China seid ihr hier! Nur deswegen!«

Ich musste mich erst einmal von seinem Wortschwall erholen. Der Stuhl unter mir knirschte. Ich holte tief Luft und blickte in sein Gesicht. Der Professor starrte mich erwartungsvoll an. Mir war, als warte er auf Applaus oder eine ähnliche Bezeugung meiner Dankbarkeit.

»Das ist alles sehr interessant!«, sagte ich und rutschte auf meinem Stuhl hin und her. Ein lautes Knacken erfüllte den Raum. Während ich aufsprang, sagte ich zu dem Professor: »Darf ich aufstehen?«

»Aber ja, bitte, machen Sie das!«

Er wollte ebenfalls aufstehen und mir seinen Stuhl anbieten, doch ich lehnte ab.

»Bleiben Sie sitzen, ich bitte Sie!«

Ich trat einen Schritt zurück und dann sagte ich: »Was Sie da gesagt haben, na ja ... Ich bin anderer Meinung!«

Er hob interessiert die Augenbrauen. Nun setzte ich zu einer Gegenrede an, die in Ton und Duktus den Charakter eines Vortrages hatte. Ich war selbst erstaunt darüber, dass die Worte so monoton aus mir kamen. Ich redete wie eine Maschine: »Die USA sind von Al-Qaida angegriffen worden. Der Angriff wurde aus Afghanistan gesteuert. Die USA haben das Recht auf Selbstverteidigung. Die Vereinten Nationen haben ihnen das zuerkannt. Der Krieg ist daher legitimer Akt der Selbstverteidigung. Außerdem haben die Taliban die Menschenrechte mit Füßen getreten. Sie haben eine Tyrannei errichtet. Es war richtig, sie zu stürzen. Die Mehrheit der Afghanen wollte es so.«

Der Professor stand auf, ging auf mich zu, nahm meine Hand.

»Mein lieber Herr«, sagte er zu mir und schaute mich mit treuherzigen Augen an. »Sie müssen das alles gar nicht sagen: Ich bin ja froh, dass Sie da sind!« Dann lächelte er, griff in seine Brusttasche und zog einen Ausweis hervor: »Schauen Sie, das bin ich.«

Ich blickte auf das Foto, aber erkannte ihn nicht. Er trug einen Bart, der ihm bis auf die Brust fiel, auf dem Kopf saß ein Turban.

»Das sind Sie?«

»Ja, das bin ich!«

»Ich hätte Sie nicht wiedererkannt.«

»Das glaube ich gerne, ich erkenne mich ja selbst nicht wieder.«

»Wann ist das Foto aufgenommen worden?«

»Erst vor ein paar Monaten. Sehen Sie den Bart? Der ist genau auf vorgeschriebener Länge. Ich sage Ihnen das, weil ich einmal eingesperrt wurde, weil mein Bart zu kurz war. Ich blieb in Haft, bis mein Bart die richtige Länge erreicht hatte.«

»Sie waren also die ganze Zeit hier?!«

»Ja, die ganze Zeit!« Er ließ meine Hand los und sagte dann: »Die Taliban hatten mich von der Universität verbannt. Ich hatte keine Arbeit mehr. Am Ende verdingte ich mich auf dem Basar als Lastenträger. Verstehen Sie nun, dass ich glücklich bin, dass Sie gekommen sind?!«

»Ja, ich verstehe.«

Er ging wieder an seinen Schreibtisch und sagte dann lächelnd: »Aber ich glaube trotzdem, dass Sie nur wegen China hier sind, nicht wegen uns oder weil Sie ein besonderes Mitgefühl mit uns hätten.«

Ich sitze in meinem Zimmer und höre, wie Herr Wu seinem lautstarken Vergnügen nachgeht, und denke an den Satz dieses Professors, der in Bulgarien promoviert worden war und nachher Afghanistan nicht mehr verlassen hatte, weil der Bürgerkrieg und dann die Taliban es verhinderten. Wie kam es, dass ein Mann, der völlig von der Welt abgeschnitten war, im Jahr 2001 schon behauptete, was erst in den Jahren danach mehr und mehr Eingang fand in die politische und wissenschaftliche Debatte, nämlich dass eine Auseinandersetzung der USA mit China in Zukunft wahrscheinlich werde? Der kommende Krieg mit China – Bücher, Artikel, Fernsehbeiträge widmen sich heute diesem Thema. Mag sein, dass es nicht viel Phantasie dazu brauchte, um sich das vorzustellen, was der Professor sagte, mag sein, dass es sich dabei um Stammtischgeschwätz eines halb gebildeten Akademikers handelte. Doch darum ging es nicht. Das Weltbild des Professors war nun einmal so beschaffen, dass es keinen Platz für Idealismus vorsah. Hinter dem lauten Trara der Menschenrechtsrhetorik spürte dieser Mann die kalte Klinge der Geopolitik, und wenn sie ihn dabei aus einer misslichen Lage befreite, kam ihm das zupass. Die Geschichte hatte den Afghanen diese Lektionen erteilt. Ihr Land war immer die Bühne für ein größeres Stück gewesen. Es war das Schachbrett, auf dem die Giganten der Welt ihre Kräfte maßen, Russland und Großbritannien im 19. Jahrhundert, die Sowjetunion und die USA im 20. Jahrhundert. Warum sollten sie nicht glauben, dass sich im 21. Jahrhundert die USA und China hier gefährlich aneinander reiben werden? Sie konnten ja mit eigenen Augen sehen, wie die Kontrahenten ihre Positionen bezogen, nicht nur die beiden großen Mächte. Auch andere brachten ihre Figuren in Stellung: die Pakistaner und die Inder, die Iraner und die Russen, die Saudis. Wer Streit hatte, der trug ihn häufig hier aus, auf dem Rücken der Afghanen.

Vielleicht sollte ich jetzt einfach aufstehen, an Herrn Wus Tür klopfen und ihn zu einem Tee einladen. Wir könnten uns in den Garten setzen und uns unterhalten über China, den Westen und Afghanistan. Ich könnte ihn nach dem üblichen Austausch von Freundlichkeiten endlich fragen: »Warum sind Sie eigentlich hier, Herr Wu?«

Ich vermute, er würde mir antworten: »Ich mache hier Geschäfte.« Auch nach dem dritten Glas Tee würde er bei einer recht unverbindlichen Antwort bleiben. Ich käme nicht voran in diesem Gespräch.

Das alles sehe ich deutlich vor mir. Darum klopfe ich nicht an die Tür von Herrn Wu. Wahrscheinlich aber tue ich es auch nicht, weil ich mich vor einer Frage fürchte, die er mir stellen könnte: »Sagen Sie mir doch: Warum sind Sie denn hier?«

Was sollte ich ihm antworten? Dasselbe, was ich dem Professor an der Universität gesagt habe, denselben Vortrag halten? Das kann ich nicht mehr, mir fehlte der Glaube dafür. Woher diese Stummheit?

Ich blicke auf meine Karte, auf die Striche und Kreise, und ich wünschte mir, dass sie an meiner Statt eine Antwort geben könnte. Dabei kann sie nichts anderes tun, als unsere gemeinsamen Reisen durch dieses Land zu dokumentieren. »Hier bin ich gewesen«, kann sie sagen, »hier, hier und hier auch. Dort? Ja, dorthin möchte ich auch noch! Und da? Dahin ebenfalls, unbedingt!«

Anmerkungen

1 Elphinstone, An Account of the Kingdom of Caubul, zit. nach: www.kcl.ac.uk/iss/spec/bookmonth/caubul.html?m=print
2 Hopkins, The Making of Modern Afghanistan, S. 19
3 Baumstark, Die Germania des Tacitus, S. 22
4 Peter Hopkirk, The Great Game, S. 143
5 Ebenda, S. 144
6 Burnes, Travels into Bokhara, S. 11
7 Omrani/Leeming, Afghanistan, S. 631–633
8 Ebenda
9 Hopkirk, The Great Game, S. 260
10 Brechno, Die Geschichte Afghanistans, S. 124
11 In einem Interview mit John Miller von ABC, im Mai 1998: www.pbs.org/wgbh/pages/frontline/shows/binladen/who/interview.html
12 Grey, European Adventurers of Northern India, S. 117 und 130
13 Ebenda
14 Ebenda
15 Ebenda, S. 122
16 Khan, The Life of Abdur Rahman, S. 276
17 Ebenda, S. 283
18 Ebenda, S. 280
19 Jewett Bell, An American Engineer in Afghanistan, S. 82
20 Yunas, The Durand Line Border Agreement 1893, S. 46
21 Ebenda, S. 46
22 Ebenda, S. 49
23 Ebenda, S. 60
24 Ebenda, S. 53
25 Khan, The Life of Abdur Rahman, S. 161
26 Sykes, Sir Mortimer Durand, S. 214
27 Ebenda, S. 217
28 Grousset, Die Reise nach Westen, S. 129
29 Ebenda, S. 128
30 Ebenda, S. 135
31 Ebenda, S. 293 f.
32 Ebenda, S. 300 f.
33 Ebenda, S. 315 f.
34 Ebenda, S. 317
35 Wohlgethan, Endstation Kabul, S. 22
36 Feifer, The Great Gamble, S. 101 ff.
37 de Ponfilly, Massoud l'Afghan, S. 297
38 Omrani/Leeming, Afghanistan, S. 218 ff.
39 Friese/Geilen, Deutsche in Afghanistan, S. 149
40 Ebenda, S. 137
41 Ebenda, S. 156
42 Ebenda, S. 138
43 Babur-Nama, S. 202 ff.
44 Ebenda, S. 202
45 Ebenda, S. 708
46 Ebenda, S. 145
47 Ebenda, S. 147
48 Dupree, Afghanistan, S. 440
49 Friese/Geilen, Deutsche in Afghanistan, S. 150
50 Ebenda, S. 155
51 Ebenda, S. 160
52 Ebenda, S. 160
53 Ebenda, S. 150
54 Grey, European Adventurers of Northern India, S. 130
55 Ebenda
56 Feifer, The Great Gamble, S. 101 ff.

Übersetzungen aus diesen Quellen ins Deutsche stammen, soweit nicht anders angegeben, vom Verfasser.

Adamec, Ludwig W., Historical Dictionary of Afghanistan, London 2002
Akrishnan, R. Gopal, The Geography and Politics of Afghanistan, New Delhi 1908
Arrian, Alexander des Grossen Siegeszug durch Asien, eingel. und übertr. von Wilhelm Capelle, Zürich 1970
Babur-Nama, transl. by Annete S. Beveridge, Lahore 2002
Baumstark, Anton (Hg.), Die Germania des Tacitus, Freiburg i. Br. 1876
Borovik, Artyom, The Hidden War. A Russian Journalist's Account of the Soviet War in Afghanistan, London 1991
Bowen, John Charles Edward, Plain Tales of the Afghan Border, London 1982
Brechna, Habibo, Die Geschichte Afghanistans. Das historische Umfeld Afghanistans über 1500 Jahre, Zürich 2005
Burnes, Alexander, Cabool: Being a Personal Narrative of a Journey to, and Residence in That City, New Delhi 2001
Burnes, Alexander, Travels into Bokhara: Being an Account of a Journey from India to Cabool, Tartary and Persia, London 1834, Repr. o. J.
Crews, Robert D./Tarzi, Amin (eds.), The Taliban and the Crisis of Afghanistan, Cambridge, Mass.-London 2008
Crindle, J.W., The Invasion of India by Alexander The Great, repr. Karachi 1992
Dupree, Louis, Afghanistan, Princeton 1994
Dupree, Nancy Hatch, The Road to Balkh, Kabul 1967
Elphinstone, Mountstuart, An Account of the Kingdom of Caubul, and Its Dependencies in Persia, Tartary, and India : Comprising a View of the Afghaun Nation, and a History of the Dooraunee Monarchy, London 1815, www.kcl.ac.uk/iss/spec/bookmonth/caubul.html?m=print
Feifer, Gregory, The Great Gamble. The Soviet War in Afghanistan, New York 2009
Friese, Matthias/Geilen, Stefan (Hg.), Deutsche in Afghanistan. Die Abenteuer des Oskar von Niedermayer am Hindukusch, Köln 2002
Grey, C., European Adventurers of Northern India, 1785 bis 1849, Lahore 1929
Grousset, René, Die Reise nach Westen, oder wie Hsüan-tsang den Buddhismus nach China holte, Kreuzlingen-München 2003
Hamilton, Lillias, A Vizier's Daughter, Kabul 2004
Hopkins, D. B., The Making of Modern Afghanistan, London 2008
Hopkirk, Peter, The Great Game. On Secret Service in High Asia, Oxford 1990
Jewett Bell, Marjorie (ed.), An American Engineer in Afghanistan, From the Letters and Notes of A. C. Jewett. Kabul 2004
Johnson, Chris/Leslie, Jolyon, Afghanistan. The Mirage of Peace, London-New York 2004
Khan, Azmat Hayat (ed.), M. Y. Effendi, The Durand Line, Its Geostrategic Importance, Peshawar 2000
Khan, Mir Munshi Sultan Mahomed (ed.), The Life of Abdur Rahman, Amir of Afghanistan, o. O., o. J.
Lal, Mohan, Travels in the Panjab, Afghanistan and Turkistan to Balk Bokhara, and Heran, and a Visit to Great Britain and Germany, London 2005
Lane Fox, Robin, Alexander the Great, New York 1974
Mirsky, Jeannette, Sir Aurel Stein, Archeological Explorer, Chicago 1977

Mousavis, S. A., The Hazaras of Afghanistan. A Historical, Cultural, Economic, and Political Study, Richmond 1998
Nichols, Robert, A History of Pashtun Migration 1775–2006, Oxford 2008
Omrani, Bijan/Leeming, Matthew, Afghanistan. A Companion and Guide, Hong Kong 2007
Ponfilly, Christophe de, Massoud l'Afghan, celui que l'Occident n'a pas écouté, Paris 2002
Real Men Keep Their Word. Tales From Kabul, Afghanistan. A Selection of Osman's Dari Short Stories, Transl. by Arley Loewen, Oxford 2005
Renault, Mary, The Nature of Alexander The Great, London 2001
Short Stories from Afghanistan, o. O., o. J.
Stein, Sir Aurel, On Alexander's Track to the Indus. Personal Narrative of Explorations on the North-West Frontier of India, Lahore 2003
Sykes, Percy, Sir Mortimer Durand. A Biography, o. O., o. J.
Yunas, S. Fida (ed.), The Durand Line Border Agreement 1893, Peshawar 2005
Wahab, Shaist/Youngerman, Barry, A Brief History of Afghanistan, New York 2007
Walker, Annabel, Aurel Stein, Pioneer of the Silk Road, Washington, Seattle 1998
Whitfield, Susan, Aurel Stein on the Silk Road, Chicago 2004
Wohlgethan, Achim, Endstation Kabul. Als deutscher Soldat in Afghanistan. Ein Insiderbericht, Berlin 2008

Dank

Ich möchte an dieser Stelle vor allem meiner Redaktion DIE ZEIT danken. Sie hat es mir ermöglicht, die Reisen nach Afghanistan zu unternehmen. Dabei hatte ich völlig freie Hand. Zu danken habe ich außerdem Achim Reinke, Timo Christians und Marianne Huber von Caritas International. Sie haben mir durch ihr Engagement vieles erschlossen. Inge Missmahl, die durch ihre Arbeit in Afghanistan Bewundernswertes leistet, erlaubte mir tiefe Einblicke in das Alltagsleben der Afghanen. Hans Ulrich Seidt, ehemaliger deutscher Botschafter in Kabul, war mir ein ebenso engagierter wie informierter Gesprächspartner. Stefan Frischauf gebührt Dank für seine Beharrlichkeit, mit der er hilft, Kabul wiederaufzubauen. Danken möchte ich auch meinen Kollegen Willi Germund, Can Merey und Thomas Schmid sowie Thomas Ruttig und Citha Maas.

Danken möchte ich meinen afghanischen Helfern Amir, Jamschid, Mukthar, Jawed, Ahmad und Nakibullah. Ohne ihre Hilfe wäre dieses Buch nicht zustande gekommen. Sie haben Gefahren und Strapazen auf sich genommen, um mich zu begleiten. Meiner Lektorin Carmen Sippl danke ich für das Vertrauen, das sie mir geschenkt hat. Schließlich hätte ich dieses Buch ohne die Geduld und das Verständnis meiner Familie nie fertigstellen können. Meine Kinder mögen mir die langen Abwesenheiten verzeihen. Ich hoffe, sie werden eines Tages verstehen, dass mich nicht Abenteuerlust antreibt, sondern der Wille, die Welt zu verstehen – die Welt, in der sie aufwachsen.

Viele Menschen sind an diesem Buch beteiligt. Die Fehler darin habe allein ich zu verantworten.

Der Autor

Ulrich Ladurner, geboren 1962 in Meran/Südtirol, studierte Politikwissenschaft und Geschichte in Innsbruck. Er arbeitete als Journalist in Wien, Zürich, Rom und seit 1999 in Hamburg. Von 1992 bis 2000 schrieb er vor allem über die Kriege auf dem Balkan. Er berichtete aus Bosnien, Kroatien und aus dem von der NATO bombardierten Belgrad. Seit 1999 schrieb er als Auslandsredakteur der Wochenzeitung DIE ZEIT zunächst über Lateinamerika und Italien. Seit den Attentaten vom 11. September 2001 berichtet er aus Irak und Iran, Afghanistan und Pakistan. Unter http://blog.zeit.de/ladurnerulrich gibt er »Einblicke in unübersichtliche Landschaften«.
Er ist Vater von zwei Kindern und lebt in Hamburg.

Bücher: »Bauern am Berg« (1996), »Islamabadblues« (2001), »Tausendundein Krieg« (2004), »Die Asadis« (2006), »Südtirol liegt am Meer« (2006), »Die iranische Bombe« (mit Gero von Randow, 2006), »Bitte informieren Sie Allah!« (2007), »Solferino. Kleine Geschichte eines großen Schauplatzes« (2009).

Register

Ulrich Ladurner

Tausendundein Krieg

Begegnungen am Persischen Golf

Mit Fotos von Didier Ruef

ISBN 978-3-85326-350-1

Für DIE ZEIT war er in Irak und Iran unterwegs und hat über die Kriege am Persischen Golf berichtet. Doch seine Kriegsberichterstattung lässt sich weder vor den Karren der Politik spannen, noch unterliegt sie der Versuchung, das Drama des Krieges als reißerische »Unterhaltung« darzustellen.

Ulrich Ladurner erzählt die Geschichten kleiner Leute, in deren Leben sich die große Politik eingeschrieben hat. In *Tausendundein Krieg* führt er durch Raum und Zeit einer von Diktatur und Terror verheerten Krisenregion, die für die Zukunft des Westens von entscheidender Bedeutung ist.

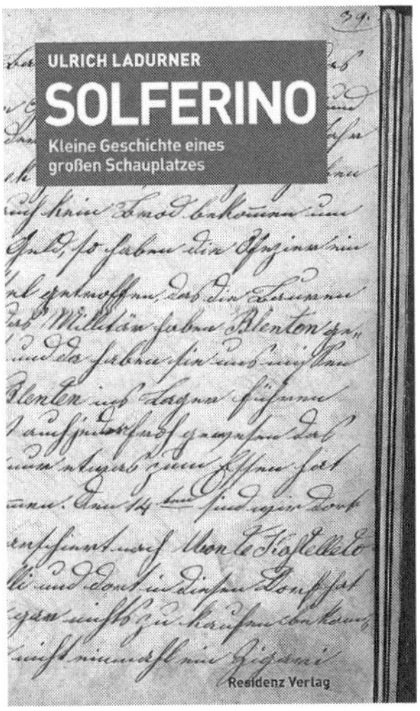

ULRICH LADURNER

Solferino

Kleine Geschichte eines großen Schauplatzes

ISBN 978-3-7017-3151-0

Solferino – die Geburtsstunde des Roten Kreuzes, der Beginn vom Niedergang der Habsburger, eine persönliche Spurensuche an historischem Ort

»Ein kleiner Ort schreibt große Geschichte, die Ulrich Ladurner fesselnd, stilistisch brillant und mit feinem Gespür für die menschliche Tragik erzählt. Das ist die große Reportage, die in keine Zeitung passt.«
Veit Heinichen

»Eine brillant geschriebene und empathische Reportage.«
profil

»Ein sehr persönliches Buch. Man folgt Ladurner wie durch eine mündliche Erzählung, die das Heute mit dem Damals verknüpft.«
Frankfurter Rundschau

»Dem schmalen Buch, glänzend geschrieben und spannend zu lesen, möchte man ebenso viele Leser wünschen wie den Aufzeichnungen des Bürgers Dunant. … Der Sprache, die Ladurner dafür gefunden hat, wohnt eine bestechende Schönheit inne.«
Süddeutsche Zeitung

www.residenzverlag.at